KB210185

화엄세계와
하느님 나라

화엄세계와
하느님 나라

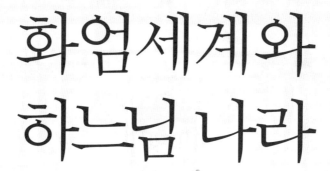

김지하 | 석길암 | 임상희 | 류장현 | 류제동
이찬수 | 김은규 | 김판임 | 박경미

대화문화아카데미 편

모시는사람들

21세기 한국형 개벽 사상의 출현을 기대하며

2009년 6월 9일 대화문화아카데미가 주관한 제2회 〈여해포럼〉에서 김지하 시인이 '화엄개벽의 모심'이라는 주제로 강연을 했다. 화엄사상, 동학, 정역, 신약성서, 현대 과학 이론 등 동서양 사상들을 시인의 예민한 감수성과 창조적 상상력 안에 녹여내 방대하고 심원한 21세기 한국형 개벽 사상을 펼쳐 놓았다. 김 시인은 2008년도 서울 시청 앞 광장 촛불 사건을 후천개벽의 한 모습으로 보고서, 이제 자각적으로 촛불을 들자며 문화 혁명을 제안하기도 했다.

"촛불은 그 자체로서 후천개벽이었다. 그리고 그 내용과 과정과 효과는 다름 아닌 화엄이다. 지도자도 조직도 강제도 없었고 끊임없는 토론에 의해 도달한 그때그때의 합의에 의해 도리어 그들은 단 한 오리의 오류도 폭력 사태도 과장도 없는 기이한 '대화엄(大華嚴)의 월인천강(月印千江)', 이른바 '집단지성'에 도달하곤 했다.

무엇이 그들을 그렇게 하도록 하였을까? 그들 하나하나의 마음마다의

천지공심의 씨앗들이었다. 나는 수없이 많은 개별적인 사례들 속에서 큰
전율과 함께 그것을 확인했다. 내가 스스로 확인한 이상 이것은 이론이 아
닌 사실, 즉 엄격한 개념으로서 '팩텀'(Factum)일 뿐이다."

천지공심의 씨앗들이 스스로를 깨닫고 유기적으로 연결되는 '화엄적
모심'의 세계가 우주적인 차원에서 희망의 언어로 묘사되었다. 이에 대해
여러 전문가들이 모여 논평하고 또 토론했다. 논평자로 나섰던 한국의 대
표적 신학자 김경재 교수는 발제문의 요지를 다음과 같이 추린 바 있다.

"위대한 종교가 말하는 은유적 상징 체계 담론들, 즉 새 하늘과 새 땅의
강림에 대한 종말론적 비전, 한 티끌 안에 우주가 살아 춤추는 대방광불화
엄의 세계, 하늘로서 하늘을 먹고 내유신령 외유기화하면서 향아설위하는
동학의 비전, 위 세 가지는 새 문명의 프리즘의 삼면이고 삼정(三鼎)이요,
원리이면서 방편이다. 진리(veritas)이자 현사실(factum)이다. 그 진리가 밝히
는 생명의 도리에 따라 살면 인류 문명은 보다 영적 차원으로 꽃필 것이지
만, 그 도리를 배반하거나 등을 돌리면 생명계는 쇠퇴하고 갈등하고 마침
내 지속 가능성을 상실하고 멸망한다."

이 외에도 본각 스님(중앙승가대 교수), 최현민 수녀(서강대 대우교수), 최일범
교수(성균관대) 등 각계의 전문가들이 날카롭고 비판적이면서도 유익한 토
론으로 시인의 감성에 저마다의 학문적 옷을 입혔다. 당시 여해포럼은 한
국 최고의 지성들이 모여 개벽에 대해 논했던 알찬 시간이었다.

포럼 뒤 대화문화아카데미에서는 발제문에 융합되어 있는 동서양 사상

중에서 불교와 기독교적 세계관의 접점을 이론적으로 심화시키려 "화엄세계와 하느님 나라 비교 연구" 프로그램을 꾸렸다. 최근 들어 두 종교 간 실천적 차원의 대화 분위기가 커져 가고 있지만, 그것을 뒷받침할 이론적 연구는 시작 단계에 불과한 형편이다. 특히 대승불교의 꽃인 '화엄' 과 기독교적 정체성의 근거인 '하느님 나라' 는 동서양 사상의 관계를 구체적으로 밝혀 줄 수 있을 적절한 소재였다. 두 사상 체계 간 대화의 수준을 이론적 차원에서 심화시키고 그 접점을 확장시키기 위한 비교 연구 작업은 시대적 요청이 아닐 수 없었다.

이 모임에는 조성택(불교철학, 고려대 교수), 석길암(화엄학, 금강대 연구교수), 임상희(화엄학, 중앙승가대 외래교수), 장진영(화엄학, 원광대 연구교수), 송성진(조직신학, 감신대 교수), 류장현(조직신학, 한신대 교수), 김은규(구약학, 성공회대 교수), 김판임(신약학, 세종대 교수), 박경미(신약학, 이화여대 교수), 이찬수(종교학, 강남대 교수)가 참여했다. 이들 모두 자기 전문 분야에 어울리게 화엄경, 하느님 나라, 혹은 불교와 기독교를 비교하는 논문들을 한 편씩 발제하고, 서로의 발제문에 대해 토론하는 모임을 다섯 차례 이상 가졌다. 불교와 기독교의 핵심에 대해 토론하는 과정에서 이들 사상 체계의 전거인 경전의 내용을 서로 잘 알지 못한다는 자성에 따라, 연구 모임 종료 후에는 화엄경과 신약성서 원전 강독 모임으로 이어 나갔다. 그렇게 2010년부터 일 년 반 정도 실속 있는 연구의 시간을 가졌다.

이 책은 〈여해포럼〉에서 발표되었던 김지하 시인의 글을 포함해 화엄세계와 하느님 나라 비교 연구 모임에서 발표되었던 논문들과 이후 추가된 비교 연구물을 한데 모은 것이다. 석길암 박사는 기독교의 하느님 나라에 대응할 불교의 미타정토신앙에 대해 정리했고, 임상희 박사는 두 세계의 주체라 할 수 있을 비로자나불과 하느님에 대해 전체적 비교를 시도했으며, 류장현 박사는 미륵상생 및 하생 신앙을 예수 재림을 중심으로 한 기독교 종말론과 비교했다. 류제동 박사는 두 종교의 궁극적 실재를 원효의 유심 사상을 근간으로 비교 정리했고, 이찬수 박사는 교토학파의 개조인 니시다 기타로의 입장을 중심으로 불교적 '자각'에 대한 철학적 접근을 신학적 구조와 비교하며 소개했으며, 김은규 박사는 구약 예언자들의 불의에 대한 이원론적 대립과 원효의 일원론적 통합의 자세를 상관적 관계성 속에서 고찰했다. 그리고 김판임 박사는 '하느님 나라의 백성'을 중심으로 하느님 나라 개념에 구체적이고 현실적인 삶을 입혔고, 박경미 박사는 예수 시대 전후로 나타나는 묵시문학적 종말론을 집중 기술함으로써 세상의 종말 혹은 새로운 시작에 대한 인도적 전통과 비교할 수 있는 성서적 전거를 마련해 주었다. 저마다 자기 분야에서 양 전통에 대한 통합적 이해를 시도한 알찬 글들이었다. 이 글들이 하나의 단행본으로 나오게 되어 기쁘다.

당초 연구 모임에는 함께 했지만 개인 사정으로 몇 분 연구자의 글이 이번 단행본에 포함되지 못해 아쉬웠다. 대신 류제동 박사(비교종교학, 가톨릭대 강사)가 새로운 글을 써 보내와 다소 위로가 되었다. 글들을 한데 묶고 나니 두 전통을 연결하는 든든한 다리가 놓인 느낌이다.

주지하다시피 불교와 기독교는 넓게는 동서양, 좁게는 우리 사회의 대표적인 사상 체계이다. 그러나 현실 종교계와 학계에서는 상호 이해보다는 이질성 혹은 오해가 더 부각되어 있을 뿐, 이들 간의 만남과 융합의 측면은 본격적으로 조명되고 있지 못하다. 화엄과 성서를 '모심'이라는 동학적 세계관과 연결지으려는 김지하 시인의 웅대한 비전과, 두 사상 체계의 조화와 접점의 확대를 함께 꿈꿔 온 연구자들의 학문적 희망이 우리 사회에 구체화되어 인류 정신문명의 대안적 사유가 한국 사회에서 솟아나올 수 있게 되기를 바라마지 않는다.

2012년 5월
"화엄 세계와 하느님 나라 비교 연구" 실무 담당자
이찬수 합장

화엄세계와 하느님 나라

차례

머리말

화엄개벽의 모심

김지하 | 시인

나는 오늘 이 자리에서 하나의 문화혁명을 제안한다. 이미 작년(2008) 시청 앞에서 켜진 촛불을 이제 자각적으로 켜자는 것이다.

촛불은 그 자체로서 후천개벽이었다. 그리고 그 내용과 과정과 효과는 다름 아닌 화엄이다. 지도자도 조직도 강제도 없었고 끊임없는 토론에 의해 도달한 그때그때의 합의에 의해 도리어 그들은 단 한 오리의 오류도 폭력 사태도 과장도 없는 기이한 '대화엄(大華嚴)의 월인천강(月印千江)', 이른바 '집단지성'에 도달하곤 했다.

내가 지금 제안하는 문화혁명은 바로 이 우주의 기미(氣微)를 받아들이고 그것을 현실로 바꾸는 구체적 행동, 개인 및 사회집단, 그리고 국제사회 전체의 개별적·연쇄적, 대규모 조직 및 산발 행동 전체를 가리키고 있다. 이 혁명에 있어 첫째로 중요한 것은 바로 '모심'이다.

모심이야말로 새 시대, 새 세대, 새로운 만물중생의 해방의 시대 흐름의 첫 샘물이다.

화엄개벽의 모심

세계는 바야흐로 화엄개벽의 길로 나아가고 있다.

무엇이 화엄개벽의 길인가?

화엄개벽의 길은 어디에 있는가?

나는 최근에 한 기이한 리포트를 접하고 온몸과 온 마음에 소름이 돋는 것을 느꼈다.

그것은 3년 전 영국의 네이처 지(誌)에 실린 마이클 위팅의 보고서 '재진화'(re-evolution)에 대한 미국의 저명한 생물학자 린 마굴리스 여사의 자그마한 논평문 「내부공생도 재진화하는가?」(Endosymbiosis also re-evolutes?)이다.

요지는 이렇다

"만약 내부공생도 재진화한다면 유럽의 최근 찰스 다윈 복권 열풍은 물론 헤겔─칸트 재진화의 망상도 끝이다. 왜냐하면 재진화는 다윈 생물학

의 파산선고이고, 내부공생은 헤겔–칸트 관념론의 청산 소식이기 때문이
다. 인류에게 남은 길은 아마도 창조적 진화론과 화엄적 불교사상의 창조
적 융합의 개척뿐일 것이다. 최근 네이처 지에 실린 젊은 과학자 마이클
위팅의 '재진화론'은 인류의 앞날에 큰 빛을 비춰 줄 작지만 의미심장한
불덩어리임에 틀림없다. 특히 그 곤충 겨드랑이에 돋는 새로운 날개들의
성분 속에 일본 분자생물학이 으스대며 자랑해 마지않는 피부 피하지방
촉성 박테리아인 '산성(酸性) 테라니우볼'이라는 이름의 뇌신경 세포가 다
량 검출되었다는 사실은 참으로 놀라운 일이다. 왜냐하면 그것은 곧 이른
바 만물해방이 가능하다는 과학적 복음이요, 관념이 대뇌 한정적 사유 기
능이 아닌 그야말로 피하지방질 따위 박테리아 수준에서도, 마치 물방울
이 화학적 관념을 갖고 작용을 하는 것처럼 '개체성을 잃지 않는 분권적
융합'의 '축적·순환'과 '확충'(擴充)의 내부공생을 결정하는 관념 작용을
한다는 명백한 증거들이기 때문이다.

창조적 진화의 과학이 진화하는 세포들 내면의 의식의 증대 과정을 상
식화하듯이 불교의 화엄경은 '서로서로 전혀 동일 계열이 아님에도 거의
한날 한시에 사방에서 각각 천 가지 만 가지 다른 모양으로 활짝 피어나는
광야의 수많은 꽃들에 관한 깊은 지혜의 매니페스토(manifesto, 공약)다.'

이 두 진리가 서로 만나는 참으로 아름다운 날들이 곧 인류의 미래다."

화엄개벽의 길이 어디냐고 물었다.
무엇이 화엄개벽이냐고도 물었다.
창조적 진화론이 현대 세계에 주는 메시지는 종말이고 그 종말의 과학
적 정의인 '오메가포인트'(궁극의 종착점)는 동아시아 초유의 진화론인 동학
(東學)의 '지화지기 지어지성'(至化至氣 至於至聖)의 바로 그 '지화점'(至化点),

다름 아닌 '개벽'(開闢)이다.

종말이 곧 개벽이다.

나는 긴 감옥의 추운 독방에서 바로 이것, 종말이 다름 아닌 개벽이며 그 개벽은 곧 달이 천 개의 강물에 모두 다 제 나름의 모습으로 달리 비치는[月印千江] 만물해방의 날이 열림이고, 세계가 세계 스스로를 인식하는 대화엄의 날이 열림임을 알았다.

나는 그때에야 비로소 잃어버린 내 고향에 돌아갈 수 있었다. 중조부 이래의 피투성이 슬픈 내 집안의 신앙 동학으로 돌아갈 수가 있었다. 그리고 그때야 비로소 세계는 내게 미소로써 화해의 악수를 청해 오기 시작했다.

나는 화엄세계를 개벽하는 종말 앞에서의 선(禪)적 결단이 바로 동학의 제1원리인 '모심'(侍)임을 알았다. 그 모심의 가장 아름다운 실천자가 이천 년 전의 나사렛 예수임을 깨달았다.

나에게 비로소 세계가 말을 걸어오기 시작했고 녹슨 철창 밑 빗방울에 패인 시멘트의 홈에 바람에 날려 와 쌓인 흙먼지 속으로부터 작은 풀꽃들이 피어나 생명과 평화를 내게 속삭이기 시작했다.

나는 비로소 살아날 수 있었다. 그때 비로소 원수와 화해할 수 있었다.

원수는 내게 인생무상을 처음으로 가르쳐주었다. 원수는, 도처에 널린 원수는 이제 싸움의 대상이 아닌 모심의 파트너였고 모시기 시작했을 때부터 내 영혼 안에는 잃어버린 내 어릴 때 이름 영일(英一), '꽃 한송이'가 되살아났다.

꽃으로 그들을 때리고 또 때리는 모심의 싸움의 시절이 왔으며, 그 시절 내내 내 넋의 밤마다 내 몸 안에 여기저기 새파란 별이 떠오르는 체험이 시작되었다.

때로 나는 정신병원 안에 있었다. 또 때로 나는 후미진 시골 뒷 숲 나무

그늘에 앉아 있었다. 나는 외로웠고 곁에 아무도 없음을 알았다.

　이때다.

　수운 최제우 선생의 한 구절 시가 떠오른 것이다.

　남진원만북하회(南辰圓滿北河回)

　남쪽 별이 원만하면 북쪽 은하수가 제자리에 돌아온다.

　북쪽 은하수가 제자리에 돌아옴은 바로 후천개벽이다. 서쪽으로 삼천
년 동안 기울었던 지구 자전축이 북극 태음의 물의 중심으로 되돌아옴이
바로 이것이다.

　지난해(2008) 시청 앞에 켜진 촛불은 바로 이 돌아옴이었다. 네페쉬 하야
(Living Being, 生靈)의 예루살렘 입성 소식이었으니 이 소식을 모심이 다름 아
닌 촛불이다. 촛불은 횃불이 아니다. 숯불도 아니다. 촛불은 '하아얀 어
둠', '흰그늘' 이다.

　그것은 남쪽의 흰빛이 북쪽의 검은 그늘을 밝힘이다. 그것이 민족의
'불함' (不咸), '볼 굼' 이요 역(易)의 '이감' (離坎)이자 전도서 23장의 말 '슬픈
빛으로 깨달은 주님의 주검의 어둠' 의 비밀이다. 그리고 화엄경의 절정인
입법계품의 관덕정비구(觀德頂比丘)의 노래 '때로 나의 죽음은 지혜의 해탈
문으로 희게 빛난다' 의 세계다.

　나는 이제 이 이야기들을 다음과 같이 요약할 필요를 느낀다.

　우리가 만약 이 더러운 물, 즉 정액의 바다에 순결한 흰 모심의 촛불을
켤 수만 있다면 세계는 종말을 통해 새로운 원만의 땅으로 나아갈 수 있고
세계는 이 원만한 용서와 화해의 모심으로 저 거대한 화엄의 세계를 개벽

할 수 있을 것이다. 문제는 인류의 대중적 모심의 문화와 모시는 생활의 역사가 있느냐 하는 것이다.

만약 이 지구와 전 인류의 오늘의 삶과 의식 안에 모심의 화엄개벽이 이루어질 수 없다면 지금의 '대혼돈'(Big chaos)은 내일 없는 '대붕괴'(Big catastrophe)로 귀일할 수밖에 없을 것이다. 목숨을 건 선(禪)적인 모심의 한 모범이 절실히 요구되고 있다.

인류 의식의 빛이 화엄이요 꽃송이라면 그 의식의 어둠, 즉 끝없는 피동성과 끊임없는 파멸적 자기 모방의 관성을 끊어 줄 새파란 별이야말로 나사렛 예수의 모범이다.

그러나 조건이 있다. '그 새파란 별은 수많은 꽃송이가 다 함께, 그러나 다 따로따로 자기 나름으로 활짝 피어나는 큰 원만함을 실천해야 한다. 이 것이 개벽의 비밀이요 종말을 통한 참 하늘나라의 도래일 것이다.' 라는.

예수는 말한다. '나는 구약을 폐기하러 온 것이 아니라 그것을 도리어 완성하러 왔다.'

다만 율법만을 말하였을까?

구약의 저 유명한 구절 '우주만물이 모두 다 물질의 굴레에 갇혀 자기들을 해방해 줄 메시아가 올 날을 신음하며 기다린다.' 는 예수의 완성의 약속이 이 구절을 의미한 것은 아니었을까?

우리는 때로 예수의 마음을 '우주 사회적 공공성' 이라고도 부른다. 동아시아 개념으로는 천하공심을 이미 제 안에 가진 천지공심(天地公心)일 것이다.

여기서 우리가 잠깐 눈을 날카롭게 할 필요가 있다. 불교의 최고 최대 경전은 대방광불화엄경(大方廣佛華嚴經)이고 그 화엄경의 주불(主佛)인 대방광불, 즉 '비로자나 부처'의 이름의 뜻은 다름 아닌 '만물해방', '백화제 방'(百花齊放), 그리고 '천지공심'인 것이다.

화엄경의 가장 큰 두 개의 메타포(metaphor, 은유)는 '달이 천 개의 강물에 모두 다 제 나름나름으로 따로따로 비침'[月印千江]이요 '한 톨의 작은 먼지 안에도 우주가 살아있음'[一微塵中含十方]이다.

예수의 모심은 이것을 모심이 아니던가!

그렇다면 예수의 모심은 오늘 이 세계와 인류가 참으로 신음하며 기다 리는 삶, '축적·순환'과 '확충'(擴充)의 길이 아니던가! 그야말로 '내부공 생'이요 '호혜'(互惠, reciprocity)의 길이 아니던가!

화엄의 둥근 세계의 모심은 곧 끊임없는 확산과 다극 해체(多極解體)의 대 개벽(大開闢)을 그 나름나름으로 가능케 해 주는 진정한 집중 수렴의 천지 공심의 체현이 아닐 것인가!

금융 위기 직후 미국의 국가정보위원회는 공식 견해를 다음과 같이 표 명한 바 있다. '현대 세계의 가장 중요한 특징은 세계의 권력과 자본의 중 심이 서쪽에서 동쪽으로 이동하고 있다는 것과 그럼에도 이와 동시에 전 세계의 모든 지역들이 자기 위상을 유지할 만큼 다 나름나름의 다극 체제 를 형성해 가고 있다는 점이다.'

나는 이미 5-6년 전에 동아시아 – 태평양 관련 경제 전문가들로부터 문 명 변동의 현실적 테마를 '동(東) 로테르담 허브 – 인테그레이티드 네트워 크'(the integrated network, 근대 이후 막강한 해상왕국인 네덜란드의 중심도시로서 대서양 문 명의 허브이다. 이 허브가 동아시아–태평양시대의 한반도 해안으로 그 중심이 통하고 있는데 바로 이 현상의 상징어가 곧 '동 로테르담–인테그레이티드 네트워크'이다.)라고 압축하는 메타포를 들은 바 있다.

이른바 화엄세계다. 문제는 그 축(軸)이 동아시아의 동 로테르담 허브인데, 그 지역 안에서 참다운 마음의 허브, 온 세상 온 만물을 다 자기 나름대로 자유롭도록 대 해방하는 큰 천지공심의 허브, 그 모심의 땅이 어디이며 모심의 삶이 무엇이며 모심의 표양(表揚)이 누구인가에 있을 것이다.

나는 이에 이르러 우리가 사는 이 땅, 이 한반도라는 땅이 강증산(姜甑山)의 예언처럼 다섯 신선이 바둑 두는 이른바 '오선위기'(五仙圍碁)의 운명의 땅임을 생각한다. 네 신선이 두는 복잡한 바둑을 내내 구경하던 주인 신선이 그 네 신선이 돌아간 뒤 그들의 현란한 바둑 수를 모두 익혀 이제 자기의 참으로 웅장한 '천지 바둑'을 두게 된다는 이야기다.

이것이 무엇을 뜻하는 것일까? 우리는 온 인류와 만물중생이 지금 천지에 가득 찬 대살기(大殺氣)와, 그와는 정반대의 그윽한 대서기(大瑞氣) 사이에서 무엇을 어떻게 할 것인가 결단해야 하는 이 판국에 바로 그 다섯 신선의 바둑 수의 예언을 기억하지 않을 수 없다.

증산은 이렇게도 말한다. '나는 이 다섯 신선이 반드시 진방(震方) 손방(巽方) 태방(兌方) 감방(坎方)과 간리방(艮離方)만이라고 생각하지는 않는다. 나는 어떤 점에서는 그 다섯 신선 중 네 신선이 후천 기독교의 이마두(利瑪竇, 마테오리치), 후천 불교의 진묵(震默), 후천 유교의 주희(朱熹), 후천 선도의 최수운(崔水雲)이고 나머지 한 신선은 그야말로 남조선 사람들, 예수 믿고 부처 믿고 공자 믿고 조상 음덕 믿고 이리저리 저 좋을 대로 가는 사람들 말고 나머지 조선 사람들, 남은 조선 사람들이라고 생각한다.'

그렇다.

작년(2008) 시청 앞 촛불을 켠 이들이 바로 남조선이고 지금 여기 이렇게 모인 분들이 후천개벽의 네 신선이요 저 밖에 계신 큰 사람들이 사방에서 오신 힘센 세계인들이다.

'확충'은 이제 사람 사람마다 제 나름의 삶의 길을 찾는 한 유행이 되어

가고 있다.

너도 나도 똑같은 것은 아니다. 그리 보이지만 전혀 다르다. 이 점을 잘 보아야 한다. 이미 남조선의 화엄개벽, '오선위기'(五仙圍碁)의 대확충은 시작되었다.

누가 이 일을 우리 시대의 새 사건, '제2의 3·1 운동'이라고 부를 수 있겠는가?

나는 오늘 이 자리에서 하나의 문화혁명을 제안한다. 이미 작년(2008) 시청 앞에서 켜진 촛불을 이제 자각적으로 켜자는 것이다.

촛불은 그 자체로서 후천개벽이었다. 그리고 그 내용과 과정과 효과는 다름 아닌 화엄이다. 지도자도 조직도 강제도 없었고 끊임없는 토론에 의해 도달한 그때그때의 합의에 의해 도리어 그들은 단 한 오리의 오류도 폭력 사태도 과장도 없는 기이한 '대화엄(大華嚴)의 월인천강(月印千江)', 이른바 '집단지성'에 도달하곤 했다.

무엇이 그들을 그렇게 하도록 하였을까? 그들 하나하나의 마음마다의 천지공심의 씨앗들이었다. 나는 수없이 많은 개별적인 사례들 속에서 큰 전율과 함께 그것을 확인했다. 내가 스스로 확인한 이상 이것은 이론이 아닌 사실, 즉 엄격한 개념으로서 '팩텀'(Factum)일 뿐이다.

이야기를 희망 사항이 아닌 '팩텀'으로부터 시작해야 하는 오늘에 나는 두려움과 환희를 함께 느끼며 눈물로 몸을 떤다. 왜 이러는 것인가?

때[天]와 땅[地]과 삶[人]이 하나[一]가 된 것이다.

내가 지금 제안하는 문화혁명은 바로 이 우주의 기미(氣微)를 받아들이고 그것을 현실로 바꾸는 구체적 행동, 개인 및 사회집단, 그리고 국제사회 전체의 개별적·연쇄적, 대규모 조직 및 산발 행동 전체를 가리키고 있다. 이 혁명에 있어 첫째로 중요한 것은 바로 '모심'이다.

모심이야말로 새 시대, 새 세대, 새로운 만물중생의 해방의 시대 흐름의 첫 샘물이다.

우리는 루돌프 슈타이너(Rudolf Steiner, 1861-1925, 독일신비사상가)에게서, 발 플럼우드(Val Plumwood, 1939-2008, 여성 생태학자)와 뤼스 이리가라이(Luce Irigaray, 페미니스트, 철학자, 언어학자, 정신분석학자)에게서, 그리고 조직적 혁명의 길을 끊임없이 역행함으로써 도리어 새 시대의 변혁적 문화를 실현코자 하는 사파티스타(멕시코 민족해방군)의 마르코스와 노동자 자율 운동의 네그리·하트(윤리·정치·철학자)로부터 오로지 한 사람 한 사람, 한 가지 한 가지 안에 지금 여기 끝없는 고통 속에서 눈부시게 넘쳐나는 천지공심과 대화엄과 만물해방의 후천개벽의 폭풍을 감지하며 그 감지를 모심으로 연쇄 실천해야 함을 또한 절감하고 있다.

이리가라이는 말한다.

'다 좋다. 그러나 하나만 빠졌다. 그것이 무엇일까? 그렇게 묻고 있을 사람들이다. 그것이 누구인가? 여성이다.'

여성.

모심은 바로 여성 주체의 실천이다.

질 들뢰즈의 '여성되기'라는 타자화(他者化)나 미셸 푸코의 '어린이'[單獨者] 같은 분자 생물학적 신자유주의 문화 폭동이 그대로 옳을 수는 없다. 무엇이 중요한가?

다시금 이리가라이다.

'여신(女神)창조론의 신화적 지표 속에서 모녀직계혈통(母女直系血統) 중심의 새로운 문화 변혁을 통한 남녀의 근원적이고 항구적인 평화의 확립'의 유일한 길은 어디에 있을까?

바로 그러한 여신과 모녀 혈통의 신화(神話)가 결정적으로 살아 있는 땅이라야만, 그 삶 속에서 그때가 개벽하는 것이 아닌가!

그곳이 어디인가!

이 땅이다.

1만 4천여 년 전 이래의 마고(麻姑) 여신의 여성 혈통 중심 신화가 그대로 살아 있는 이곳 남조선이다. 왜 남조선인가? 북조선은 이미 우리가 잘 알고 있는 '볼곰', '불함'(不咸)의 나라이기 때문이다. '볼곰'은 곧 고려 때의 '팔관'(八關)으로서 '산천과 온 바다의 용신(龍神)의 밝은 그늘로 뭇 중생이 부처를 이루는 화엄 축제'의 이름이다. 그리고 그것은 바이칼의 알혼과 몽골의 토토텡그리, 온 세계의 열일곱 개의 바다와 연못 속의 검은 그늘로부터 솟구치는 눈부신 신명(神明)의 신화로 가득 찬 캄차카, 사할린, 일본 열도와 알래스카, 아메리카 대륙의 영혼에 그 이름을 부여한, '흰그늘'이란 이름을 부여한 시원(始源)적 설화의 땅이기 때문이다. 그러나 북조선은 바로 시원의 신화의 땅 바이칼의 알혼으로부터 이제 너무나 멀다.

북조선은 이제 남조선의 마고, 그 팔려사율(八呂四律)의 근대적 후천개벽 문화인 여율(呂律), 즉 '곰볼'을 앞세운 '볼곰', 다시 말하면 여율적 율여(呂律的 律呂)의 상징인 '흰그늘의 미학'을 인하여 그 근본을 회복해야 한다. 개벽을 성취해야 한다.

중요한 것은 그러니 남조선의 '흰그늘' 남조선 네페쉬 하야[生魂]의 촛불이다.

누가 그 촛불을 이끄는가?

촛불은 촛불이 이끈다.

명심하자.

모심의 다른 이름이 흰그늘이란 촛불이요 그것의 철학적 클리셰[동어반복]가 '무위이화'(無爲而化)임을 결코 잊지 말자. '무위이화'는 '아무위이민

자화'(我無爲而民自化)다. '함이 없는 함'이니 '무위무불위'(無爲無不爲)로서 바로 '하느님 직접 통치'다.

그때가 왔단 말인가?

그렇다.

이제 어째서 오늘이 바로 그때인가를 말한다.

386세대는 화염병을 던지며 눈물을 흘리며 입만 열면 노래 불렀다.

'그날이 올 때까지 흔들리지 말자.'

그날이 언제인가?

그날이 바로 오늘이다.

바로 그들이 열망한 그날은 결코 그날이 될 수 없는 십 년, 이십 년, 삼십 년을 계속하고도 이루지 못한 사회 토대 혁명의 기나긴 인고(忍苦)의 세월 이외에 다른 것이 아니기 때문이다. '그날'은 '만드는 것'이 아니라 '되는 것'이다. 우주의 변화이지 인간의 조작이 아니다.

젊은이들은 자기기만에 속았다.

그날이 노무현 정권인가?

그날이 그 반사작용으로서 오늘인가?

도대체 단 한 치의 흔들림 없이 죽음을 각오하자던 그날이 공금을 도적질하고 뇌물을 받아먹고 동지를 섹스로 협박하고, 아니면 그와 반대로 산천을 개조한답시고 모조리 파괴하거나 도리어 그 파괴를 막겠다던 자들이 부패 스캔들의 연쇄 속에서 저 스스로를 먼저 오염·파괴하는 오늘이 바로 그날인가?

나는 그날을 분명 작년(2008) 시청 앞 4월 말에서 6월 초까지 켜진 촛불, 그 '하아얀 그늘의 모심'이라고 단언한다.

화엄개벽 모심의 전 세계 문화대혁명이 불 켜지는 그때가 바로 그날이요 그날이 바로 오늘인 것이다.

김일부 정역(正易)은 후천개벽의 시작을 '기위친정'(己位親政)이라고 주장했다. 기위(己位)는 대황락위(大荒落位)로서 음맥(陰脈)에도 양맥(陽脈)에도 못 끼는 '헐벗은 벌판의 어둠' 자리다. 그곳 위상이 친정(親政), 임금 자리에 복귀하는 것이니 다름 아닌 네페쉬 하야의 예루살렘 입성이겠다. 이때 북극 태음의 물의 위치에로 지구 자전축이 복귀한다는 것이고 이때에 그 물의 대음개벽(大陰開闢)을 결정하는 여성 몸의 월경(月經)에 거대한 윤초(閏秒), 즉 365일 윤달이 없어지고 360일 정력(正曆)이 선다는 것이니 이것이 이른바 이리가라이 설(說)이 될 것이다. 그러나 중요한 것은 이때 정역은 반드시 이 개벽이 날짜의 변동만이 아니라 날씨, 즉 기후의 대변동을 가져오는데 춘분, 추분 중심의 4천 년에 걸친 서늘하고 온화한 유리세계(琉璃世界)를 지구상에 실현해 만물해방과 화엄세계를 참으로 쾌적한 해인삼매(海印三昧)의 세계, 자기 해탈의 세월로 이끈다는 것이다. 이때 이 모든 변화의 중핵이 곤대인(困大人)의 출현이요 리대인(離大人)의 축빈우(畜牝牛) 사건이니 참으로 하느님 반고(盤古)의 오화(五化), 태초 십무극(十無極)과 후천 일태극(一太極)을 융합한 오황극(五皇極)의 황중월(皇中月)을 이 세상에 복승(復勝, 드러냄)함으로써 한 남자가 마치 우주엄마와 같은(마치 비로자나 부처의 천지공심과 같은) 음(陰)을 제 몸과 삶에 실현함으로써 스스로 죽어 바로 제 안의 우주엄마(마치 百花齊放, 月印千江과 같은 내부 공생과 개체-융합)의 탄생을 촉발한다는 것이다. 이것이 간군자(艮君子)요 간역(艮易)의 개벽이니 바로 남조선 화엄개벽 모심의 촛불 사건이다.

나는 이제야 이 모든 동방 개벽학의 신비수학적 구조가 2000년 전 이스라엘 한 무덤에서 부활한 나사렛 예수의 사랑과 섬김과 모심의 선(禪)적 신비의 현실적 성취임을 고백한다. 긴 세월 나는 고통과 주저, 질시와 비웃

음 속에서 참말 무엇이 이 세상의 미래인지 피투성이로 더듬어 왔다. 어느 한 지점에 어느 한 컴컴한 시간에 이르렀다.

그곳은 정신병원이었다.

수많은 젊은이들이 제 몸을 불질러 한 정권의 독재에 항의하고 있었다. 나는 한 인간의 생명이 정권보다 더 크다고 주장함으로써 그들의 끝없는 모욕과 저주 아래 착란을 일으켜 어두운 병실에 입원한 것이다.

그 어둠 속에서 나는 나의 예수를 보았다.

그가 바로 화엄개벽 모심의 선객(禪客) 예수였다. 세상의 저주 아래 갈가리 찢긴 내 캄캄한 몸 안에 새파란 줄탁(啐啄)의 별이 뜬 것이다. 회음(會陰)이었다.

거기 동학 주문 첫마디인 '모심', 즉 '시'(侍)가 커다랗게 허공을 울리며 푸른 별과 함께 떴다. 미친 것이다. 물론이다.

그러나 나는 결코 미치지 않았다.

왜?

나는 이어서 온 병실 가득히 19세기 말 고부 장터에서 일어나 태인 전투에서 사라진 동학 갑오혁명의 그 무수한 꽃봉오리들, 18세기 말 프랑스의 골목골목 바리케이드 사이사이에서 이름 없는 숱한 민중들이 미소와 구호로써 피워 올리던 붉은 꽃봉오리, 그리고 중세가 끝나 가고 르네상스와 종교개혁과 농민혁명과 시민혁명, 산업혁명이 머지않았던 그 어두운 유럽의 나날들 도시 도시의 무수한 '장미 십자주의 회원'들의 고통 받는 이름들이 수천 수만 개씩 잘 읽을 수 없는 알파벳으로 꽃문장을 그리며 끝없이 끝없이 스쳐 지나가는 환영에 휩싸였기 때문이다.

일제에 의한 근대화 초기 부산항을 통해 멀리 떠나던 수많은 농민들의 검은 얼굴들, 만주 벌판 머나먼 동토에 묻혀 간 숱한 이농민들의 얼굴, 그리고 전쟁 전후한 시기, 4월혁명 전후한 시기, 북한과 남한에서 벌어진 온갖 정치 사건들 속에서 고문에 죽어 간 좌우익, 중간파, 온갖 정파와 종교에 속한 숱한 얼굴 한복판에 붉은 꽃봉오리처럼 새겨진 글씨들 그것은 모두 다 한결같이 단 한 글자였다.

'곤'(困)

한참 훗날이다.

'곤'(困)을 이정호(李正浩) 선생의 주역정의(周易正義)에서 찾는다. 주역을 정역의 개벽적 의미 맥락에서 재해석하는 책이다.

'곤'(困)

세궁역진(勢窮力盡)하여 도저히 생명을 유지할 수 없을 때에는 군자는 몸을 죽이더라도 뜻을 이루는 법이다. 이 가장 좋은 예가 살신성인(殺身成仁), 아니 희신속죄(犧身贖罪)를 한 인자(人子)의 경우라고 생각된다. 그는 삼 년 전도(傳道) 기간 중에도 주목(株木, 그루터기)에 앉은 것같이 하루도 편할 날이 없었으며 산간의 조용한 골짜기와 세리, 죄인, 병자의 처소에서 지냈다. 주식(酒食)에도 곤(困)했고 거처에 곤(困)했으며, 집에 와도 믿지 않으니 가시덤불에 앉은 것 같고 나아가도 벽에 부딪치니 무슨 처자가 있으며 장가인들 들었겠는가. 그는 본시 지귀(至貴)한 몸으로 스스로 지천(至賤)한 곳에 내려와 모든 죄고중생(罪苦衆生)과 같이 세상의 괴로움을 몸소 겪고 그 모진 고생을 사서 하였으니 곤우금거(困于金車) 곤우적불(困于赤紱)이라 아니 할 수 없다. 새도 돌아갈 깃(巢)이 있으며 여우는 제 굴(窟)이 있으되 인자(人子)는 머리 둘 곳이 없다고 하였다. 그래도 핍박자는 붉은 왕복(王服)과 가시 면류관으로 그를 조롱한 후에 의월(劓刖)보다 더 무거운 책형(磔刑)에 처하여 인자로 하여금 산 제사의 희생이 되게 하였으며, 그 곤우만유(困于蔓藟)와 얼올(臲卼)과 같이 해골망량(骸骨魍魎) 뒤엉킨 곳에 십자가에 꿰어 달아 최후에

'아버지 아버지 저를 버리시나이까!'의 탄식일성(歎息一聲)과 함께 마지막 숨을 거두게 하였으니, 오호(嗚呼)라, 인자일대(人子一代)의 죽음은 너무나 여실하게 곤상(困象)의 '치명수지'(致命遂志)를 연출한 느낌이 있다. 더구나 그 나무에 달려 있는 동안 병사의 창으로 찔려 체내의 피와 물이 쭉 빠져 버렸으니 '택무수'(澤无水)를 이렇게도 가혹히 나타낼 수 있을까. 곤(困)괘 전체는 마치 인자(人子) 치명수지(致命遂志)의 행적을 그리기 위하여 있는 것 같은 느낌조차 든다.

이와 같이 생각할 때 치명수지한 곤군자가 바로 곤대인이며, 이 대인이 바로 축빈우하여(여성의 검은 그늘, 암소를 기름) 이것을 일월(日月)에 제물로 바치고 계명(繼明)하여 사방(四方)을 비추던(天符經의 太陽昂明) 리대인(離大人)이라는 것을 알 수 있을 것이다. 서(序)괘의 리(離)는 잡(雜)괘의 곤(困)임을 볼 때 더욱 수긍하지 않을 수 없다. 리대인이 곤군자요 곤군자가 곤대인이며 곤대인이 리대인이라는 것은 앞으로의 정신계에 있어서 매우 중대한 뜻을 갖는다고 하겠다.

곤(困)의 뜻은 이렇게 예수의 동아시아 사상사 안에서의 개벽 실천자적 의미를 갖고 있다. 정역에서의 예수 복음의 신비인 기위친정(己位親政)의 십일일언(十一一言)과 무위존공(戊位尊空)의 십오일언(十五一言)의 행동적 융합인 "삼팔동궁"(三八同宮)이 사실은 간태합덕(艮兌合德)으로서 첫째 일·중 협력을 전제한 한·미 간의 창조적 파트너십으로 동아시아 태평양 신문명 성립을, 둘째로는 현대 자본주의 문명 최대 최고의 위기인 시장 구조의 혁파 방향을 '호혜·교환·획기적 재분배'의 고대 신시(神市)와 '동진불염(同塵不染) 이생상도(利生常度)'의 화엄불교의 경제 원리와 성스러운 시장으로부터 초과이윤 속성 자본의 삯꾼을 몰아내는 예수의 회초리가 창조적으로 융합하여 '확충'과 '축적·순환'(蓄積循環), 그리고 '내부공생'(內部共生)을 전제한 '환류(還流) 시스템'으로, 셋째, 먼저 한반도 나름의 '현대 5일장'을 경제만 아니라 일반 사회생활 양식과 생활문화 규범에서의 철저한 '모심'으로 일관하자는 문화대혁명을 도처에서 마치 90년 전 기미년(己未年)의 만세운동처럼 일으키고 외치고 실천하고 미소 짓고 서로서로 착한 경제 사회 문화적 관계를 인연 지어 가는 물결을 의미한다.

그렇다.

이것을 이제 우리 민족의 네오 르네상스, 우리 민족의 참다운 생명·평화 운동으로 전개해 가는 것. 바로 이것이 다름 아닌 '곤'(困)이요, '간'(艮)이요 '돌아오지 않음'이니 참다운 '그침', 즉 '지'(止)의 참뜻이다.

나는 이제야 예수가 자기의 참다운 때, 진정한 땅, 그리고 적실한 실천의 삶의 길을 찾았다는 생각을 한다. 더욱이 지금 서방세계를 강타하고 있는 예수 스캔들인 '다빈치 코드'가 참으로 이제야 참다운 자기 해명의 자리를 찾았다고 느낀다. 이 동방 역사의 개벽적 초미의 현실 안에서 '곤'(困)이요 '간'(艮)인 예수는 또한 '리(離)대인' 즉 '복희씨'(伏羲氏)의 천명(天命)이니까. 복희씨가 굴속의 검은 7년 간의 어둠을 여성들, 엄마들, 못난 아기들을 위한 첫 글자, 인류 최초의 암호 문자인 '결승'(結繩)을 통해 하늘과 땅과 사람의 서로 상관된 이치를 가르쳐 컴컴한 암흑 속에 짓눌린 음(陰)의 위대한 창조력과 모성(母性)의 광활한 세계 화해의 힘과 아기의 수승한 창조력의 뜻인 '검은 암소를 키워'(畜牝牛) 첫 세상을 참으로 열었듯이, 이제 우리는 오늘의 네페쉬 하야인 시청 앞 촛불의 주체들, 어린이, 여성, 쓸쓸한 대중들 속에서, 특히 여성과 어린이의 캄캄한 삶 속에 이제 막 분출하기 시작한 새로운 시대의 여명을 그야말로 확충적으로 '복승'(復勝, 개벽의 생명학적 현상)시켜야 할 전 생명사, 전 우주사적 책임을 걸머져야만 하겠다.

나는 긴긴 초조와 자기 회의와 끝없는 낙망(落望) 속에서 화엄은 알겠으나 개벽의 참뜻을 알 수 없었다. 또 개벽은 조금 알겠으나 그 개벽을 실천할 모심의 참 주체를 알 수 없었으며, 그 주체를 희미하게나마 깨닫기 시작할 때에는 역시 그 주체의 자기 없는 인도자, 뜻 그 자체인 '화엄적 집단지성'의 성육신(成肉身)을 발견하지 못한 채 홀로 나의 캄캄한 공부방 등탑(燈塔) 안에서 몸부림쳤다.

어느 날이다.

나의 작은 아들, 지금은 영국 런던의 교외인 하이버리에서 넉넉지도 못한 학비로 유럽 근대 회화 예술의 완성 속에서 파아란 초월적 빛으로 배어나는 에드가 와인버그와 머슬리 인스브룩의 예수 치명(致命)의 신비를 거의 혼신의 힘으로 공부하고 있는, 세희(世熙)의 다음과 같은 편지에 부딪혔다.

아버지,

저는 이제 아버지 곁으로 돌아갈 수 있을 것 같아요. 저는 예수가 다름 아닌 아버지의 긴 감옥살이와 그보다 더 캄캄한 열두 차례의 정신병원의 어둠 속에서 나타났다는 푸른 별의 의미와 크게 다르지 않다는 것을 깨닫는 것 같아요. 이곳에도 현장은 있겠지만 나의 삶의 현장, 나의 탐구의 현장이 도리어 나의 땅, 아버지 곁의 그 어둠 속이 아닌가 합니다. 왜냐하면 예수는 이제 막 울음을 울며 태어나는 새 시대의 새 삶이고 새 문명이기 때문입니다. 그러나 나머지 3-4년 더 머물며 바로 그 사실을 되새기고 더 다짐하렵니다. 그러나 내 마음은 한시바삐 아버지 곁에 돌아가 그 길고 긴 동아시아와 한반도의 고통 속에서 이제 어떻게 예수가 첫 이마의 그 눈부신 흰빛을 드러내는지 깨닫고 싶어요. 아버지 사랑합니다. 아니요. 아버지의 고통을 사랑합니다. 내 조국의 그 결코 심상치 않은 검은 고통의 날들을 온몸과 마음으로 사랑합니다. 안녕히 계십시오.

나는 이 편지가 어째서, 언제, 과연 누구 손을 거쳐서 지금의 나의 컴컴한 먹방 등탑에 전달되었는지 알지 못한다. 환상일 수도 있고 사실일 수도 있다.

그러나 그들은 누구인가?

에드가 와인버그와 머슬리 인스브룩이 어떤 화가들인가? 어떤 예술가들인가? 나는 역시 알지 못한다. 그러나 이 편지와 동시에 내 머리에 들어온 이 두 사람에 대해서 한 현대의 예술사전은 다음과 같이 소개하고 있다.

에드가 와인버그(Edgar Wineburg) : 런던 옥스버리 힐스탑 출신의 종교화가. 1827년 생, 1915년 사망. 라파엘 모사로부터 시작된 그의 기독교 신비주의는 그의 나이 50세 전후에 '어두운 고통으로부터 배어나는 하느님 아들 예수의 은빛 광채의 기이한 황홀에서 기이한 고통의 암흑 체험 그 자체가 우리 마음 안에서 일으키는 놀라운 광명의 새 세계, 그리고 그것을 매개하는 붓끝의 신비한 세계 숭배에로의 대이동'을 단행한다. 그는 지금도 잘 알려지지 않은 소수의 괴팍한 예술가에 불과하다. 그러나 기이한 것은 그를 찾는 유력한 팬들이 기독교인인 유럽 사람들보다 도리어 동양에서 온 청년들이라는 사실이다. 이 사실은 앞으로 큰 논의의 영역이 될 것 같다.

머슬리 인스브룩(Musley Innsbrooks) : 1789년에 태어나 1870년에 죽은 이 화가에 관해서는 거의 공식적인 기록이 없다. 다만 평론가들의 단평들만이 여기저기 흩어져 있을 뿐이다. 미술관 이곳저곳에 가끔 그의 유작이 전시되고는 하지만 단 한 번도 기념전 같은 것은 없었다. 왜 그럴까? 그의 종교화가 단적으로 반(反)기독교적이기 때문이다. 예컨대 벌거벗은 예수의 초상화는 어떤 경우 거의 포르노 수준이라는 악평이 따를 정도다. 그럼에도 그의 이러한 노골적인 예수 이미지의 추구는 어떤 이름 없는 젊은 학도의 코멘트에서처럼 지금 다가오고 있는 젊은 신세대 남녀의 거의 외설에 가까운 개방적 성애(性愛) 과정 그 자체 안에서 거의 폭발적으로 드러난다고 하는 참으로 신비스러운 순결에의 향심(向心)과 날카로운 세계 이탈의 열망, 그리고 경건하고 숭고한 기이할 정도의 부드러움에 대한 사실 확인이라는 점을 잊지 말아야 할 것이다. 그러나 아직 이것은 우리 사회에서 공개적으로 확립된 영성의 미학이 아니다. ('캠브리지 아트 북페어', 홀브릿지 타임스 터엄 157-159쪽, 265-266쪽)

내가 지금 강조하고 싶은 것이 있다.

기이한 일이지만 이 땅에 15세기 이탈리아의 여러 도시 국가들, 피렌체나 베네치아 등의 그 높은 생산력으로 인해 말할 수 없이 활기찬 거리 거리에 불어 닥친 참으로 놀라운 르네상스의 '흰그늘' (야콥 브룩하르트의 표현으로는 invienttamentliche ausbrachtheit , 흰 눈부심을 거느린 악마들의 시위-당대 시인 게로니모스 하이로미에의 시 구절에서)의 미학(美學) 열풍이 휩쓸기 시작했다는 점이다.

무엇을 뜻하는가?

'에게 해(海)의 푸른 파도'의 시인 함부르크 페이번티션의 다음 한마디를 듣자.

'예수가 저기 저 지중해의 드높은 물결 사이로 온 세계 온 민족들의 탄식과 열광의 빛나는 상징들을 배에 싣고 우리에게 온다. 그러나 그것은 우리의 세계 지배를 위한 항복 문서가 아니라 우리들 자신이 세계에로 나아가 그 땅 그 사람들 속에서 예수의 세계적 고독을 살라는 우리의 항복문서다.' (그의 산문 '페이번티션의 바다 체험'에서)

나는 이즈음에서 한마디 종합의 필요성을 절감한다.

예수는 절대선(絶對善)인가?

어디에서든 예수 없이는 안 된다는 뜻인가?

참말로 세계와 우주가 예수 그리스도 밖에서는 종말이고 파멸이고 죽음뿐이라면 지난 긴긴 세월에 이 지구 위에 일어난 기독교도 유럽인들에 의해 지속적·극단적·조직적으로, 그것도 참으로 더러울 정도의 유럽 제일주의와 염치없는 자기 숭배의 강요로 일관해 온 파괴 일변도의 야만은 어찌할 것인가?

감히 변명할 여지가 있는가? 그것은 누누이 처처에서 예수 그리스도를 앞세워 바로 그의 이름으로 저질러진 일들이다. 어찌할 터인가?

그러나 나는 이제까지의 그 어떤 새로운 문명 창조의 역사도 복수에 의해 이루어져 왔음을 읽은 적이 없다. 마찬가지로 그 어떤 새로운 문명 창조의 역사도 미메시스(mimesis), 자기 숭배, 자기 모방이라는 저 권태롭기 짝이 없는 반복 행위에 의해 이루어졌음을 읽은 적이 없다. 유럽의 기독교인들은 이제 이 식은땀 나는 초미한, 전 인류 문명사의 근원적 대전환 앞에서 뼈저린 회개와 가차없는 자기 비판을 감행하지 않으면 안 된다.

수많은 유럽인, 수많은 수많은 미국인과 그보다 더 많은 세계 도처의 지식인들, 특히 여성과 신세대가 동방 불교로부터 새 시대의 여명을 갈망하고 있다. 그러나 그것으로 문제는 일단락일까? 인류의 역사는 그리도 단순하게 한 우물에서 다른 우물로 이동하는 서푼짜리 유목민의 방랑의 역사인 것인가?

산 위의 한 연못, 사막의 한 샘물에 정착할 때마다 그곳에 집을 짓고, 집을 지을 때마다 그곳에 들어앉아 그곳의 쓸쓸한 새벽바람 앞에서 떠나온 고향의 긴긴 신화를 들려주던 끊임없는 종합과 다함없는 창조적 기억의 역사가 모든 인류 이동의 역사요 더욱 몽골리언 루트 9천 년의 역사다.

그 황막한 9천 년 여행의 첫 샘물이 1만 4천 년 전 파미르 고원 마고성(麻姑城)의 여신 창조와 모녀 혈통 중심 모권제의 역사요, 열일곱 개의 검은 연못을 통과한 '불곰', 즉 '불함(不咸) 문화'의 생성 역사가 한 번, 두 번, 세 번, 둥그런 원(圓)을 그리며 '축적·순환'과 '확충'과 '내부공생'과 '호혜·교환·획기적 재분배'의 '팔려사율'(八呂四律)(혼돈·여성성이 질서·남성성보다 8대 4의 비율로 더 역동적이었던 고대 신시(神市) 체제의 우주율)의 나아가고 들어오는 행정(行程)은, '에덴'의 메타포로 빛나는 '프리기아'(phrygia, 소아시아, 아시아와 유럽의 통로 지역)를 돌고 다시 화엄경 결집의 중앙아시아 대황야의 무수한 마을 마을을 일곱 차례씩이나 반복해서 돌며 온 세상의 사방팔방 그리고 하늘과 땅 위아래의 시방에까지 확산해 나가는 것이다. 그것은 분명 입고출신(入古出新)의 쌍방향 통행이었지 전혀 '크로노스' [線]나 '아이온' [充滿]이나 헬라적인 단순 파동(罷動)의 '우로보로스'(ouroboros)가 아니었다. 우리의 역사 또한 그러하고 동아시아를 포함한 현대 인류의 역사 또한 그러하다. 착각 없기 바란다. 현금의 대혼돈과 절대 위기는 그런 한가한 착각을 허락하지 않는다.

이리하여 인류 역사, 인류 문명사의 전 과정은 드디어 그 첫 샘물인 파미르의 '한'으로 환귀본처(還歸本處)한다. 마고 신화는 '한', 즉 '영원한 푸른 하늘'(후에문혜 텡그리)의 신화 이후 약 3만 5천 년 이후의 일이다. 그리고 '마고'와 '에덴'과 '부르한'(不咸)과 '화엄의 대황야'와 '베링의 캄캄한 하늘 못'(캄차카 반도의 코리약 族과 이뗄멘 족의 7,000개 신화에 일관된 세계의 가장 중심인 바다 속 새 우주의 메타포-이카이카루·데에무·와이스무이코낭카푸투이-'새야 새야 네가 가는 이 바다의 끝은 어디냐, 내가 숨은 이 깊은 물속의 새 하늘 아니냐'의 뜻)을 다시 빙빙 돌면서 몇 차례나 반복해 '축적·순환', '확충', '내부공생', '호혜·교환·획기적 재분배'의 산과 물 사이의 반복적인 '복승'(復勝)으로 차원을 바꾸면서 '팔려사율'의 숨고 드러나는 역동과 균형을 자기 조절하면서 '한'의 첫 샘물(산 위의 연못)로 돌아간다. 이때 주의할 것은 '베링의 캄캄한 하늘못'의 신화는 전혀 아시아발 몽골 신화망만이 아닌, 아시아와 알래스카, 아메리카, 안데스 및 남극 바다들의 유구한 산과 물 신화망 사이의 끝없는 공명(共鳴)과 쌍방향 소통의 축적·순환 의미망이라는 점이다. 이 점이 예의주시되어야 한다. 이 '한'의 개벽학적 오의(奧義)가 정역에 이렇게 표현된다.(이정호의 다섯 권의 정역 해설서를 검토한 결과 도달한 결론이다)

'한은 반고오화(盤古五化)이니 후천개벽기의 상제조림(上帝照臨)이다. 하느님 직접 통치는 그 현실적 양태가 무위이화(無爲而化)로서 기위친정(己位親政)과 무위존공(戊位尊空)의 융합인 삼팔동궁(三八同宮)이다. 이때가 곤(困)군자, 즉 인자가 간(艮)군자, 즉 한반도의 곤대인으로 출현하는 때다. 그것은 그러나 참으로 고난에 찬 후천(後天) 우주 개벽의 치명수지(致命遂志)이니 다름 아닌 기위친정의 현실화다.'

그러나 바로 이 '영원한 푸른 하늘'(아시아 전 대륙에 일관한 유일신, 심지어 원시, 고대, 화엄경 결집 시대의 주불(主佛) 비로자나의 이름에까지도 일관된 無窮無極이 十, 즉 십자가이자 土化의 중심 상징)을 뜻하는 '한'은 곧 다름 아닌 '무'(無)요, 허(虛)요, 공(空)이다. '한'은 본디 '없음'으로서 '큼', 즉 우주요 신이요 부처인 것이다. 그래서 '울'이다. 정역은 그리하여 바로 네페쉬 하야의 호혜의 참 화엄개벽적 삶을 기위친정하는 유일 조건인 '자기 자신을 비움'으로서의 철저한 '모심'인 '무위존공'(戊位尊空)을 개벽의 총칭인 삼팔동궁의 인간적 실천에 있어서의 첫째 조건 '곤대인'의 실존적 용기로 거론한다.

이 텅 빈 모심이 곧 동학이다. 다른 것이 아니다. 그리고 그 모심이 곧 '그리스도교 세계관'의 완성인 종말적 창조적 진화론과 불교적 우주관의 총괄인 화엄개벽을 제 몸으로 실천하되 또한 제 마음 안에서 그 주체인 하느님이자 부처님인 우주 무궁의 그 님을 텅 비워 버리는 것, 즉 '모시고 비우고'의 끝없는 참선이다. 동학 본주문의 첫 글자 '시'(侍)의 뜻이 '내유신령 외유기화 일세지인 각지불이자야'(內有神靈 外有氣化 一世之人 各知不移者也)로서 앞이 창조적 진화론의 '내면 의식-외면 복잡화'를, 뒤가 '현생 인류가 화엄을 각자각자 제 나름나름으로 깨달아 실현함'을 뜻할 때에 두 번째인 '천주'(天主)의 가장 핵심 주체인 '천'(天)은 전혀 해명이 일체 없이 '주'(主)를 '님'이라 불러 부모처럼 섬기면서 동시에 친구처럼 동업(同業), 동무(同務), 동지(同志)한다. 그리고 동사(同事)한다. 즉 '텅 비운다고 돼 있음'을 결코 잊지 말아야 한다. '그치고 잊지 않고 깨치고'가 그 뒤의 주문 내용들이다.

또한 잊지 말아야 할 것은 시(侍)의 첫 뜻인 '내유외유'가 떼이야르 드 샤르뎅과 자유의 진화론의 창조적 진화론의 첫째 둘째 테마인 '내면 의식-외면 복잡화' 그 자체이고 둘째 뜻인 '각지불이'(各知不移)가 주자(朱子)에 의해 맹자 개념으로 번안된 화엄세계[不移]를 각자 각자가 다 제 나름나름으로 인식하고 실천한다는 사실이다.

바로 이 같은 '모심'을 조선 500년 비밀 불교 조직인 당취사(党聚史)는 고려 강화도 정권 때의 화엄선(華嚴禪) 수련자였던 저 용맹정진의 선승(禪僧) 혜정(惠正)이 당대의 좌·우·중간 삼파(三派) 정객을 가차없이, 그러나 애정으로 가득차 공격한 "비중이변"(非中離邊)의 애틋한 '당파선'(鏜把禪, 삼지창 禪法)이었음을 은밀히 전해온다.

과연 오늘의 모심, 오늘의 네오르네상스와 화엄개벽의 길에서 성취해야 할 모심의 문화대혁명, 그리고 그 선적(禪的) 실천으로서의 새로운 동방 예수의 길은 참으로 피비린내 없이 가능할 것인가? 나의 마지막 소망은 바로 그것뿐이다.

글을 끝내며 내 요즘 공부 버릇대로 벽암록(碧巖錄)을 펼친다. 무슨 선(禪)의 소식이 올까?

제32칙 임제일장(臨濟一掌)이다.

"정상좌가 임제 선사께 물었다.

'어떤 것이 불법의 큰 뜻입니까?'

임제 선사께서 선상에서 내려와 정상좌를 움켜잡고 뺨을 한 대 친 뒤 확 떼밀어 버렸다. 정상좌가 멍청히 서 있자 곁에 있던 선승이 말했다.

'정상좌, 어째서 절을 하지 않소?'

정상좌가 절을 하다가 홀연히 크게 깨달았다."

마지막 부분 한자 표기가 '방예배(方禮拜) 홀연대오(忽然大悟)' 다.

무엇을 절해 모심인가?

무엇을 절하는 중에 깨달은 것인가?

분명한 것은 나는 비겁하다고 몹시 한 대 맞은 것이다. 지금 이 순간 얼얼한 느낌만 남아 있다.

만 가지 세상사에 대한 천 가지 대응이 새로 필요한 시점이다.

역(易)에서 리대인(離大人), 즉 곤군자(困君子)가 축빈우(畜牝牛)한다 함은 이 만 가지 세상사에 대한 새로운 살림을 준비함이겠다.

살림의 주인공이 엄마임은 물론이다.

모심의 문화혁명은 살림을 위한 것이다. 발 플럼우드의 외침처럼 인격−비인격, 생명−무생명을 막론하고 일체 존재를 우주 공동 주체로 거룩하게 드높이는 모심의 문화, 모심의 생활 양식으로 인류의 삶 전체를 철저히 변혁하지 않으면 지금의 생명 위기와 기후 변화 등 대혼돈을 극복할 수 있는 화엄개벽의 살림의 길은 사실상 없다. 이것은 지금 여기에서 당장 논의되고 착수되어야 한다.

지금까지 논의된 모든 화엄개벽의 내용들은 인류 역사상 주도적인 동력이었던 남성 지혜자들의 신성적 혈통을 중심으로 한 논의의 한계 안에 있음을 인정해야 한다. 분명한 것은 새로운 시대의 개벽은 반드시 여성 살림꾼들의 모심의 문화 전통을 중심으로 해서만 가능하다는 점이다. 여기에 이른바 역(易)의 축빈우(畜牝牛)의 완성으로서의 곤괘(坤卦)의 '황상원길 문재내야'(黃裳元吉 文在內也)의 비밀이 있다. 현빈(玄牝), 즉 여성 살림꾼을 세상의 통치자로 옹립하되 건괘(乾卦), 남성 지혜자들의 종일건건(終日乾乾)하는 숨은 노력, 즉 안에 간직한 때[天]와 땅[地]과 삶[人]의 삼왕(三王)을 통일하는 인중천지일(人中天地一)의 대화엄이라는 서계(書契)와 결승(結繩) 없이는 으뜸으로 길(吉)한 사천년 유리세계(琉璃世界) 용화회상(龍華會相)의 해인삼매는 기약하기 어렵다.

그러나 여기에서 또한 우리가 반드시 머리를 기울이고 마음을 좋여 섬세한 대응을 갖춰야 할 것이 있으니 비록 천부경(天符經)의 지혜가 대화엄의 삼왕(三王)을 통일한다 해도 그 밑에 숨은 하나의 왕인 '수왕'(水王)의 밑받침 없이는 그 또한 완성되지 않는다는 점이다. 이 '수왕'의 비밀이 한민족 선도풍류(仙道風流)의 오묘함인 '묘연'(妙衍)인 바 '신령한 연못의 깊이로부터 복승(復勝)해 올라오는 여성 회음 속의 파천황의 창조적 생명력의 확충' 이다. 이 힘이 개벽의 주 동력이니 북극태음의 물을 움직이고 있는, 지금도 끊임없이 메탄층 폭발과 대빙산의 해빙, 지리극(地理極) – 자기극(磁氣極) 상호 이탈과 관계 재편성, 그리고 적도(赤道)의 결빙(結氷)과 함께 그 적도와 황도(黃道)를 일치시키는 남반구 해수면의 초과 상승의 근원적 우주력이다.

천여 년을 지속해 온 율리우스 태양력의 주기를 붕괴시키면서 올해 (2009) 7월 22일 동북 아시아 일대에서 관측된다는 대일식(大日蝕) 때에 365일의 윤달이 없어지고 360일의 정력(正曆)이 선다고 한다. 이때에 춘분–추분 중심의 서늘하고 온화한 4천 년 유리세계가 시작된다고 한다. 이것이 곧 달의 작용이고 이 달의 작용의 근원에 여성 회음의 거대한 개벽력(開闢力)이 움직인다는 것이다.

'묘연'(妙衍) 없이는 후천개벽도, 위대한 태양앙명(太陽昂明)의 하느님 직접 통치도, 대화엄 세계의 해인삼매(海印三昧)도 없다는 것이 바로 한민족 선도풍류(仙道風流)의 천부경(天符經)이다. 어째서 예수의 십자가 옆에는 저 불굴의 열심당원 유다도, 저 성실한 갈릴리 어부 베드로도 없었는가? 어째서 저 위대한 성모 마리아도, 저 탁월한 신비가 요한도 사실상 없었는가? 왜 모두 다 예수를 버렸는가? 왜 하느님까지도 예수를 버렸는가? 어째서 세상은 철저히 그를 짓밟았는가?

그런데 어찌하여 그는 끝끝내 '다 이루었다' 하였는가?

갈기갈기 찢어진 그의 모심 곁에 막달라 마리아가 끝끝내 남아 있었던 것이다. 그 여자는 누구인가?

마지막 무덤의 돌을 치운 것은 누구인가?

누구의 어떤 힘인가?

누가 거기 캄캄한 무덤 앞에 앉아 있었는가?

베드로인가? 유다인가? 요한인가? 성모 마리아인가?

예수는 살아 있는 몸으로 부활하였다. 그리고 하늘로 승천한다. 즉 '개벽'을 성취한다. 그렇다면 그 '참 살림'을 보장한 것은 어떤 힘인가? 이것이 그저 이야기일 뿐이고, 이것이 그저 신화일 뿐이고, 상징일 뿐인가? 이것은 오늘, 이 캄캄한 무덤 앞에 버려진 우리에게 도대체 무슨 말을 하고 있는 것인가?

버려진 여성의 캄캄한 회음에 하아얀 모심의 촛불을 켜야 할 시간이다.

말로만?

1세기에서 7세기까지의 장기간에 걸쳐 결집된 대방광불화엄경(大方廣佛華嚴經)의 주불인 '비로자나'(毘盧舍那)는 본디 파미르(Pamir)어인 '한없이 높고 끝없이 넓은 영원한 푸른 하늘', 알타이(Altai)어인 '후에문헤 텡그리'의 뜻이다. 그것은 우리 한민족의 '한' 또는 '울' 또는 '한울'이니 '크고 깊고 넓은 텅 빈 무궁 우주' 그리고 '선명한 유일자'(唯一者)를 말한다. 한민족의 시원 설화인 1만 4천 년 전 파미르 고원 마고성의 여신 마고(麻姑)는 다름 아닌 이 '비로자나 부처'의 어머니다.

'비로자나'는 본디 '한도 끝도 없이 넓은 벌판에 수도 없이 서로 다른 종류의 꽃들이 한날 한시에 모두 다 서로 제각각 다른 모습으로 활짝 피어나는 대광경'을 뜻하고 그와 똑같은 우주, 그와 똑같은 세상 사람들, 그와 똑같은 온갖 마음의 세계를 지칭하는 '파미르 키르키스 한' 민족의 고유어다.(간다하라 지역 민속지 '헤라볼로이타이의 불꽃 같은 별 -아무도 다니지 않는 禁忌의 성스러운 숲 명칭-에서)

'파미르 키르기스 한' 민족은 바로 한민족의 조상이다.'(키르기스스탄 마나스 연구분과위원장 무사에프 사마르 박사의 증언)

'파미르 키르기스 한' 족(族)의 신화망(이것은 아직도 조사 중, 구성 중, 실증 과정 중이다. 따라서 개연성의 영역임을 전제한다.) 안에서 '비로자나'와 '마고'의 관계의 어두운 비밀은 바로 타락한 여신인 '마고 꼬꼭끄'의 신화 안에 있다. 키르기스 신화에서 '마고 꼬꼭끄'는 '뱀 같은 여자' '최후 심판의 날에 악한 역할을 하는 여신' '오른쪽 무릎은 남자, 왼쪽 무릎은 여자로 양성을 구비한 여신'이다. 그러나 또한 '양고기를 먹지 않고 사람 고기를 먹으며 여자를 고문하고 남자를 시험하는 어두운 골목 귀신', '대낮에 검은 별을 뿌리며 강물을 더럽히는 축축한 바람의 여신' 등등 아주 고약한 뜻을 갖는다. 그럼에도 다음의 뜻을 보자.

'이 세상에 나와 단 한 번도 남자와 잠을 자 본 일이 없음에도 수많은 아이를 낳아 한 왕국을 이룬 여자.', '이 세상 모든 왕들이 꽃을 들고 찾아와 별의 운명을 점쳐 달라고 빌었던 산중턱 동굴에 사는 여신.'

또 있다.

'들과 산에 물과 불을 가져다 붙여 세상이 망하는 날까지 흥망성쇠를 즐기는 자들의 숭배 대상'이자 전혀 반대로 '이 모든 악한 행위를 사람과 신과 우주의 번영을 위해 한 시대를 보내고 다른 새 시대를 열기 위해 감히 스스로 저지르는 여신'이며 '동물 식물의 목숨을 사람 목숨과 마찬가지로 존중하여 사냥하는 자들을 벌주는 유목민의 별의 화신' 등도 있다.

종잡기 힘들다.

그러나 이 여신이 분명 매우 어둡고 불길함에도 한편 매우 고통스러운 시험을 통해 운명의 전환을 꾀하고 있는 듯한 느낌을 피할 수 없다. 한마디로 매우 실존적이다.

이 점에서 출발해 보자. 키르키스 신화에는 생태학과 관련된 여신도 있다. 그러나 이 계열과 또한 다르다. 모권제의 여신 마고와도 다르다. 그럼에도 '마고 꼬꼭끄'를 비로자나 주불(主佛)의 어머니라고까지 드높이는 신화 조직자들의 의미론적 동기는 어디 있을까?

첫째, 마고 꼬꼭끄는 모권제 몰락 이후에 격하된 여신이다. 따라서 매우 어둡다. 거의 마구니 수준이다.

둘째, 그러나 마고의 그 위대한 창조적 명성을 이름에 물려받고 있다. 이것은 신의 역사에서 중요하다. 신은 이름의 역사이기 때문이다. 마고 꼬꼭끄의 여성적인 어둠 속에는 아이 낳는 이야기가 있다. 이것은 비로자나의 그 무수한 대지의 생명들이나 그 무수무수한 부처님들의 눈부신 탄생 배후에 바로 시커먼, 더러운 악(惡)으로 폄하된 실존적 성애(性愛)와 임신과 태교와 출산 및 고통스런 양육의 여성적 살림의 중요성이 역전하여 반영된 것으로 보아야 한다.

마고는 뤼스 이리가라이가 거듭 주장하고 있는 바 여신 창조설에 토대한 신성한 모녀 직계의 혈통 중심성에 의한 남녀 간의 평화의 새 문명 주장에 있어 대표적이다. 그렇다면 마고 꼬꼭끄야말로 그 이리가라이 주장의 어두운 부정적 증거일 수 있다. 그러나 만약 우리가 비로자나 화엄세계와 그 위대한 만물해방의 역사가 이 마고 꼬꼭끄의 어둡고 누추한 회음의 컴컴한 현빈(玄牝), 즉 동굴로부터 태어나는 것이라 본다면 도리어 이것은 다분히 '개벽적'인 것이다.

마치 예수의 몸의 부활의 관문인 무덤 동굴의 그 돌덩이에 앉아 하염없이 그 무덤이 열리기를 기원했던 막달라 마리아의 그 더럽고 어둡고 시커먼 회음 속의 예수 모심의 흰 촛불의 메타포와 연결되는 것 아닐까!

하긴 이런 기록이 또한 남아 있다.

프랑스 학자 레무도르가 쓴 '파미르 키르기스 정신' 안에는 최근까지 파미르에 살아 있는 '라흐만쿨'의 정신은 다름 아니라 그 신화 속의 여신

'가이밸렌' 처럼 일체 생명의 과도한 사냥을 엄금하는 근원적 생명 사상이 본디 태생적 본성이라는 것이다. 이 정신이 곧 마고의 정신이라면 마고는 곧 여성성으로 본 비로자나의 화엄 정신이 되고, 마고 꼬꼭끄는 모권제 붕괴 이후 억압된 네페쉬 하야로서의 여성 내면의 근원적인 생명 회생의 개벽적 가능성의 당대 신화적 반영이 아니겠는가!

그렇다면 우리는 한 가지 중대한 결론에 이르게 된다. 마치 현대 유럽의 전투적 페미니즘처럼 거의 계급투쟁 차원의 젠더 투쟁으로 날을 지새우다가 오늘날 헤겔, 칸트, 다윈 복권의 대열광에 의해 남성 가부장 문화 권력에 여지없이 짓밟히고 있는 그 수많은 마고 꼬꼭끄가 참으로 마고와 그 딸 궁희(穹姬), 창희(蒼姬)의 모녀 혈통에 의한 이리가라이식 초모권제(超母權制)의 팔려사율(八呂四律)의 신문명(여성성, 혼돈이 여덟에 남성성, 질서가 넷이 배합되는 혼돈적 질서)을 창조하려면 여기 무엇이 필요하겠는가 하는 것이다.

이리가라이는 동방적 여신 신화의 모권제 기원에 관해 그 현대적 부활 문제에서 너무 소박하다. 여신의 신화 전통에서 최소한 에리히 노이만의 '대모론'(大母論)에 지적된 자애로운 어머니인 새하얀 이시스와 무서운 어머니인 시커먼 고르곤의 적대적 대립 정도도 이미 안중에 없다.

서구 페미니즘은 시민사회의 여성 참정권 획득 투쟁 수준인가, 아니면 전 문명사에서의 위대한 모성 회복을 위한 장렬한 개벽운동인가? 어느 쪽인가? 소탐대실이 있어서는 안 된다.

여기에 하나의 암시적 기사가 나타난다.

이슬람 세계에서도 저명한 고고학자인 알 아르함 무바팍세크힐리 박사의 서양 신문과의 회견문에서다.

'나는 이 세계가 거대한 모성의 품 안에서 함께 해방되기를 바라는 사람이다. 기독교 문명과 이슬람 문명 사이의 끊임없는 투쟁은 그 근본에 여신과 모성의 전통에 대한 기억상실이 있다. 이슬람에서 헤지라 이전, 메디나 전투 공동체 이전의 메카에서의 모색과 수련 시대에 무하마드 성인의 부인의 별명이었던 '아크발라이 쇼쿠니아바' (한손을 어둠에 둔 참다운 빛)에서 한 암시를 받을 필요가 있다. 문제는 오늘 우리가, 특히 남성이 그 부인의 '흰 어둠' 을 어떻게 배우느냐에 있고 그 배움의 길은 곧 무하마드가 동굴 수련 중(코란 제63절 하단) 외치는 소리

'나의 영이여!

저 어둠 앞에서 한없이 겸손하거라!'

한마디에 있을 것이다."

요컨대 나의 결론은 예수가 유럽 사람만이거나 기독교에만 있지 않다는 것이고 모심이 예수 복음에만 국한되어 있지 않다는 것이며, 그 예수가 모심의 촛불을 켜는 여성의 어두운 회음 속의 눈부신 빛의 놀라운 복승(復勝)의 가능성이 꼭 한민족의 마고, 이리가라이의 페미니즘 안에만 있지는 않다는 것이다.

현실은 복잡하다. 그러나 요체는 '모심', 한마디에 있고, 모심에 의한 '살림' 한마디에 있고, 살림에 의한 '개벽', '화엄개벽' 이란 이름의 '깨침' 한마디에 있다.

인류의 긴긴 역사에서 여성의 처지는 참으로 비참한 것이었다. 그것을 표현한 수많은 말들 가운데 다음의 증언은 반드시 기억해 둘 가치가 있을 것이다.

일본 여성 '價島 奧利子'의 법정진술이다.

'나는 다섯 번이나 두 명의 다른 남편에게 나의 자궁과 항문에 나무토막을 꽂아 넣고 흔들어 나를 성적으로 흥분시키려는 똑같은 잔학행위를

당했다. 어떻게 그들은 서로 다른 사람인데도 똑같은 행위를 저지르는지 나는 지금까지도 이해되지를 않는다. 또 있다. 나의 시아버지의 패륜 행위다. 남편이 출장 가 집에 없는 밤마다 그는 내 이불 속에 들어와 담뱃불로 손발을 지지며 속옷을 찢어 내리고 국부에 이상한 약품을 발라 흥분시켰다. 내가 흥분했을 때 그는 나더러 두 다리를 벌리고 엉덩이를 흔들며 춤을 추라고 강요하면서 그 꼴을 구경하며 스스로는 자위행위를 즐겼다. 그가 사람이라고 생각되지 않는다. 그들, 남자들은 도대체 누구인가?' (1927년 동경고등재판소에서 진행된 여자의 남편 살해사건 법정 진술에서)

또 있다.

프랑스의 한 신문은 1898년 여름경 니스의 휴양지 한 모래밭에서 전신을 벌거 벗긴 채 난자당한 열여섯 살 먹은 소녀의 시체 위에 흰 물감으로 쓰인 다음과 같은 낙서를 보도했다.

'내 혼이 저주하는 여자의 몸에 악마의 칼을!'

그렇다.

여자는 저주받은 존재였다.

이 저주는 도대체 어디로부터 시작된 것인가?

바하오펜의 '모권론' (On Matriarchy)은 이 의문을 풀기 위한 인류 최초의 시도였다. 바하오펜은 쓰고 있다.

"여성은 태어날 때부터 저주받은 존재였다. 수많은 지역에서 똑같이 진행된 여성의 출생식 행사는 대체로 동일하게 집안에 있는 물과 그릇들, 그리고 나무 밑동에 돌을 내리누르고 그 밑에 서려 있다고 생각되는 여성의 기운에 압박을 가하여 움직이지 못하도록 조치를 취했다. 이러한 행사는 대대로 이어져 거의 무의식적으로 습관화되어서 이후 근대에 와서는 그것이 마치 집안의 복을 비는 행사인 것처럼 착각되기까지 했다. 이 비리의 역사를 깨는 것이 나의 모권제 연구의 시작이다. 어째서 여성, 어머니의 존재는 저주받은 위치로 전락한 것인가? 태초부터인가? 아니면 그 중간의 한 과정에서인가?

모권제는 분명 수천 년 전까지도 인류 역사에 엄존해 있었다. 언제 어떻게 그것은 남성 가부장제에 의해 억압 폐지되기에 이르렀는가? 그 시초를 여신숭배(女神崇拜)로부터 찾으려는 나의 노력은 바로 이 모권제의 사상적 근원에 여성성, 모성의 우주 생명적 의미에 대한 거대한 그 나름의 숭배와 찬양이 있다고 보았기 때문이다. 분명히 원시나 고대의 여신숭배에는 그 나름의 독특한 우주론이 있었다. 그것은 무엇일까? 그것은 한마디로 달을 중심으로 한 우주관이다. 달의 주기를 중심에 두고 태양을 이해하는 이 같은 우주관은 천원지방(天圓地方)과 천동설 시대보다 더 이전에 속한다. 왜냐하면 천동설은 해의 주기에 초점을 맞추기 때문이다. 그렇다면 달의 주기에 초점을 맞추는 우주관은 천동설이나 천원지방설과 어떻게 다른가?

달은 음(陰)주기 16회전설(이집트나 시리아, 바빌로니아가 모두 모체로 하는 원시 혹해 연안의 '가브리에세아로' 또는 '테세' 문명 출토품에서 간취됨)에 따라 모든 지역의 한복판에 해당하는 흑해의 물 한복판 밑바닥으로부터 달이라고 불리는 괴(怪)생명체가 열여섯 번을 빙빙 돌면서 상승하는 과정에서 계절이 열여섯 번 바뀐다고 생각했던 것이다. 고로 달은 결코 태양과 같은 음양(陰陽)으로 대척적 관계에 있는 것이 아니라 그 자체로서 우주 생명의 기원이요 그 생성의 조절자인 신(神)으로서 숭배되었었다. 바로 그 달의 화신(化身)이 여성이고 여성 중에도 어머니이니 어머니가 아이를 갖고 낳고 키우는 것은 바로 달이 우주를 생육(生育)하는 이치의 압축인 것이며 태양은 이 달에게 그 생명과 빛의 씨앗을 던져 주는 남자의 역할 같은 것에 불과하다고 보았던 것이다!!"

바하오펜은 바로 이 같은 원시, 초원시의 흑해 신화에서 애당초 음양의 대척적이고 순환적인 생성관이 아닌, 음(陰)과 달, 여성, 자궁, 바다, 물, 비와 구름, 그늘, 동굴, 어둠, 심연 등의 상징이 다름 아닌 모든 것의 근원이며 이른바 근본적인 혼돈(混沌)의 주된 영역이었다는 태초의 신앙을 발견한다고 했다.

그렇다면 이것은 문명화 이후의 음양관이나 선악관, 남녀관, 천지 이원론이나 생사 이분법 같은 일체의 양가성(兩價性) 자체가 아직 분화되기 이전의 단성생식 시대(單性生殖 時代)의 잔영이 아닐까?

모든 것이 양가적인 생성 교차의 전환 구조로 이해되는 때부터 어쩌면 남성과 여성의 우로보로스, 즉 상호 얽힘의 용화(龍化) 또는 결승(結繩)의 지혜의 시대가 열리는 것이 아닐까?

문제는 이 여성성, 모성의 근원적인 단성성(單性性, mono- chronity)에 있다.

이 단성(單性)적 달의 지배 신화의 무의식적 기억은 그 후 완전히 소멸되었을까? 그렇지 않다는 데에 문제의 까다로움이 있다.

바하오펜은 이 지점에서 논의를 더 진행시키지 못한다. 그런 그 뒤를 이어 등장한 에리히 노이만은 그의 대모론(大母論, the Great Mother)에서 도리어 원시에까지 여신 신화의 적대적 이원 구도를 소급하고 있다. 즉 사랑과 부드러움과 자애로움으로 일관한 새하얀 이씨스의 여신과, 잔인하고 난폭하여 전투적이고 압제적인 무서운 어머니의 시커먼 고르곤 여신으로 대립시키고 있다. 그리고 모권제의 몰락의 시작을 무서운 어머니인 고르곤계에 대한 남성 문화의 반역과 도전의 시작으로 보고 있다.

그러나 이 역시 하나의 한계를 보여준다. 왜냐하면 이씨스와 고르곤의 대립은 남성 가부장제의 수천 년 역사 과정에서도 결코 고르곤의 무서운 어머니 중심성을 포기하지 않았으며 이씨스의 희고 순결하고 따뜻하고 헌신적 이미지는 오직 극히 제한된 그리고 희망의 대상이자 그리움의 차원으로 한정된 것이 사실이기 때문이다.

문제가 남는다.

모권제는 그럼 무엇이었는가?

이리가라이 등이 묘사하고 있듯이 참으로 아름답고 자애로운 평화와 생명의 시대였는가? '엄마'는 바로 그러한 삶을 보장하는 시절이었는가? 이리가라이는 특히 여신 창조설에 토대한 모녀직계혈통(母女直系血統) 중심성의 초모권제(超母權制) 신화의 절대적 신성성과 절대적 가치성을 계속해서 미래 신문명사의 기본 흐름으로 부각시키려 한다.

그러나 과연 그것은 옳은 것인가?

옳은 측면도 있을 것이다.

우리 한민족의 신화적 기원인 파미르 고원의 마고 혈통의 경우 마고 여신에 이어 남성 개입 없이 궁희-창희로 모녀 직계에 계승되는 이른바 팔려사율의 우주율이 갖는 현대 신문명 구상의 비전에 주는 상징적·상상력적인 의미는 매우 크다. 왜냐하면 그것은 오늘날 우리가 요구하는 새로운 경제사회 질서의 하나인 호혜와 교환과 획기적 재분배의 새로운 객관적 시장 패턴 현실화의 근원적 구성 원리로 되기 때문이다.

그러나 이런 점은 어떠할까?

박제상의 부도지(符都志)의 기록에 의해 본다면 마고 이후 궁희-창희 등 단성생식의 모권제 시대는 결국 자연식량(自然食量)이었던 지유(地乳)의 결핍으로 난간에 돋은 포도를 따먹은 결과 복잡한 맛을 뜻하는 오미(五味)의 변(變)이 일어나고 그때까지 몸에 머물던 우주율인 팔려사율의 생명 리듬

이 떠나가고 병이 생겨났으며 인간 사이에 갈등이 발생했다고 되어 있다. 결국 그 이후 시대라고밖에 볼 수 없는 남녀 상관에 의한 인구 증가기, 황궁씨(黃弓氏)나 유인씨(有人氏) 시대는 결국 마고성 문명 내부의 질병, 결핍, 모순, 혼란 때문에 성을 떠나 동진(東進)하여 천산(天山)을 지나서 결국은 한민족의 고향이라는 바이칼의 알혼섬에 이르며 그곳에 정착하는 것으로 되어 있다. 이것은 무엇인가? 마고 신화의 여신 및 모권제, 그리고 그것을 중심으로 하는 남녀 평화의 팔려사율적 신시(神市) 체제가 전설처럼 그렇게 완벽한 이상향(理想鄕)이 아니었음을 뜻하는 것이다.

이것은 매우 중요한 의미를 지닌다.

그런데 이것은 또 무엇인가?

동진하던 민족은 유인씨의 인도로 천산 입구에서 그 좋았던 옛날의 마고성 시대의 천시(天市) 또는 신시(神市)로 되돌아갈 수 있기를 서원하며 부동(不動)의 수련(修鍊)인 계불(禊祓)을 통해 온몸이 돌로 굳어지는 이른바 '다물(多勿)'의 국시(國是) 서원을 시작하게 된다.

이것은 곧 파미르의 마고 시대가 영원한 이상적 문명의 금척(金尺)이 됨을 뜻하는 것인가? 그럼에도 민족은 계속해서 바이칼로 이동하고 알혼섬에서 환인씨(桓因氏)의 '불함'(不咸), 즉 '빛'의 시대를 엶으로써 이른바 역(易)의 리대인(離大人)의 상징 시대, 홍익인간(弘益人間) 이화세계(理化世界)의 '성배'(聖杯)의 시대를 연다. 이처럼 '불함'은 '다물'과 배치되지 않는 것인가?

정역을 포함한 동아시아 개벽사상은 '불함'을 리대인(離大人), 복희씨(伏羲氏)의 결승(結繩)과 서계(書契), 즉 역(易)의 출현으로 본다. 그리고 리대인은 이를 통해 감(坎)과 현빈(玄牝)의 어두운 여성성과 혼돈의 힘을 도리어 축빈우(畜牝牛)함으로써 앞으로 나아가는 개벽의 실질적 기운을 완성하는 것으로 본다. 그 점에 대해 '다물'은 도리어 다시 개벽, 뒤로 돌아가는 개벽의 형태로서 곤대인(困大人)이 천산(天山)에서 서원을 세워 선적(禪的) 결단인 계불(偈祓)을 통해 돌이 되듯이 스스로 목숨을 바쳐 근원의 우주율인 팔려사율의 천시(天市)에로 되돌아가는 것이다.

바로 이 같은 '불함'과 '다물'의 엇섞임의 흐름이 다름 아닌 고조선 성립의 신화 사상사적 근거다.

빛의 사람인 환웅씨(氏)가 불함의 목표로 축빈우(畜牝牛)함으로써 웅녀(熊女), '곰녀', 즉 검은 그늘의 현빈인 여성을 적극적으로 맞이하고 천산(天山) 이후의 다물의 목표로 옛 마고의 팔려사율의 천시, 신시를 회복하려 함으로써 주역 곤괘(坤卦)의 이른바 황상원길 문재내야(黃裳元吉 文在內也)의 이상적 묘연(妙衍), 즉 수왕(水王)에 의한 천지인(天地人) 삼왕 통일의 개벽적 태양 시대를 여는 것이 된다.

바로 이 신화의 사상사적 연장선상에 다름 아닌 화엄개벽이 있다는 말이다.

정리한다.

빛, 즉 남성 지혜자 중심의 여성 옹호 과정인 불함이 그 이전부터 계승(또는 繼明)된 마고 여신 토대의 모녀직계혈통 중심 팔려사율의 천시·신시 시대에로 후천개벽, 다시 개벽, 입고출신(入古出新)하려는 과정에서 현빈, 즉 여성성, 모성을 통치 권력으로 옹립함으로써 비로소 태양 정치의 화엄 개벽의 길을 열어가는 것으로 우리의 민족 신화를 해석할 수 있다는 것이다.

이것은 구체적으로 어떤 결론을 우리에게 가져오게 되는가?

그저 황당한 신화 놀음에 불과한가?

전혀 그것이 아니라는 점에 이 논의의 심각성이 있다.

지금 우리가 새로이 창조하려 하는 문명, 특히 경제 원리는 무엇인가?

누누이 말해 왔듯이 고대 신시의 '호혜 · 교환 · 획기적 재분배'의 현대, 초현대적 세계 차원의 부활이다. 바로 그것이 다름 아닌 화엄개벽이고 그것을 현실화시키는 것이 모심이며 모심에 의한 살림이고 또 살림에 의한 진정한 깨침이라 했다.

이때 가장 중요한 것은 이제껏 종교 단체의 자선이나 임의적 이웃 사랑에 그쳤던 호혜의 인간과 인간 간의 자리이타(自利利他)와 인간과 자연 사이의 생태학적 상호 혜택, 그리고 인간과 신 사이의 해탈적인 중생 구원 등의 자의적 행위를 교환이라는 엄격한 객관적 시장 패턴 안에서 현실화시키는 문제다. 여기에 대해서는 대강 이해가 되고 있다. 그러나 가장 까다롭고 어려운 것은 막상 '재분배'의 문제다. '재분배'를 함부로 '평등'이라고 떠벌리는 사람들이 있다. 참으로 한심한 사람들이다. 그렇다면 마르크스 대신 폴라니 논의를 구태여 벌릴 필요가 없는 것이다.

마르크스주의는 재분배를 평등 분배라는 단순 차원으로 낭만적으로 추상화시켜 버림으로써 역사로부터 잔혹하게 여지없이 몰락되어 버렸다. 그런 것은 소년 소녀의 꿈일 뿐 있지도 않고 있을 수도 없다. 문제는 재분배가 바로 호혜와 교환 사이의 드러난 일상적 차원 그 밑의 안 보이는 차원에 숨어 그 동기가 되기도 하고 그 목적이 되기도 하면서 그 양자 사이의 생극(生克, 상생 · 상극) 관계를 추동 · 조정 · 비판 · 수정하다가 어떤 지화점(至化点), 즉 극한점(極限点)에 이르러 그 스스로 드러난 현실 경제 질서로 획기적으로 출현 생성하는 '복승'이면서 차원 변화로 일종의 개벽이라는 사실이다.

따라서 재분배는 매우 섬세하고 까다롭고 조건과 사람과 경우 등에 따라─예컨대 투입된 자본과 노동, 생명력, 생태 환경, 시간, 날씨, 리듬, 소음, 분진, 질병 등 온갖 경우에 응해서―그야말로 섬세하고 세목적·획기적으로 어느 한쪽에 수없이 많은 여러 형태로 그 중심이 기우뚱하게 기우는 균형 관계일 수밖에는 없는 것이다. 그리고 그래야만 비로소 재분배가 일체 인간의 경제 사회 생활과 생태·생명·내면생활 등에서 획기적인 동기와 목표가 될 수 있고, 이때 비로소 화엄경의 저 유명한 불교 경제 원리인 '시장의 먼지를 함께 뒤집어쓰되 결코 이욕에 물들지는 않는 것이 중생의 삶을 이롭게 하는 항상된 진리의 길'[同塵不染 利生常道]의 근본 이치인 '이생상도' 그 자체가 될 수 있는 것이다. 그래야 현실적으로 '동진(同塵), 즉 교환'과 '불염(不染), 즉 호혜'의 유동적·역동적인 생극(生克)을 조정·비판·수정·극복할 수 있는 숨은 '복승과 개벽의 힘'이 되는 것이고 현실적인 금척(金尺)이 되는 것이다.

그렇다면 어찌 되는가?

칼 폴라니 패밀리의 연구에 따르면 바로 이 획기적 재분배에서 가장 어려운 점이 그 재분배를 획기적 차원으로 실현할 수 있는 이른바 '중심성'의 문제라고 한다.

중심성은 재분배를 계산하고 구상하고 예측하고 실천하고 사후에라도 끊임없이 조정하며 그 살아 있는 균형을 가능한 한 각 방면으로 시도하는 뛰어난 정치력의 개입을 말한다.

고대 동아시아 신시(神市) 연구자인 좌계(左契) 김영래(金永來) 씨는 바로 이 중심성이 고대 신시의 경우 '이원화'(二元化)되어 있었음을 매우 강조하고 있다. 일반 정치학에서도 '이원집정제'는 그 오묘하고 역동적인 효과력으로 높이 상찬된다. 그러나 거기엔 사상사적·문명사적·사회사적 배경 조건, 그것을 그렇게 할 만한 원만성, 중도적 균형의 성숙이 필요한 것이다.

김영래는 고대 신시의 경우 이 재분배에 개입한 이원적 중심성을 단군(檀君)과 왕검(王儉)의 이원집정제(二元執政制)에서 찾고 있다.

우리는 너무 오래도록 외세 침략과 식민지 지배, 아니면 폭군적 압제 아래 시달려 우리나라의 역사를 섬세하게 연구할 틈이 없었다.

단군은 왕검이 아니고 왕검은 단군이 아닌 것이다. 이 점을 분명히 하자.

김영래의 연구에 따르면 소비계와 공급계, 유목민과 정착민 등등 엄격한 교환 구조의 이중사중(二重四重) 등 '대칭성'의 대각 구조 사이에서 서로 다른 기능을 가진 민중 사이에서 그 삶의 가장 섬세한 기능을 분담·전담하는 이원집정제는 그렇다면 도대체 어떤 사상사적·사회사적·문명사적 배경을 가진 것일까? 또 그것은 오늘의 화엄개벽 세계에서 그 나름의 절실한 필요와 의미를 가질 수 있을 것인가?

내가 보기엔 다음의 세 가지 배경이 있다. 팔려사율이라는 혼돈 및 여성성과 질서 및 남성성의 갈등 구조, 불함(不咸)과 다물(多勿)이라는 축적과 순환 구조, 이동과 정착이라는 복승(復勝) 확충 구조의 원리이겠다. 혼돈적 질서, 축적-순환, 복승-확충의 구조는 지금 동아시아 태평양 신문명이 요구하는 새로운 문명과 문화, 사상과 생명 양식, 그리고 경제 원리의 호혜 및 환류 시스템이다. 장기적·복층적 스와프시스템에 연결되는 가장 원리적인 역동성일 것이다.

나는 우리 신화 가운데에서 드러난 이 같은 남성적 자기희생과 여성적 축적·총괄의 가능성이 실제 우리 민족의 고대에 상당한 정도로 현실화되었다고 보는 사람이지만 고조선의 삼신오사(三神五事)와 360 사회 시스템에 관련한 연구 역시 많지는 않으나 이미 제출되어 있고 그에 관련한 천부경(天符經), 삼일신고(三一神誥), 동북방 샤머니즘 등에 관한 근원적 탐구 또한 적지 않다. 몇 안 되는 경우이지만 동북 아시아, 동아시아 고대사에 바로 이 같은 원리들이, 특히 이원집정제 등이 여신(女神)–여황(女皇)과 남신(男神)–천자(天子)로, 또는 신라의 왕과 갈문왕(葛文王) 경우처럼 기능 분담으로, 또는 일본의 여왕 지배하의 재상총권(宰相總權) 형태로 다양하게 분배·배합되었음을 알 수 있다.

그렇다면 문자.

우리가 제기한 문제, 즉 이리가라이와 마고 신화 그리고 리(離)대인, 곧 (困)군자로서의 예수 패턴의 모심이 향후 우리 역사와 동아시아 태평양 신문명에 가져올 현실적 기능의 모습은 어떻게 나타날 수 있을 것인가?

중요한 것은 또 여기에도 있다.

여성성이나 모권제와 하등 인연이 없을 것처럼 보이는 불교, 그것도 화엄불교 사상 안에 입법계품 등을 위시한 도처에 생명성, 여성성, 모성, 어린이, 심지어 창녀의 어두운 여성성의 영역마저도 환히 드러나 매우 중대한 파천황의 새 해석을 기다리고 있다는 사실이다.

동학의 해월 최시형은 다음과 같이 말한다.

'여인은 수천 년 동안 내리 구박을 받아서 편성(偏性)이다. 뾰족한 성품을 어쩔 수 없으니 남정네들은 여인들이 골을 내거든 자꾸만 큰 절을 하면서 내내 잘못했다고 빌어라. 수천 년 남자들의 여인에 대한 핍박과 괄시를 그런 기회에 마음에서 죄 갚음해야 할 것이니 이것이 참으로 모심이다.'

해월 선생은 그 밖에도 어린이와 노인, 못난 장애자, 마을에서 쫓겨난 무당이나 박수에게까지도, 나아가 얻어먹으러 오는 걸뱅이, 각설이, 문둥이에게도 깍듯이 절하고 모셔 밥 대접을 하라고 가르쳤다. 나는 동학이 이지점에 와서 비로소 진정한 개벽 운동임을 확인한다.

그렇다.

천둥 벼락만이 개벽이 아니다.

서푼짜리 밑바닥 인생을 한울님처럼 모시는 것이 참다운 개벽이니 이
제 그것이 보편화되고 일상화되어야 할 때가 온 것이다. 해월 선생은 '밥
한 그릇이 만사지(萬事知)'라고 가르쳤다. 이것이 무슨 뜻일까?

'만사지'에 대한 수운 선생의 해설은 '수의 많음'[數之多]에 대해 '그 진
리를 공부해 알고 동시에 그 앎을 계시 받음'[知其道而受其知]이라 했으니 수
수억 천만 가지 경우와 사물과 마음과 부처를 스스로 터득해 알면서 동시
에 그것의 깊은 신령한 지혜를 한울로부터 받아 크게 깨닫는 해탈을 말했
으니 다름 아닌 '화엄개벽'이었다.

그런데 밥 한 그릇이 바로 이 화엄개벽이라는 것이다. 밥 한 그릇이 어
떻게 그 장엄한 우주 진리의 근본 해탈문이 된다는 것인가?

이것은 결코 작은 일이 아니다.

우선 밥 한 그릇이 무엇인가를 살피자. 밥 한 그릇이 빚어지려면 쌀이
있어야 하는데 쌀은 수많은 벼 알갱이들로 이루어지고 그 벼 알갱이들은
수없이 많은 종자들이 저 큰 하늘의 빛과 바람과 달과 계절의 변화, 물과
흙과, 농부들의 노동과 벌레들, 새떼들 또는 끝없는 거름 주기와 솎아 주
기, 벌레 잡아 주기 등등 온갖 우주 천지의 협동의 산물이니 쌀 알갱이 한
알 안에 이미 그 천지의 큰 협동이 들어가 있다 했다. 거기에 벼 베고, 탈곡
하고, 방아 찧고, 물 붓고, 불 때서 한 그릇 밥이 된다면 이것이야말로 바로
화엄법신(華嚴法身)이 아니겠는가!

불교의 화엄선(華嚴禪) 수련 기록인 벽암록(碧巖錄)에는 '운문진진삼매'
(雲門塵塵三昧)라는 공안이 있다. 간단히 말해 화엄법신과 해인삼매의 경지
가 다름 아닌 바루 속의 밥 한 사발이요 통 속의 물 한 모금이라는 뜻이다.

이것이 그것 아닌가!

화엄법신이 화엄법신을 만나는 것을 해월 선생은 한울이 한울을 먹는 이치[以天食天]라고 명명했다. 이는 곧 화엄경 노사나품(盧舍那品)의 '확충에 의한 만물해방' 의 한 원리다. 이것을 그저 '먹이사슬' 이라고 불러 그렇게만 알고 있는 요즘의 유럽적인 생태학 중독은 그 얼마나 피상적이고 천박한가!

하물며 해월 선생의 최고 법설인 '향아설위'(向我說位)에 이르러서는 인간과 물질 사이의 화엄적인 만물해방의 상관관계가 그 절정에 이르게 된다.

해월 선생은 갑오동학혁명이 실패로 끝난 뒤인 1895년 음력 4월 5일 오전 11시 숨어 있던 자리인 경기도 이천군 설성면 앵산동에서 수운 선생 득도 기념일 제사를 지낼 적에 이제까지 동서양 문명 역사 수천 년 동안 그 누구도 단 한 번도 의심해 본 적 없는 제사 방법의 근원적인 일대 혁명을 단행하고 만다. 즉 이제까지 저쪽[彼岸] 벽 아래 가져다 신위(神位)와 메밥을 차려 놓고 이쪽[此岸] 제사 지내는 나, 즉 상제(喪制)가 그쪽에 대고 절하고 비는 향벽설위(向壁說位)를 신위와 메밥을 저쪽에서 번쩍 들어다 이쪽 내 앞에 놓고 바로 나, 즉 제사 지내는 상제를 향해서 내 자신이 빌고 절을 하는 향아설위(向我說位)로 뒤집어 버린다.

그리고는 말한다.

'만약 한울님과 조상님과 선생님의 신령이 살아 여기에 오신다면 어찌해서 생명 없는 저 벽 근처에서 어른거리겠느냐. 당연히 살아 있는 신령인 사람, 즉 우리 몸 안에 깃들지 않겠느냐! 이로써 우리는 산 사람과 죽은 사람, 간 사람과 오는 사람, 그리고 날짐승과 털벌레, 온갖 귀신과 마귀들까지도 온통 지금 여기 살아 있는 내 안에 들어오고 나가며, 끊임없이 그 모습과 위치를 바꾸면서 활동하고 있음을 알게 될 것이니 살아 있는 우주인 밥을 살아 있는 우주인 나 자신에게 바치고 이로써 모시는 것이 당연한 일이 아니겠느냐!'

화엄경은 도처에 자기 수렴과 외부 확산, 분산과 집중, 복승과 단계 변화의 축적·순환과 환류(還流)의 끊임없는 그물 운동 속에서 수많은 그 그물코마다 각자 제 나름대로 우주 그물의 신령한 숨은 뜻을 깨달은 보살들이 큰소리로 외쳐 법문하는 일대 장관으로 이루어져 있다. 바로 이 대광경이 밥 한 그릇과 연결되어 소소명래진원처 각각성법명명지(小小明來塵源處 各各聲法名名智)의 세계, 즉 '작고 작은 빛들이 가득 다가와 먼지 근원에 비치니 수없이 많은 소리들이 한없이 떠들어 사물 사물의 이름을 세상에 알리는' 대해탈을 나타낸다면 바로 그 밥 한 그릇을 사람에게 먹이는 여인네의 살림이야말로 그 어느 세상일, 그 어느 절집의 깊은 선수행보다 더 고귀하고 분명한 화엄개벽의 모심의 길이 아니겠는가!

나는 이 같은 동학 해월 법설의 밥 한 그릇 사상이 다름 아닌 예수의 밥 한 그릇, 즉 '빵의 사상'과 똑같은 것이라고 보고 있는 것이다. 도대체 무엇이 다르다는 것이냐!

그렇다면 묻자!

밥 한 그릇을 제대로 먹기 위한 생명운동이 참다운 평화의 보장 운동이고 진정한 모심의 깨달음이 아니겠는가!

여인이야말로 이 위대한 모심과 살림과 깨침의 첫째가는 주인공인 것이다. 다만 이제는 그 살림이 가정 안에서만 폐집되지 말고 온 사회에로 개방되고 전문화되고 제도화되어 거의 절대화되고 있는 우리의 외식 풍조를, 하루속히 이상한 화학 성분 중독과 해괴한 약물 오염의 짝퉁 상태에서 구출해야 할 것이다. 밥 한 그릇의 살림이 새 문명의 참다운 시작이다. 공연히 과학이니 토대니 상부구조니 헛소리 하지 말라! 공연히 거룩이니 초월이니 착한 삶이니 나발 불지 말라! 이 모든 것이 곧 밥 한 그릇의 모심 안에 있으니 예수의 몸인 빵 한 조각, 밥 한 그릇을 우리에게 내주는 참된 모심의 사람, 여인이야말로 이제 세상의 참 주인이 되어야 할 때다.

세르비아의 작가 안드레 이보는 언젠가 '우리가 살고 있는 이 세계에서 지금껏 가장 중요한 것은 다름 아닌 가정뿐이다.' 라고 단정적으로 말한 바 있다. 말은 서로 달라도 이와 같은 뜻에서 일치된 사람은 수없이 수없이 많을 것이다. 그러나 이리가라이는 바로 이 같은 발언을 가장 악랄한 여성 억압의 사례라고 맹공격을 퍼붓는다.

즉 여성의 삶을 좁은 가정 안에 유폐시키려는 현대 남성 가부장제의 가장 더러운 흉계라는 것이다. 그럴듯한 이야기다.

그러면 이리가라이가 희망하는 가정으로부터의 여성 해방은 구체적으로 무엇이며 어떤 방향인 것인가?

그것은 바로 문명 전체의 구조적 변혁에 의해 옛 유목민들의 정착적 거점이었던 신시, 즉 신성 공동체라는 이름의 '숫대'[聖所] 안에, 가족과 연관을 가지면서도 사회와 자연과 우주 사이의 영성적인 신관(神官)의 처지에 있었던 여성의 원초적인 신성성 회복을 요청하고 있는 듯하다. 물론 정확한 표현은 아니다. 그러나 그녀의 구조적 접근 방법 전체에서 여성의 생태학적·생리학적 삶과 문명 사회의 새로운 신성 공동체 사이의 어떤 정합성에 대한 지속적인 관심은 이런 결론을 짐작케 한다.

만약 그렇다면 여기에 커다란 하나의 조건이 생긴다. 즉 여성 자신의 내적 신성성이 여하히 보장되느냐의 문제다.

덮어놓고 여성을 신성한 존재라고 우겨댈 수는 없는 노릇이다. 근대 이후 신자유주의적 자본주의 시장경제의 삶 일반의 도박성이나 생명 파괴적 마이너스 기능들을 여성들의 잉여 추구의 일반적 삶과 연결시킨다면, 더욱 그렇다. 물론 이 경우는 수많은 저임금 여성 노동자나 비정규직 또는 궁핍한 가정주부, 일반적 아파트 입주 여성을 가리키는 것이 아니다. 이른바 유한층의 부르주아 여성들, 세칭 '파스꾸치'(pascucci)들 이야기다. 펀드 장사, 주식이나 부동산, 이자 놀이, 도박, 희귀 상품 매입과 큰 이득으로 남겨 먹기를 일상 관행으로 하며 썩은 유행과 타락한 문화를 파급시키는, 일부의 표현대로 '파스꾸치 빨갱이들'(돈 잘 버는 세계 정복자) 이야기다.

이들에 대해서 우리는 심각한 주의를 돌려야 한다.

그 숫자가 많지 않고, 절대 다수가 아니라 하여 새 문명사에 있어서 가장 중요한 그 문명 건설의 주체인 여성 문제를 검토함에 있어 별무 문제로 치고 도외시한다면 아주 큰 오류를 가져오게 될 것이 틀림없기 때문이다.

다시 말하면 여성이긴 하나 모심과는 전혀 반대편에 서 있는 그 나름의 또 하나의 성전의 '삯꾼들'이나 '도적들'이기 때문이다. 더구나 그녀들은 이미 국제적으로도 유명한 '미시즈 버블'(Mrs. Bubble)들로서 맨해튼에서 한국의 강남까지 펼쳐진 이른바 시끄러운 예수 숭배 그룹들이다.

그들은 끊임없이 주식 장사, 즉 '삯꾼짓'을 하면서 동시에 끊임없이 교회에 가서 예수를 부르며 회개하고 노래 부른다.

어찌할 것인가?

이들이 과연 예수의 그 피투성이 외로운 모심의 길로 갈 수 있을 것인가?

아니면 기독교는 그저 아무나 아무렇게나 어디서나 제멋대로 우당탕탕 순 신파조로 거품을 튀기며 떠들어대는 저 잘난 척하는 광란에 불과한 것인가?

화엄개벽의 모심, 문명사 대전환의 전 세계 문화혁명, 그것의 선적(禪的) 모심의 모범으로서의 예수의 길, 그리하여 참다운 호혜의 삶, 진정한 사랑과 수승한 깨침의 차원으로 나아가기 위하여 아마도 가장 먼저 이마를 짓찧어 피를 뿌리며 고민해야 할 제일의 현안이 여성 문제가 아닐까 한다.

그러나 이 문제에 대한 예수의 대답은 무엇인가

"비둘기같이! 뱀같이!" 아니었던가! 촛불 아니었던가!

예수야말로 "前三三 後三三"(전삼삼 후삼삼) 아니었던가!

용과 뱀이 같은 것 아니었던가!

그렇다면 회초리는 무엇인가?

"咄"(돌)

최근 이리가라이의 새 담론 "새크라리온"(Sacralion)은 무엇인가. 예수의 겟세마네 테마가 아니던가. 생명, 생활의 성성(聖性) 아니던가.

나는 이제 긴긴 어둠의 동굴과 날카로운 세상의 빛의 넘침을 벗어나 내나름의 조용한 흰그늘의 길을 간다.

나의 모심이고 나의 촛불이다.

나는 이 길이 나의 동서 융합의 길임을 안다.

예수는 여러 모습으로 여러 곳에 여러 가지 이름과 얼굴로 살고 있음을 생각하며 마지막으로 수운 최제우 선생의 시 한구절을 다시 기억한다.

'남쪽 별 원만하면 북쪽 은하수가 제자리에 돌아온다'

南辰圓滿北河回

미타정토신앙의 발생 배경과 성격

석길암 | 금강대학교 불교문화연구소

강렬한 말법 의식을 배경으로 하는 아미타불신앙은 암울한 사회 현실에 절망한 민중이 자력의 구원이 불가능하다고 느꼈을 때 의지하였던 타력 구원의 신앙이라는 성격이 강렬하였다. 그리고 그 구원의 신앙이 널리 퍼지게 되면서, 동아시아 사람들은 절망에 부닥쳤을 때 무심코 미타와 관세음을 입으로 내뱉게까지 되었던 것이다. 하지만 사회적 약자의 위치에 있던 자들은 더 강렬한 현실적 절망감에 부딪치면 미타가 필요한 말법의 시대가 아니라 말법의 시대를 끝내는, 시대의 근본적인 변혁을 요구하였고, 그 근본적인 변혁의 요구는 미륵신앙으로 표현되기도 하였다.

미타정토신앙의 발생 배경과 성격

1. 문제의 소재

어떤 종교든지 구원론을 가지고 있다. 아니 구원론을 가지고 있기 때문에 종교라고 불리는 것인지도 모른다. 하지만 그 구원의 장치는 그 종교의 성장 과정에서 부닥친 다양한 환경에 따라 다르게 설정되었던 것으로 보인다.

전통적으로 불교는 자력에 의한 해탈을 본연으로 삼았기 때문에, 타력에 의한 구원의 신앙은 기본적으로는 불교 전통에서 한 걸음 비켜서 있는 것이라고 할 수 있다. 그러나 불교 역시 타력에 의한 구원의 신앙 전통을 일찍부터 가지고 있었다. 특히 북전(北傳)의 불교 전통이 그러한데, 미타정토신앙을 필두로 하는 타방정토신앙이 타력 구원의 신앙 전통에 해당한다.

물론 타력 구원이라고 하더라도 절대자에 의한 타력 구원에 의지하는 것과는 성격을 달리한다. 첫째는 자력 구원의 주변 조건만을 재구성하는 것이라는 점에서, 둘째는 주변 조건의 재구성이 수행자였던 보살의 본원력에 기초한 것이라는 점에서 그렇다. 그러나 그렇다고 하더라도 자력에 의해 윤회로부터 해탈하는 것을 본령으로 삼는 불교 전통에서 타력 구원의 신앙 전통이 나타났다는 것은 일면 의외의 일로 생각된다.

이 글은 그러한 점에 대한 의문의 해명에 초점을 두었다. 이를 위해서는 먼저 타방상주불(他方常住佛)의 신앙이 등장하는 배경에 대한 해명이 필요하다. 붓다의 부재에 대한 불교 교단 내에 존재했던 독특한 반응과 그러한 반응이 등장하던 시대의 카슈미르 지방의 혼란에 대해 서술한 제2장이 바로 그것을 충족시키는 것으로서 미타정토신앙의 등장 배경에 대해 언급한 것이다. 제3장은 그렇게 등장한 미타정토신앙의 성격을 구원 방식의 측면에서 두 가지로 나누어 살펴본 것이다. 제4장은 동아시아에서의 미타신앙에 대한 것인데, 여기서는 간략히 언급하는 선에서 그친다.

2. 말법의식과 정토신앙의 기원

1) 붓다의 부재

붓다가 열반에 들 때, 그는 자신의 후계자를 지정하지 않았다. 아니 정확히 말한다면, 붓다는 자신의 후계자로 다르마, 즉 가르침 그 자체를 선택했다. "붓다는 마지막에 다르마와 다르마의 실천을 강조했다. 붓다의 전기는 역사적 이야기가 아니라 다르마에 관한 이야기이다. 다르마가 없다면 모든 것은 무가치하다. 다르마의 실천이 없다면 그것은 무용지물이다."라고 하는 폴 윌리엄스의 지적[1]은 불교의 특징을 명확히 드러낸 것이다. 불교도들에게 있어서 부처는 최초의 스승이자 가장 위대한 스승이기

는 하지만, 다르마(진리) 그 자체는 아니기 때문이다.[2]

하지만 다르마의 실천자로서의 붓다의 위대한 인격이 미친 영향은 지대한 것이었다. 또한 그는 스승 중에서도 가장 뛰어난 스승이었다. 제자들과 그를 따랐던 이들에게 가장 적절한 길을 알려 주었던, 그리고 그 길을 통해서 그들을 진리의 길로 이끄는데 성공했던 붓다는 교사로서 뛰어난 능력자였을 뿐만 아니라 또한 탁월한 인격자이기도 했다. 살아 있는 동안에 그만큼의 지지와 존경을 받았던 자는 드물었을 것이다. 붓다가 열반에 들었을 때 그의 유골을 차지하기 위해 다툼이 벌어질 정도였다. 그 결과 불사리(佛舍利)는 열 군데의 탑에 나누어 모셔졌다.[3]

불멸 후 100년 무렵에 등장한 마우리아 왕조의 아쇼카 왕은 불교의 전파에 크게 공헌하였는데, 그는 여덟 곳의 불사리탑을 나누어서 인도 전역에 8만 4천의 불사리탑을 건립했다는 전설이 있다. 이것은 불탑 신앙의 확산을 의미하는 것으로 생각된다.

불탑 신앙이 확산되었다는 것에는 두 가지 의미가 있다. 한 가지는 공덕의 측면이다. 인도의 민중들은 보시와 선행을 함으로써 공덕을 쌓고 보다 좋은 세상에 태어나기를 원하였는데, 불교도들에게 붓다와 그의 제자들은 가장 뛰어난 복전(福田)으로 여겨졌다. 또 한 가지는 붓다의 부재에 대한 아쉬움을 충족하는 것이다. 붓다는 위대한 스승이자 인격자였기 때문에, 열반 후 그의 빈 자리가 가져오는 충격은 적지 않았던 것으로 보인다. 특히 수행자들에게 있어서 붓다의 부재는 크나큰 아쉬움이었다. 가장 훌륭한 스승에 대한 갈망은 그들의 수행과 실천에 부족함이 있을 때마다 더욱 크게 다가왔으며, 거기에서 발생하는 아쉬움 또한 불탑 신앙의 확산으로 이어졌던 것으로 보인다. 불탑의 봉헌자 중에 적지 않은 비율을 차지한 것이 출가 수행자였다는 것은 불탑에 대한 봉헌이 단순히 공덕 쌓기만을 목적으로는 하지 않았을 가능성을 보여준다.

대승불교의 초기 시대에 미륵보살에 대한 신앙이 대승불교와 비대승불교 모두에게 인기가 있었다는 것[4]도 이 점을 방증한다. 미륵보살은 미래세의 붓다로 내정된 존재였고, 붓다의 부재가 자연스럽게 미륵보살에 대한 신앙을 유발했던 것으로 볼 수 있기 때문이다. 대승불교의 초기부터 다양한 붓다가 상정되고, 또 새롭게 상정되었던 대부분의 붓다가 상주(常住)의 성격이 가미되어 있거나 혹은 현재의 사방불(四方佛)이라는 형태로 상정되어 있다는 것은 불교도 사이에 상당히 강렬한 붓다의 존재에 대한 열망이 존재했었다는 반증이 된다.

이것은 반대로 붓다의 부재가 불교도들에게 가져다 주는 아쉬움, 혹은 불안을 예상하게 한다. 시간이 흐르면서 붓다의 가르침이 점차 쇠약해질 것이라는 예상은 일면 당연하면서도, 거기에 의미를 부여하여 정법·상법·말법의 시대를 상정했다는 것[5]은 붓다의 부재에 대한 불교도들의 불안이 증폭된 결과라고도 할 수 있다. 이 불안은 붓다의 재세시(在世時)로부터 시간이 흐를수록 증폭되었던 것으로 보이며, 마침내 붓다의 올바른 가르침을 접할 수 없는 말법(末法)의 시대를 상정하는 데 이르렀던 것으로 보인다. 따라서 대승불교의 시대에 새로운 붓다가 출현했던 것은 이 같은 불교의 내적인 요구가 적지 않게 작용하였다고 보여진다.

곧 붓다의 부재를 극복하는 방안으로 불교도들은 현재불을 상정하였고, 그들 역시 성불을 목표로 보살로서의 자각과 실천을 원하는 무리들이었으므로, 단순히 복락을 쌓아서 생천(生天)한다는 정도에는 만족하지 못했을 것이다. 현재불들의 정토가 초기에 각 방위를 따라 설정되면서도 윤회 세계의 바깥에 위치했던 것은 이들의 불교 수행자로서의 자각과 관련이 있을 것이다.

2) 오탁악세(五濁惡世)의 시대

동아시아 불교의 신앙 문제를 언급할 때 반드시 언급되는 것이 아미타불신앙이다. 오늘날 한국의 불교 신자들은 무의식중에 '나무아미타불'을 칭념한다. 이와 같은 신앙 태도는 일본이나 중국, 티베트라고 해서 크게 다른 것 같지 않다. 오죽하면 남전불교에서 북전불교를 비판할 때 나오는 대표적인 예 중의 하나가 아미타불의 서방정토신앙에 대한 반박일 정도이다. 역으로 그만큼 아미타불신앙은 동아시아 불교의 신앙 형태를 특징적으로 보여 주는 예라고 할 수 있을 것이다. 동아시아 불교는 북전불교의 한 갈래이고, 아미타불에 대한 신앙이 발견되는 곳 역시 북전불교의 전파 지역에 한정되는 것으로 보인다.

이처럼 북전불교의 전파 지역에만 아미타불신앙이 나타나는 것은 그것이 전파되고 흥성했던 지역의 정치적 지형도와 깊은 관계가 있는 것 같다. 인도에서 출발하여 실크로드를 거쳐서 중국으로 유입된 북전불교가 동아시아 불교의 주류를 형성한다는 것은 공인된 사실이다. 그런데 이 인도에서 북전불교가 출발한 지역의 정치적 지형도가 이후 동아시아 불교의 성격을 상당 부분 결정하게 된다. 이 북전불교가 출발한 대표적인 지역이 바로 간다라 지방이다. 흔히 간다라 미술로 더 잘 알려진 지역으로, 오늘날 파키스탄의 페샤와르 지방을 중심으로 한 곳이다.

우리는 이 지역을 간다라 미술이라는 이름의 불교문화가 아주 흥성했던 곳의 하나로만 기억할 뿐이다. 간다라 미술이란 사전적인 정의로는 기원 전후 무렵부터 5세기 무렵까지 간다라 지방에서 유행했던 그리스 · 로마풍의 미술을 비롯한 불교문화 전반을 일컫는 것이다. 하지만 그 이면을 들여다보면 그리 간단하지 않다.

간다라 문화의 정치적 기원은 기원전 4세기 말에 이루어졌던 알렉산더 대왕의 동방 원정으로부터 시작된다. 알렉산더 대왕의 동방 원정 이후 이 지역에는 그리스인 왕조가 건국되고, 다시 뒤이어 샤카족, 파르티아족, 대월지족 등이 이 지역에 침입하여 왕조를 건국하게 된다. 이 중에서 대월지족이 세웠던 왕조가 바로 쿠샨 왕조로, 대승불교의 흥성을 이끌었던 카니쉬카 왕이 바로 이 쿠샨 왕조의 통치자였다. 이 쿠샨 왕조가 서북인도 및 중앙아시아 지역을 통치할 때 그 서쪽에 위치했던 국가가 바로 페르시아 왕조로, 이란 고원에 위치했던 애쉬커니 왕조(安息國)는 파르티아족이 세운 것이었다. 초기에 중국에 전해진 불교는 대부분 이 간다라와 카슈미르 지역의 불교가 안식국을 거쳐서 다시 중앙아시아를 지나 온 것이었다.

다시 말하면 북전불교가 성장했던 지역이나 동아시아로 유입되는 경로에 해당하는 지역이 모두 치열한 전쟁터라고 할 수 있는 곳이었다. 간다라와 카슈미르 지방만 하더라도 인도 토착인을 제외하고도 다양한 이민족들이 경합했던 지역이었고, 그것은 이란 지역이나 중앙아시아 지역이라고 하더라도 별반 다르지 않았다. 기원 전후 무렵부터 본격적으로 실크로드를 통한 통상의 규모가 커지면서 그 이권을 향한 치열한 각축전이 벌어졌다. 그 실크로드의 이권을 둘러싼 전쟁의 와중에 이 지역은 다양한 문화가 뒤섞이면서 새롭게 독창적인 문화를 만들어 낸 문화의 용광로가 되었던 것이다. 하지만 그것이 곧바로 이 지역 민중들의 삶의 풍요를 가져다 주는 것은 아니었다. 오히려 다양한 이해들의 정치적 충돌은 전쟁이라는 결과로 나타나게 된다. 동서고금을 막론하고 전쟁이란 민중들에게는 희망과 평화의 부재, 곧 고난과 굶주림을 의미할 뿐이다. 이 지역을 배경으로 만들어진 『무량수경』은 전란의 와중에 피폐했던 삶의 세계를 5악(五惡)으로 말한다. 좀 길긴 하지만 주요 단락들을 인용하기로 하자.

…강한 자는 약한 자를 억누르고, 다시 서로 해치고, 도적질하고, 다투고, 죽이니 서로 물고 뜯기만 할 뿐이지, 선한 일을 닦아야 한다는 것은 알지 못하고 극악무도한 짓만 일삼기 때문에 재앙과 벌을 받아 죽어서는 자연히 악도에 떨어져 한량없는 괴로움을 받는다. … 세간의 사람들, 즉 어버이와 자식 사이, 형과 동생 사이, 가문의 권속 사이, 부부 사이 등에 도무지 의리가 없고 법도를 따르지 않으며 사치하고 음란하며, 교만하고 방종하여 각자의 쾌락만을 생각하여 자기 마음대로 행동하며, 문득 상대방을 속이고 미혹하게 하며, 마음과 말이 달라서 말과 생각에 진실이 없다. … 미색을 갖춘 여자에게 곁눈질하고, 밖에서는 잘못된 행동을 멋대로 하고, 자신의 아내를 싫어하고 미워하여 사사로이 망령된 곳에 드나들며 재산을 낭비하고 손상시키며 법도에 맞지 않는 일을 저지른다. 또 어떤 때는 무리를 이루어 모임을 만들고 군대를 일으켜 서로 정벌하며, 공격하고 겁탈하고, 살육하며, 강탈하는 무도한 짓을 한다. … 남을 적대시하고 싸우며, 착한 사람을 미워하고 질투하며 현명한 사람을 무너뜨린다. 그리고 자기 부부(夫婦)만이 즐기려 하고, 부모에게 불효하며, 스승과 연장자를 가벼이 보며 일에는 소홀하고, 벗과 친구에게 신의가 없어 성실함을 인정받지 못하느니라. 또한 높은 자리에 오르게 되면 스스로 위대하다고 여기며 자신만이 올바른 도를 행한다고 주장하면서 느닷없이 위세를 부리고 다른 사람들을 업신여긴다. … 세간의 사람들은 게을러서 어슬렁거리고 배회하며 나태하여 그다지 선을 닦으려 하거나 몸을 다스리는 업을 닦지 않으므로 가족과 권속들은 굶주리고 추위에 떨며 가난하여 고생하느니라. 오히려 어버이가 가르치고 훈계하면 눈을 부릅뜨고 화를 내며 대들고, 시키는 바대로 따르지 않고 더 멀어지며 반항하고 거역하기를, 마치 원수의 집안을 대하는 것과 같으니, 이런 자식은 어버이에게 없는 것만 같지 못하다.…

경전 안의 말이라 많이 순화되어 있는 것이기는 하겠지만, 약육강식의 세상과 인륜이 무너진 삶이 적나라하게 묘사되어 있다. 하지만 아이러니하게도 이 시대 이 지역의 불교는 일면으로는 최고의 전성기를 구가했다.[6] 하지만 그것은 지속적으로 보장되는 평화와 번영은 아니었던 것으로 보인다.

3) 불수념(佛隨念)의 수행

기원 후 초기의 몇 세기 동안 중앙아시아 및 카슈미르 지역에서 유력하게 등장했던 수행법 중의 하나는 '불수념'(佛隨念)의 수행이다. 이 수행은 5세기 후반까지 중국에서도 실크로드의 관문에 해당하는 서북 지역에서 유행했던 것이 확인된다. 그 대표적인 경전 중의 하나가 『반주삼매경』이다. 『반주삼매경』은 반주삼매를 수행하기 위해서 계율을 엄격하게 지킬 것을 요구한다. 그리고 아미타불에 대하여 다음과 같이 심상(心相)을 떠올릴 것을 요구한다.

> 하루 밤낮 동안 내지는 이틀, 사흘, 나흘, 닷새, 엿새, 혹은 이레의 낮과 밤 동안, 만일 그가 밤낮 없이 7일 동안 차분한 마음으로 아미타불에 집중한다면, 7일이 지났을 때 그는 세존, 아미타여래를 보게 될 것이다. 만일 깨어 있는 동안 세존을 보지 못한다면 잠자는 동안 꿈속에서 세존의 얼굴이 나타날 것이다.

여산(廬山)의 혜원(慧遠, 334-416)의 염불 결사는 흔히 『정토삼부경』이라 알려진 미타 경전에 근거한 것이 아니라 『반주삼매경』(般舟三昧經)에 근거한 것이었는데, 후대 미타신앙의 대표적인 행법인 칭명염불보다는 마음으로

서방 아미타불을 전념하는 것에 의해서 선정 가운데서 부처를 보는(見佛) 행법을 중시하였다. 이 무렵의 서역 지역에 산재했던 석굴사원과 중국의 실크로드 관문인 돈황 및 병령사 석굴 등에 나타나는 아미타불상은 이 『반주삼매경』상의 불수념 수행과 관련이 깊다.

본래의 불수념 수행은 체계적으로 붓다의 덕성을 수념하는 것이었는데, 기원 후의 몇 세기 동안 카슈미르 지방에서 널리 수행되었던 것은 붓다의 삶이 끝난 시대에 살고 있다는 것에 대한 안타까움 때문인 것처럼 보인다고 폴 윌리엄스는 말한다.[7] 그리고 이러한 방식의 수행에 대해서 윌리엄스는 "대승불교 경전에서는 불수념 수행을 통해 비록 다른 곳에 있기는 하지만 여전히 현존하는 붓다에게 다가가고 그로부터 가르침 – 새로운 가르침을 포함하여 – 을 받는 것이 가능하다고 생각한다. 만일 자비로운 붓다들이 시방세계에 편재한다면, 그들과 만나고 그들의 자비를 입는 것이 틀림없이 가능하다. 올바른 방법을 통해서 그들이 존재하는 곳 – 어떤 이기적인 이유에 의해서가 아니라 가능한 최선의 상황하에서 더 나은 정신적 실천도를 목표로 순서 있게 나아감을 통해 – 에 태어나는 것이 가능하다. 석가모니 붓다 시대에 수많은 사람들이 깨달음을 얻은 것처럼 만일 직접 붓다로부터 가르침을 받는다면 깨달음을 얻는 것은 분명히 가능할 것이다. 따라서 현재의 상황에서 깨달음을 얻기까지 아주 오랜 시간이 걸릴지도 모르지만, 만일 어떤 붓다의 정토에 태어날 수 있다면, 깨달음을 얻기 위해 가야 할 길은 아주 짧아질 것이다."라고 지적한다.

물론 이러한 관념에는 '붓다' 개념의 확장이 전제되어 있다. 이미 초기부터 있었던 과거 7불이나 미래불이라는 시간적인 선후의 공간에 위치하는 붓다에 대한 개념이나, 붓다의 몸[佛身]을 진리의 몸과 생신(生身)으로 나누는 등의 개념적 확대가 대승불교의 초기에 이르기까지 이미 이루어져 있었다. 대승불교의 초기에는 다만 이것을 현재의 공간으로만 전환시키면 되었던 것이다. 여기에다 부처의 공덕상을 심상으로 관하는 불수념의 수행법이 더해지면서 타방불의 개념이 성립되었던 것이다.

이처럼 대승불교 초기 타방불의 개념은 불교 내부로부터의 요구, 그리고 사회적 혼란으로 인한 외부로부터의 요구가 결합되어 발생한다. 다양한 이민족, 다양한 관습, 다양한 종교와 신앙들이 뒤섞이고 충돌하고 융합되었을 때, 그것이 불교 내부의 요구와 결합되면서 이러한 갈증들을 해소할 수 있는 신앙적·사상적 해결책을 강구하게 된다. 석가모니 붓다는 현재하지 않았고, 미래불은 아직 오지 않은 상태에서, 그 극단적인 삶의 피로를 뛰어넘을 수 있는 구원의 신앙이 이 지역의 불교도들에게는 필요했던 것이다. 시방 각처에 설정되었던 부처와 보살들은 그러한 구원의 대상으로 기획된 것이었다.

그러한 발상은 부처님의 전생담으로부터 파생되어 나온 것이었고, 그것이 이민족의 신앙과 융합되었을 때 새로운 이름을 가진 부처들이 그리고 보살들이 출현하게 되었다. 대광명의 부처인 비로자나불이나 무량광(無量光)·무량수(無量壽)의 부처인 아미타불이 그러하다. 이 '아미타'라는 호칭 특히 '무량광'(無量光)이라는 것은, 학자들에 의하면 조로아스터교의 광명의 신인 아후라 마즈다의 영향을 받은 이름이라고 한다.[8] 아미타불은 '무량광불'이라는 이름 외에도 광명이라는 의미가 들어 있는 19개의 다른 이름으로도 불릴 만큼, 광명을 그 상징으로 하는 부처이다. 불상의 머리나 몸 뒤에 광명을 나타내는 광륜(光輪, 혹은 光背로도 불린다)은 대승불교의 흥기 시대에 이미 제작되고 있는데, 이 아후라 마즈다의 영향이라고 한다. 곧 이란에서 인도로 전해졌을 때, 광명 사상과 그 광명이 떨어지는 서방의 개념이 합해지고 다시 불교신앙과 결합되었을 때 서방정토의 아미타불 곧 무량광불이라는 사상과 신앙이 등장하게 되는 것이다.

3. 미타정토신앙의 구원론

1) 정토가 의미하는 것 – 수행의 조건으로서의 불국토

아미타불신앙에서 말하는 극락정토이든 아촉불신앙에서 말하는 묘희정토이든, 불교에서 말하는 정토는 그 자체로서는 완결된 구원을 의미하는 것은 아니다. 일반적으로 정토(淨土) 곧 불국토(佛國土)는 윤회 세계의 바깥에 위치한다. 하지만 그것이 곧 구원을 의미하는 것은 아니라는 점은 유의해야 한다.

일반적으로 타방정토신앙은 불탑 신앙자들이면서 보살로서의 자각을 가졌던 대승불교의 수행자들에 의해서 촉진된 것으로 말해진다. 이들은 기본적으로 세간적인 이익과 복락을 추구하는 사람들은 아니었을 것이다. 오히려 보살로서의 강렬한 자각을 가졌던 것으로 보인다. 정토는 기본적으로 보살행의 결과로 건설되는 것이기 때문이다.

스스로 보살로서의 삶을 자각했던 그들에게 있어서 수많은 보살들이 완성의 길을 걷고 있고, 석가모니 붓다처럼 보살의 길을 완성한 자들도 당연히 있을 것이라고 믿어졌을 것이다. 그렇다면 보살행을 완성한 자들은 어디에 있을까? 이 세계는 석가모니 붓다의 사바세계이므로 당연히 그들은 다른 세계에 존재할 것이다. 한 세계에 한 부처님만이 존재할 것이기 때문이다. 그리고 그 중에는 현재하는 부처님도 당연히 존재할 것이다. 기본적인 양상은 이렇게 전개되었을 것으로 생각된다.

하지만 그들이 잊지 않았던 것이 있다. 붓다는 스승일 뿐이라는 점이다. 붓다는 안내자일 뿐이며, 길을 가는 것은 그들의 몫이었다. 정토 세계를 설계한 이들은 이 점을 잊지 않았다. 그들은 정토 세계의 건설 원인으로 '보살의 서원'을 첫 번째로 내세웠다. 이 점에 대해서는 절을 바꾸어서 설명한다. 다음으로 그들이 정교하게 설계한 것은 정토에서의 수행의 조건이었다.

> (제1원) 내가 부처될 적에 그 나라에 지옥과 아귀와 축생이 있으면 정각(正覺)을 얻지 않겠습니다.
> (제2원) 내가 부처가 될 적에 그 나라 중생(人·天)들이 수명이 다한 뒤에 다시 삼악도에 떨어지는 일이 있으면 정각을 얻지 않겠습니다.
> (제16원) 내가 부처될 적에 그 나라의 중생(人·天)들이 좋지 않은 일은 물론 좋지 않은 이름이라도 들으면 정각을 얻지 않겠습니다.

『아마타경』의 48원 중의 일부인데, 첫째는 극락정토에 태어난 사람들은 지옥·아귀·축생의 고통을 받지 않도록 하겠다는 것이고, 두 번째는 수명이 다한 뒤에 다시 삼악도로 떨어지는 일이 없으므로 수행함에 나아감은 있어도 물러남은 없다는 조건이 들어 있는 것이다. 이것은 수행자에게 최악의 조건을 방지하는 것이라고 할 수 있다. 반면 16원의 경우는 수행에 조금이라도 장애가 있는 일은 일어나는 것을 허용하지 않는다는 서원이다. 곧 수행에 있어서 최상의 환경을 제공하는 곳이 바로 정토라는 의미가 들어 있다. 곧 수행에 있어서 최악의 환경을 배제하고 최상의 조건을 부여해서 설계한 곳이 정토인 것이다. 수행에 있어서 최상의 조건을 구비한다는 것은 제5원부터 제10원까지가 각각 숙명통·천안통·천이통·타신통·신족통·누진통을 얻는 것을 조건으로 하고 있는 데서도 알 수 있다.

하지만 어떤 식의 정토에 대한 설계안이라고 할지라도 그것이 곧장 성불 곧 구원과 완성을 의미하는 것은 아니다. 그리고 아미타불이 건설한-법장비구의 서원과 수행에 의해 건설된-극락정토에 태어나고자 하는 모든 중생은 보리심을 일으켜야 하고, 아마타불의 명호(名號)를 듣고 아미타불을 생각해야 하며, 아미타불에 대해 명상해야 한다는 조건이 전제되어있다.(제17·18·19원) 이것은 아미타불과 같은 서원을 세우고 동참해야 한다는, 보살로서 기본적인 이념과 함께 아미타불이 가지고 있는 별원(別願)에도 동참해야 한다는 의미이다. 곧 수행자 내지 신앙자의 의지가 아미타불의 본원에 부합할 것이 전제되는 것이다.

아미타불은 법장비구였을 때 서원을 세우는데, 그 서원에는 모두 동일한 하나의 조건이 부가되어 있다. 곧 '만일 이 서원이 성취되지 않는다면, 나는 성불하지 않을 것이다.' 라는 것이다. 그런데 성불을 이룬 아미타불의 불국토가 서방정토이므로, 법장비구였을 때 세운 서원이 충족되었음을 의미한다. 따라서 법장비구의 서원에 따라, 원하는 극락정토에 태어난 중생들은 법장비구의 서원대로 더 이상 삼악도에 떨어지지 않으면서 수행에만 전념할 수 있는 뛰어난 조건을 갖추게 된다. 미타정토에 왕생하여, 아미타불을 보고, 듣고, 따라서 행할 수 있게 되어 좀 더 쉽게 부처의 가르침을 받으면서 수행하게 되기 때문이다.

2) 자비의 서원에 의한 청정 국토의 건설

불국토는 붓다의 깨달음에서 비롯된 것이며, 한편으로는 붓다의 깨달음에 의한 권위와 영향의 영역을 의미하는 것이기도 하다. 본질로서의 붓다 곧 법신으로서의 붓다가 미치는 영향력의 범위에는 제한이 없겠지만, 1차적으로 붓다가 영향력을 미칠 수 있는 공간은 제한적이다. 곧 붓다가 출현하여 영향을 미치는 제한된 영역을 불국토라고 할 수 있다. 물론 대승적 의미에서 보자면, 붓다의 지혜 곧 자비는 무한하다. 그러한 자비의 무한함이 끊임없는 불세계의 건설을 이끈다고 생각된다.

붓다의 근본적인 역할은 불국토에서 중생을 가르치는 것이다. 하지만 불국토의 영역은 붓다가 출현한 그 세계만을 의미하는 것으로 볼 수는 없다. 수없이 많은 보살로서의 생을 반복하면서 '불국토를 청정하게 한 행위' 곧 자비행의 결과가 불국토이기 때문이다. 자비행의 무한한 반복이 불국토를 건설하는 행위이고, 그 과정에 동참한 중생들 역시 자신들의 행위를 통해서 다시 태어나는 불국토의 건설에 기여한다. 더욱이 보살—대승불교의 수행자—들은 스스로 불국토의 붓다 앞에 태어날 수도 있고, 선정 수행의 과정에서 붓다를 친견하고 체험할 수도 있다. 불국토는 대승불교 수행자들의 목표이자, 자신의 노력으로 중생들을 청정하게 하는 곳이기도 하다. 따라서 불국토는 달리 붓다의 자비행이 실현되는 장이라고도 설명된다.

그러한 불국토의 건설에 원천적인 역할을 하는 것은 서원(誓願)이다. 본래 서원이란 산스크리트어 푸르바—프라니다나(purva-pranidhana, 이전의 서원)의 번역으로 아미타불이 법장보살이었을 때 세운 서원을 말한다. 대승불교에서는 보살의 수행을 설할 경우, 반드시 서원설이 나타난다. 그것은 대승의 모든 보살들에게는 공통적인 서원과 특수한 서원이 있는데, 보살의 실천은 반드시 이 서원에 근거한다. 그 서원의 첫째로 내세워지는 것은 '중생무변서원도'(衆生無邊誓願度)이다. 그리고 그 서원의 실천을 위해서 다음의 세 가지 공통되는 서원인 번뇌무진서원단(煩惱無盡誓願斷), 법문무량서원학(法門無量誓願學), 불도무상서원성(佛道無上誓願成)의 서원이 뒤를 따르게 된다. 대승불교의 실천론인 육바라밀은 이 네 가지 서원을 만족하기 위한 실천행으로서 제시된다.

따라서 아미타불은 자신의 서원을 완성한 자인 동시에 완성해 가는 자이며, 미타정토에 왕생하는 자들은 그러한 서원에 동참한 자로서 아미타불의 별원(別願)에 의지한 자인 것이다. 다시 말하면 미타정토는 서원을 세운 자와 서원에 동참한 자가 함께 완성한 그리고 완성해 가는 정토로서의 의미를 지닌다.

4. 동아시아에서 미타정토신앙의 확산 배경

이 아미타불신앙, 곧 서방정토를 간구하는 왕생의 신앙이 중국 사회에 널리 확산된 것은 도작(道綽, 562-645)과 선도(善導, 613-681)의 시대에 이르러서였다. 도작은 『안락집』이란 책을 지었는데, 거기에서 "일체중생이 이미 불성을 가지고 있고, 또 오랜 겁 동안 많은 부처님의 가르침을 들었는데, 어째서 지금까지 생사윤회의 고통에서 벗어나지 못하는가?"라는 질문을 스스로 던지고는 다음과 같이 답하고 있다.

> 대승의 성스러운 가르침에 의지하되 진실로 두 가지 수승한 법으로써, 생사를 버릴 수 없는 것이 원인이 되니, 이 때문에 고통을 벗어나지 못한다. 어떤 것이 두 가지 법(法)인가? 첫째는 성도문(聖道門)이요, 둘째는 왕생정토문(往生淨土門)이다. 성도문은 지금 시대에는 증득하기 어렵다. 첫째는 대성인이 가신 지 오래되었기 때문이고, 둘째는 이치는 깊으나 이해하는 데 미약하기 때문이다. 이 때문에 『대집월장경(大集月藏經)』"나의 말법시대 가운데서는 수많은 중생이 행을 일으켜 도를 닦지만 한 사람도 얻는 자가 없을 것이다."고 하셨다.
> 지금은 말법 시대이다. 이 오탁악세(五濁惡世)에는 정토의 한 문만 있으니

들어가는 길에 가히 통하게 될 것이다. 이 때문에 『무량수경』에서는 "만약 어떤 중생이 비록 일생 동안 악업을 지었더라도 목숨이 다하는 때에 나의 명호를 십념으로 이어 불러서 왕생하지 않는다면 정각을 취하지 않으리라." 하셨다.

또 일체 중생이 스스로 헤아리지 않는다. 만약 대승법에 의거하더라도 진여실상(眞如實相), 제일의공(第一義空)에 일찍이 마음을 두지 않는다는 것이다. 만약 소승법을 논하더라도 사제(四諦)를 보고 수도함으로써 닦아 들어가, 아나함과 아라한의 지위에 이르러, 아래 위의 번뇌를 끊어야 하는데, 출가자와 재가자를 막론하고 조금도 있지 않다. 비록 인천(人天)의 과보가 있지만 모두 오계(五戒)와 십선(十善)을 지어서 능히 이러한 과보를 부른 것이다. 그러나 계를 지니고 과보를 얻는 자도 극히 드물다. 만약 악행을 일으키고 죄업을 짓는 것을 말한다면, 어찌 난폭한 폭풍이나 몰아치는 소낙비와 다르겠는가. 이 때문에 모든 부처님이 대자비심으로 정토에 돌아가기를 권하셨다. 비록 일생 동안 악업만을 지었더라도 단지 마음을 모아 오로지 정성으로 항상 염불(念佛)한다면, 일체의 모든 장애가 자연히 소멸되고 반드시 왕생할 것이다. 어찌 생각하지 않는 것이며, 도무지 왕생할 마음이 없는 것인가?[9]

도작 스님의 시대와 혜원 스님의 시대가 다른 점은 말법 의식의 존재 유무이다. 도작 스님은 남북조 말기부터 당나라 초기까지의 시대를 살았는데, 중국 불교 역사상 가장 말법 의식이 강렬했던 때였다. 중국의 위진 남북조 시대는 불교가 중국에 정착해 가던 시기이고, 그 정착의 과정에서 중국의 문화와 적지 않은 충돌을 빚던 시기이기도 하다. 그 충돌 과정에서 폐불이 정책적으로 단행되기도 했는데, 북위 태무제와 북주 무제에 의한 폐불이 대표적인 경우이다. 폐불이 단행된 시기의 중국은 한족과 서북 지역에서 유입한 이민족 사이에 양자강 이북의 주도권을 둘러싼 각축이 한창이었고, 자연히 민중들의 삶은 피폐함의 극치에 이르러 있었다. 전쟁이란 어떤 형태라고 하더라도 민중의 삶을 궁지에 몰아넣는 결과를 낳는 것이고, 민중들은 당연스럽게도 그러한 삶으로부터의 구원을 바라게 되는 것이다.

더욱이 여기에 대규모의 폐불 사태를 겪은 불교인들 사이에 말법 의식이 강렬해지기 시작했다. 인용문에서 도작이 언급하고 있는 『대집월장경』이나 『마하마야경』 등은 이 위진남북조의 후반기에 번역된 경전으로 말법사상을 뚜렷이 부각시키고 있는 경전들이다. 이들 경전이 번역되면서 정법·상법·말법 시대라는 관념과 함께, 당시가 불멸(佛滅)로부터 기산하여 말법 시대의 초입에 해당된다는 점 등이 부각되면서 중국 불교인들 사이에 말법 사상이 급속히 확산되어 갔다. 가마다 시게오는 『중국불교사3 – 남북조의 불교(상)』에서 북제(北齊) 시대 말기의 불교의 퇴락 양상을 유주(劉晝)의 상소를 인용하여 소개하고 있는데, 다음과 같다.

불법(佛法)은 허황되어 사람을 속입니다. 노역을 피한 사람으로 수풀을 이루고, 또한 서로 헐뜯으며 헛소리를 합니다. 비구니가 있고 우바새가 있으면 실로 이는 승려의 처첩입니다. 태아를 해치고 자식을 살해하는 그 상황을 말로 표현하기 어렵습니다. 지금 승려 200여 만과 속녀(俗女)를 합치면 모두 400여 만이 있는데, 6개월에 한 번 태아를 손상하였습니다. 이와 같으면 곧 한 해에 200만 호에 달합니다. 이 일을 경험하건대 부처는 역태(疫胎)의 귀신이며, 모두 성인의 말씀이 아닙니다. 도사(道士)는 노장(老莊)의 근본이 아니고 부처의 사설(邪說)을 빌어서 배좌(配坐, 정좌하여 앉는 것. 여기

서는 불교의 수행법을 흉내내는 것을 말함)를 일삼을 뿐입니다.[10]

불교와 도교를 공격하는 유림(儒林)의 상소이기 때문에 모두 진실이라고는 말할 수 없겠지만, 또 전혀 근거 없는 소리도 아닐 것이다. 결국 위진남북조 시대의 말기에 불교 내부의 타락상이 아주 심각해졌다는 방증으로 볼 수 있을 것이다.

북주 무제의 폐불 당시에 살았던 승려들의 상황은 이 당시 중국 불교인들이 느꼈던 위기감을 보여주는데, 항의하거나 혹은 산림 속에 은거하거나 혹은 환속하는 모습들을 보여준다. 특히 정애(靜藹)는 폐불 사태에 항의하여 종남산의 반석에 앉아 스스로 칼로 몸을 찔러서 자살하였는데, 불법을 보호할 수 없는 의지가 부끄러워서 목숨을 버린다고 유게(遺偈)를 남기고 있다.

이 같은 상황은 6세기 말에 즈음하여 중국 불교인들이 내부적으로나 외부적으로도 강렬한 위기의식을 공유하고 있었음을 보여준다. 말법 의식은 이 같은 위기의식을 틈타 요원의 불길처럼 번져 갔고, 이것이 6세기말부터 8세기에 이르는 100여 년간 급속도로 아미타불신앙이 중국 불교인들에게 받아들여졌던 원인으로 작용하였던 것이다.

신라에서 아미타 신앙이 급속도로 확산되었던 원효의 시대 역시 통일전쟁의 와중에 신라 사회가 아주 혼란하였고 민중들의 삶이 피폐해졌던 것이 가장 큰 원인으로 작용하였고, 일본에서도 정토신앙이 급속도로 확산된 것은 역시 전국의 혼란기에 이르러서였다.

5. 결론

이상에서 살펴본 바와 같이, 강렬한 말법 의식을 배경으로 하는 아미타불신앙은 암울한 사회 현실에 절망한 민중이 자력의 구원이 불가능하다고 느꼈을 때 의지하였던 타력 구원의 신앙이라는 성격이 강렬하였다. 그리고 그 구원의 신앙이 널리 퍼지게 되면서, 동아시아 사람들은 절망에 부닥쳤을 때 무심코 미타와 관세음을 입으로 내뱉게까지 되었던 것이다. 하지만 사회적 약자의 위치에 있던 자들은 더 강렬한 현실적 절망감에 부딪치면 미타가 필요한 말법의 시대가 아니라 말법의 시대를 끝내는, 시대의 근본적인 변혁을 요구하였고, 그 근본적인 변혁의 요구는 미륵신앙으로 표현되기도 하였다. 곧 아미타불신앙은 말법의 구원 신앙으로 받아들여지긴 했지만 한편으로는 일정한 한계를 스스로 내포한 것이기도 하였다. 동시에 미타정토신앙에 의해 성취되는 정토는, 그것이 타력에 의지하여 성취되는 것이라고 하더라도 기본적으로는 자력 구원의 주변 조건을 재구성하는 데 초점이 있다는 점에서 여타 조교의 타력 구원론과 근본적인 측면에서 성격이 뚜렷하게 구분된다는 특징을 지닌다.

비로자나불과
하느님

임상희 | 고려대학교 한국사연구소

비로자나법신불의 세계는 좁은 의미에서는 화엄정토인 연화장세계를 지칭하지만, 궁극적으로는 성기(性起)의 세계라고 할 수 있다. 모든 존재가 비로자나불의 현현 아님이 없듯이, 화엄세계는 그 자체가 비로자나불의 현현이다. 다시 말해 『화엄경』에서는 모든 존재가 불(佛)의 가능성을 지닌 것이 아니라 이미 불(佛)임을 강조하고 있다. 그렇기 때문에 화엄세계는 지금 바로 여기에 구현된 것이다.

그렇다면 화엄세계에 대응되는 곳으로 간주되는 하느님 나라는 어떤 곳인가? 칸트 철학에서 하느님 나라는 도덕적 수행을 의미 있게 할 수 있는 실천이성의 요청으로서, 우리가 도덕적 행위를 하는 경우에 그에 부합되는 행복을 보증해 줄 수 있는 전지전능하고 전선하신 하느님의 존재와 그가 다스리는 나라에 대한 논의를 내용으로 하고 있다. 칸트는 우리가 이 땅 위에서 하느님 나라를 건설하고 그것을 무한하게 확장하려고 노력해야 함을 역설하고 있다. 그렇지만 하느님 나라는 인간의 노력만으로 실현 불가능하며, 온전하신 하느님의 은총 판단으로 우리를 정당화해 주어야만 성취할 수 있게 된다. 따라서 칸트 철학에서 최고선과 요청으로서의 '하느님의 나라'는 윤리적 공동체로 실현될 수 있다.

비로자나불과 하느님

1. 불교와 그리스도교 간의 대화

불교와 그리스도교 간의 대화는 동서양의 종교인들에게 새로운 시도였다고 할 수 있을 것이다. 과거에 서구인에게 불교가 오리엔탈리즘의 대명사로 인식되었다면, 동양인에게 그리스도교는 서구 문명의 대명사로 인식되었다. 그렇지만 오늘날 서양의 종교인 그리스도교는 동양의 옷을 입고 정착되어 가고 있으며, 동양의 종교인 불교는 서양에 다양한 형태로 유포되어 가고 있다. 다시 말해 불교와 그리스도교는 이제 동서 문명이라는 상징을 넘어서서 다양한 형태로 세계인에게 수용 내지는 변용되고 있다. 그러나 한국 사회에서 두 종교가 세계 종교라는 위상에 맞는 행보를 하고 있는지에 대해서는 다시금 생각해 보지 않을 수 없다. 여전히 두 종교 간의 긴장과 갈등이 표출되고 있으며, 이로 인해 이질감과 괴리감이 더욱 깊어지고 있다. 그렇기 때문에 두 종교 간의 열린 대화는 서로를 성숙시켜 보다 바람직한 방향으로 이끌어 나갈 수 있는 계기가 되어야 할 것이다. 두 종교 간의 대화는 이미 여러 차례에 걸쳐 다양한 형태로 시도되었으며, 상당한 진전을 이루기도 하였다.[1] 이러한 진전을 이룰 수 있었던 것은 대화의 필요성을 인식한 종교인과 학자들의 노력에 의해서이다.

이와 같은 대화를 통해 종교인과 학자들은 서로의 종교에 대해 깊이 이해할수록 종교 본연의 모습에 대해 공감대를 형성해 나갈 수 있다는 데 동의했다. 그렇지만 일부에서는 종교 다원론적인 입장에서의 대화에 대해 거부감을 갖기도 하는 것이 현실이다. 다시 말해 이러한 노력이 일부 종교인과 학자들만의 지적인 교류가 되지 않기 위해서는 대화가 지향하는 바에 대한 공감대가 형성되어야 한다. 이를 위해서는 두 종교 간의 공통점을 찾는 피상적인 방식에서 벗어나 좀 더 심도 있는 논의가 이루어져야 할 것이다. 이를 위해 이 글에서는 두 종교의 중심 주제에 대해 살펴보려고 한다. 연구 모임의 타이틀이 '화엄세계와 하느님 나라'이기에 화엄세계의 교주인 '비로자나불'과 그리스도교의 '하느님'에 대해 다루어 보려고 한다. 물론 필자가 화엄학을 전공하는 불교학자이기 때문에 하느님에 대한 이해에 한계가 있는 것이 사실이다. 그렇지만 이러한 시도를 통해서 비로자나불과 하느님에 대한 이해가 깊어지기를 바라면서 논의를 시작하려고 한다.

2. 붓다와 예수 그리스도

주지하다시피 불교는 기원전 6세기경 인도의 카필라바스투에서 탄생한 고타마 싯다르타의 깨달음으로 비롯된 종교이다. 그는 35세경에 부다가야 근처인 우루벨라에서 깨달음을 얻은 이후 45년간 교화 활동을 펼치다가 80세에 입멸하였다. 이에 비해 유대교에서 발전한 그리스도교는 메시아, 즉 구세주에 대한 신앙이다. 오늘날 4복음서에 전하는 예수 그리스도의 행적은 33세에 십자가형을 받고 처형되기 이전 3년간의 공생활(公生活) 동안 일어난 수많은 사건과 기적들이다. 이러한 붓다와 예수 그리스도의 생애와 사상에 대해서는 이미 신학자인 구스타프 멘슁이 면밀히 비교하였다. 그는 두 인물을 신앙으로 이해하는 것을 경계하면서 역사 비판적인 방법으로 두 인물의 종교적 환경과 생애, 그리고 말씀을 비교하고 있다. 이어서 붓다의 열반과 예수의 하느님 나라 선포를 구원 사건으로 인식하고서 구원에 이르는 길을 비교하고 있으며, 나아가 구세주로서의 불타와 그리스도에 대해 논의하고 있다.[2]

그렇지만 두 종교의 창시자에 대한 관점은 다소 차이가 있다. 이미 멘슁이 지적했듯이, 그리스도로서의 예수에 대한 신앙이 중심점을 이루고 있는 기독교 전통과 달리 불교의 전통에서는 불타에 대한 신앙보다는 그의 가르침이 더욱 중요하다.[3] 따라서 기독교에서의 예수의 역할을 불교에서는 붓다가 아니라 다르마(dharma, 法)가 맡고 있다고 할 수 있다. 다시 말해 불교인들에게 역사적 실존 인물인 붓다는 그의 다르마가 갖는 유용성을 실증해 보인 인물로서의 의미를 갖는다고 할 수 있다. 왜냐하면 해탈로 인도하는 것은 붓다가 아니라 다르마이기 때문이다.[4] 그렇기 때문에 불교도에게 붓다는 우주적 진리, 즉 다르마의 발견자로서 더욱더 큰 의미를 갖는다.

이러한 사고방식은 붓다의 열반 이후 전개된 불신론(佛身論)에도 그대로 드러난다. 역사적 실존 인물인 붓다에 대한 흠모와 존경은 시간이 흐름에 따라 붓다라는 존재에 대한 초인화로 진행된다. 이런 과정에서 붓다는 색신(色身)과 법신(法身)의 이신(二身)으로 구별되고, 점차 색신(色身)으로서의 붓다보다 법신(法身)으로서의 붓다에 치중하게 된다. 초기의 대승경전인 『반야경』에서는 여래의 본질은 법신(法身)이며 반야바라밀(般若波羅蜜)이어서 색신(色身)으로 보아서는 안 되고, 본래 여래는 형체 있는 것으로서가 아닌 법을 신체로 하는 것으로 보아야 한다고 강조하고 있다.[5] 이런 관점은 『법화경』에서도 나타나는데, 여기서는 초역사적인 붓다의 성격을 영원한 수명을 가진 구원불(久遠佛)로 드러내고 있다. 법신을 강조하는 경향은 『화엄경』에서도 나타나는데, 여기에서는 시방편만불(十方遍滿佛)로서 비로자나불(毘盧遮那佛)을 제시하고 있다. 비로자나불은 보편적이고 무한정적인 붓다인데, 이는 영원한 수명의 붓다에서 발전된 개념으로 볼 수 있다. 시방편만불인 비로자나불은 점차 '현실에 내재하는 붓다'로 발전해 나가게 된다. 다시 말해 여래장계 경전에서는 불성(佛性)과 여래장(如來藏)이라는 사고방식이 법신과 결합하게 된다. 이를 통해 법신의 보편성은 더욱더 견고해지게 된다.[6] 결국 붓다의 본질에 대한 해답을 대승경전에서는 '법신'(法身)으로서의 붓다로 제시하고 있는 것이다.

색신과 법신의 이신설(二身說)은 보신(報身)이라는 개념의 등장으로 삼신설(三身說)로 전개된다. 보신이라는 개념은 대승경전에서 중요시되는 보살이라는 존재와 밀접한 관련이 있다. 다시 말해 역사적으로 실존한 인물인 붓다가 깨달음을 이루기 위해 과거의 수많은 생애 동안 실천했던 보살로서의 원력과 수행이 보신으로 설명되는 것이다. 그렇기 때문에 보신은 원력과 수행을 완성하고 원력과 수행에 보답되는 결과로서 불신(佛身)이다. 또한 보신(報身)은 인격불이기 때문에 그가 머무르는 세계가 반드시 필요하게 되며, 이 세계가 바로 정토(淨土)이다. 이러한 불신론은 대승불교의 유식학파에서 자성신(自性身)·수용신(受用身)·변화신(變化身)의 삼신(三身)으로 정립되어 이론적으로 완성된다. 삼신(三身)은 모두 법계에서 나온 것이며, 법계의 움직임으로 파악되지만, 특히 자성신(自性身)은 법성(法性)·법계(法界)·진여(眞如) 혹은 공성(空性) 자체로 붓다의 본성이라는 점에서 자성신으로 불린다. 이런 점에서 자성신은 법신에 해당한다고 볼 수 있다. 보신에 해당되는 수용신은 자기적인 입장에서의 자수용신(自受用身)과 이타적인 입장에서의 타수용신(他受用身)으로 나뉜다. 마지막으로 색신에 해당되는 변화신은 석가모니불과 같이 중생 교화를 위해 출현한 여래를 가리킨다. 이들 삼신에서 자성신은 수용신과 변화신의 근저가 되지만 원리적이고 추상적이어서 가시적이지 않다.[7]

이와 같이 대승불교의 불신론은 역사적 실존 인물인 붓다를 점점 더 초인간화하고 절대화하는 방향으로 발전하게 된다. 이러한 경향은 후대로 갈수록 더욱 뚜렷해지는데, 이로 인해 대승불교의 불신론은 점차 유신론적인 성향으로 변해가는 것이 아니냐는 오해를 받게 된다. 실제로 불신론의 정점을 이루는 삼신설은 그리스도교의 삼위일체설과 비교되기도 한다. 이 가운데 법신은 초월적인 육신(the transcendent body)으로 이해되어, 그리스도교의 신비주의자들과 철학자들이 하느님을 절대자 또는 궁극적 실재라고 했던 것과 유사한 관점에서 궁극적 진리와 동일하다고 인식한 붓다로 파악하고 있다.[8]

그렇지만 대승경전에서의 법신의 관념은 어떤 종류의 형이상학적이거나 우주적인 절대자의 관념이 아니었다. 다시 말해 법신은 '유일한 우주적인 원리'를 가리키는 것이 아니며, 가장 중요한 붓다의 신체인 '가르침의 신체' 혹은 '현상적 구성 요소의 신체'인 것이다. 붓다는 법의 신체, 즉 그의 가르침이나 또는 요소들의 신체, 붓다의 속성을 가지고 있다. 따라서 이 진정한 신체는 깨달음으로 인도하는 그의 가르침이거나 혹은 그것을 완전히 얻음으로 인해 그를 붓다로 만드는 성질이며 여전히 그의 제자들에 의해 획득될 수 있는 것이다. 그렇기 때문에 붓다의 진정한 신체는 소멸되는 것이 아니라 여전히 남아 있는 것이다.[9]

『화엄경』을 비롯한 여래장계 경전에서 붓다의 속성으로 중요시한 것은 붓다의 지혜와 자비이다. 이 두 가지 속성 가운데 『화엄경』에서는 특히 붓다의 지혜를 강조하는데, 그것은 비록 깨닫지 못한 상태에서도 각각의 중생 속에 현전해 있다고 말하고 있다. 나아가 여래장 사상을 체계화한 『보성론』에서는 붓다가 될 수 있는 원인으로서 여래장을 설하고 있다. 여기에서는 여래장은 수행을 통해 붓다가 될 가능성으로서의 원인적 측면에 해당한다면, 법신은 완성된 형태로서의 불성을 가리킨다. 그렇지만 여래장과 법신은 본성상 차이가 없는 것이다. 따라서 이 논서의 주제는 법신, 즉 불성을 설하는 것이 된다.[10]

이와 같이 불신론은 붓다의 열반 이후부터 진지하게 모색된 것으로 법신(法身)을 근간으로 하고 있다. 붓다의 본질을 법신으로 보고 이를 완성된 형태의 불성으로 본다면, 이는 법의 보편성과 내재성에 대한 강조로 볼 수 있을 것이다. 따라서 불신론의 전개 과정은 붓다의 깨달음을 그의 열반 이후에도 지속시키려는 노력의 일환으로 볼 수 있을 것이다. 중생이 붓다의 본질을 파악하지 못한 채 그에 대한 신앙에만 몰두한다면 결코 깨달음에 이를 수 없을 것이기 때문이다. 이러한 불신론의 전개 과정에서 함께 고민해 볼 수 있는 것이 예수 그리스도의 본질, 즉 하느님의 본질에 대한 문제라고 생각한다. 이 문제에 대해 아베 마사오는 하느님의 속성을 '자기 비움'으로 파악하고 이를 공(空)과 소통시키고 있다.[11] 물론 이러한 그의 방식에 대해 다양한 견해가 있겠지만, 상당히 진전된 관점이라고 여겨진다.

3. 화엄교학에서의 비로자나불

　주지하다시피 대승불교에서는 석가모니불만이 아니라, 비로자나불, 아촉불, 아미타불, 약사불, 미륵불 등의 수많은 붓다가 등장한다. 아울러 과거에도 미래에도 수많은 붓다들이 존재하고 현재에도 수많은 붓다들이 수많은 불국토에 있다고 여긴다. 이 가운데 비로자나불은 일부 대승경전에도 보이지만,[12] 『화엄경』에서만큼 큰 비중을 차지하지는 않는다. 물론 후기 대승불교인 밀교(密敎)에서는 비로자나불의 개념이 더욱 확장된 우주법신으로서 마하비로자나여래인 대일여래(大日如來)를 중시한다. 그렇지만 여기에서는 『화엄경』[13]과 화엄교학에서의 비로자나불[14]에 한정해서 살펴보려고 한다.

　『화엄경』은 석가모니불이 적멸도량에서 정각(正覺)을 완성할 때, 곧바로 이 경의 주불(主佛)인 비로자나불과 일체가 되는 것으로부터 시작된다. 「노사나불품」에서부터 경의 본문이 시작되는데, 불(佛)은 한마디도 하지 않고 치아 사이에서 무수한 광명을 발하여 '연화장장엄세계해'(蓮華藏莊嚴世界海)를 현출(現出)한다. 그 세계를 중심으로 시방(十方)에 불(佛)의 세계가 나타나 각각의 불(佛)을 중심으로 수많은 보살들이 결가부좌하여 둘러싸고 있다. 이들 보살들은 체모의 구멍에서 무수한 빛을 발하며, 그 하나하나의 빛 안으로부터 또 무수한 보살들을 현출(現出)하고 있다. 이때 불(佛)은 이들 보살들에게 미간의 백호(白毫)에서 광명을 발하며, 그 빛은 모든 불국토를 비추어 보현보살을 현출하며, 그것을 대중에게 보이기를 마치고, 다시 불(佛)의 족하상륜(足下相輪) 안에 들어갔다. 그리고 불(佛)을 대신하여 설법하는 보현보살은 먼저 불(佛) 앞에서 연화장사자좌에 앉아서 노사나불의 본원력에 의하여 삼매에 들어간다. 이 삼매에서 나온 보현보살이 불(佛)의 세계를 설하기 시작한다.[15] 이처럼 『화엄경』의 주불인 비로자나불은 경 전체에서 상징적인 역할을 담당하고 있다.

'광명변조'(光明遍照)의 의미를 갖는 비로자나불은 지혜의 광명을 모든 존재에게 두루 비추며, 이로 인해 존재의 진실한 모양이 그대로 비추어져 나오게 된다. 마치 거울의 때가 없어진다면 거울은 모든 것을 그대로 비추는 것처럼, 번뇌가 사라지면 진실한 지혜가 저절로 드러나게 된다. 아울러 이 지혜는 아는 것[주관]과 알게 되는 것[객관]의 구별이 없으며, 일체불이(一體不二)이기 때문에 지혜에 의해서 알게 되는 세계의 모든 것도 아는 지혜에 포함된다고 할 수 있다. 이러한 입장에서 본다면 일월성신(日月星辰)·산천초목(山川草木) 어떠한 것도 불(佛)이 아닌 것이 없다. 그렇기 때문에 『화엄경』에는 비로자나불뿐만 아니라 여러 종류의 불신(佛身)이 등장하고 있으며,[16] 이 가운데 십불(十佛)과 십신(十身)이 중심을 이룬다. 「십지품」에는 중생신(衆生身), 국토신(國土身), 업보신(業報身), 성문신(聲聞身), 연각신(緣覺身), 보살신(菩薩身), 여래신(如來身), 지신(智身), 법신(法身), 허공신(虛空身)의 십신(十身)이 등장하고 있다.[17] 「이세간품」에는 무착불(無著佛), 원불(願佛), 업보불(業報佛), 지불(持佛), 열반불(涅槃佛), 법계불(法界佛), 심불(心佛), 삼매불(三昧佛), 성불(性佛), 여의불(如意佛)의 십불(十佛)이 등장한다.[18] 이와 같이 『화엄경』에는 석가모니불·노사나불과 동체로서의 비로자나불만이 출현하는 것이 아니라 십불(十佛) 또는 십신(十身)으로도 나타난다.

화엄종의 제2조인 지엄(智儼)은 『화엄경』의 십신(十身)과 십불(十佛)에 근거하여 행경십불(行境十佛)·해경십불(解境十佛)이라는 이종십불설(二種十佛說)을 확립한다.[19] 「십지품」의 십신(十身)은 깨달아 이해하는 경계인 해경(解境)의 십불(十佛)이다. 즉 중생신(衆生身)·국토신(國土身)·업보신(業報身)은 미혹의 세계를, 성문신(聲聞身)·연각신(緣覺身)·보살신(菩薩身)·여래신(如來身)·지신(智身)·법신(法身)은 깨달음의 세계를, 허공신(虛空身)은 미혹과 깨달음이 본래 무애자재함을 나타낸 것으로 볼 수 있다. 「이세간품」의 십불(十佛)은 응화하여 나타나는 경계인 행경(行境)의 십불(十佛)이다. 이러한 지엄의 이종십불설(二種十佛說) 가운데 해경(解境)의 십불(十佛)은 화엄종의 제3조인 법장(法藏)에게로 전승되었으며, 실천적 성격을 강하게 띤 행경(行境)의 십불(十佛)은 해동화엄의 초조인 의상(義湘)에게로 전승되어 진면목이 드러나게 된다.[20] 의상은 『화엄경』의 한 구절·한 글자가 모두 불(佛)이라고 설하고 있으며, 구래불(舊來佛)은 바로 법신(法身)이며, 이 법신은 곧 움직이지 않는 [不動] 우리의 몸과 마음 또는 오척법성(五尺法性)으로 표현하고 있다.[21] 다시 말해 십불(十佛)의 세계를 구래성불(舊來成佛)의 성기(性起) 세계로 나타내고 있다.

화엄교학에서는 십신(十身)과 십불(十佛)을 일불(一佛)에 통일시키고, 십신 구족(十身具足) 또는 십신무애(十身無碍)의 비로자나불로 부르고 있다. 여기서 십(十)은 단순히 열이 아니라 무한의 의미를 가진다. 화엄의 사유에서 본다면 천지만물은 한가지인 불(佛)이 되지 않으면 안 되는 것이다. 즉 깨달은 입장으로부터 보면 이 현실 세계가 곧바로 비로자나불의 모습이지만, 이는 동시에 모든 것이 당연히 있어야 할 본래 모습으로부터 생겨난 것이다.

이런 측면에서 보면 『화엄경』의 비로자나불을 범신론으로 오해할 수도 있겠지만, 앞에서 살펴보았듯이 비로자나불은 법신불(法身佛)로서 시방편만불이다. 그렇기 때문에 비로자나법신불은 특정한 시간과 공간에 특정한 절대적 모습을 갖춘 유일한 존재가 아니라 전체이면서 동시에 낱낱인 개별이다. 따라서 융삼세간(融三世間)의 모든 존재들은 다름 아닌 비로자나법신불의 현현인 것이다. 비로자나법신불은 이 사바세계에 다양한 모습으로 현현하여 모든 중생들을 구제하는 동시에 비로자나법신불의 세계는 석가모니불의 교설에 의해 드러난다.

4. 비로자나불의 세계와 하느님 나라

불교와 그리스도교의 교리상의 큰 차이점 가운데 하나로 꼽을 수 있는 것이 우주관에 대한 이해일 것이다. 불교에서는 우주의 진화에도 원인이 있다고 여기는데, 헤아릴 수 없이 무한히 많은 중생들의 잠재적인 업보가 모여서 집단적으로 이 전체 우주를 창조했다고 설명한다. 우리가 살고 있는 우주는 우리 자신의 욕망과 행위에 의해 창조되었다는 설명이다. 윤회에서 겪는 여러 가지 고통들은 욕계(欲界)·색계(色界)·무색계(無色界)라는 세 가지 영역[三界] 속에 있다. 의식이 어느 정도로 개념적인 사고를 하는가에 따라 세 단계로 구분되는데, 의식의 세 단계에 따라 각각 욕계와 색계와 무색계에 태어난다. 무색계에 태어나는 것은 가장 미세한 단계의 선정(禪定)에 도달한 결과이고, 색계에 태어나는 것은 그보다 덜 미세한 선정에 도달한 결과이고, 우리가 사는 영역인 욕계에 태어나는 것은 그런 선정에 도달하지 못한 낮은 단계의 의식을 가진 결과이다. 욕계는 지옥, 아귀, 축생, 인간, 아수라, 천(天)으로 분류된다. 마지막의 천(天)은 사왕천, 도리천, 야마천, 도솔천, 화락천, 타화천으로 나뉘는데, 6욕천(欲天)이라고 불린다. 이러한 불교의 세계관은 『화엄경』의 조직과도 연결되고 있다.

'60화엄'은 7처 8회로 조직되어 있는데, 이는 일곱 곳에서 여덟 번의 법회가 있었다는 의미이다. 일곱 곳은 적멸도량(寂滅道場), 보광법당(普光法堂), 도리천궁(忉利天宮), 야마천궁(夜摩天宮), 도솔천궁(兜率天宮), 타화자재천궁(他化自在天宮), 급고독원(給孤獨園)이다. 이 가운데 보광법당에서는 제2회와 제7회의 두 번에 걸쳐 법을 설했으므로 여덟 번의 법회가 된다.

제1회의 적멸도량은 석가모니가 성도하였다고 전해지는 마가다국 부다가야의 보리수 아래를 가리키는 것이다. 제2회와 제7회의 보광법당은 깨달음의 장소가 그대로 모든 살아 있는 것들을 구제할 공간으로 전개되는 것을 한없이 비추는 빛에 빗대어 표현한 것이다. 마지막의 급고독원은 급고독 장자가 기부했다고 하는 코살라국 제타림 승방을 이상화한 것이다. 이 세 곳은 붓다의 전기에 근거하여 지상에 설정된 것으로 보인다.[22] 나머지 네 곳인 도리천궁, 야마천궁, 도솔천궁, 타화자재천궁은 6욕천에 해당한다. 이러한 『화엄경』의 조직은 경 전체의 내용이 선정과 깊은 관련을 갖고 있음을 시사한다.

또한 『화엄경』의 「화장세계품」에서는 비로자나불의 세계인 연화장세계에 대해 상세하게 묘사하고 있다. 이 세계는 노사나불의 서원과 수행에 의해 현출(現出)된 세계로서 이상적으로 생각된 청정한 경계이다. 즉 세계의 맨 밑에는 풍륜(風輪)이 있고, 그 위에 향수해(香水海)가 있다. 이 향수(香水)의 바다 속에 한 큰 연꽃이 있는데, 이 연꽃 속에 함장(含藏)되어 있는 세계가 있다. 이것을 연화장세계라고 한다. 미진수(微塵數)의 많은 세계가 20중(重)으로 중첩된 중앙세계를 중심으로 110개의 세계가 있고 그물처럼 엮어진 세계망(世界網)이 구성되어 있으며, 그 가운데에 불(佛)이 출현하여 중생들 속에 충만해 있다는 것이다.[23]

대승불교에서는 연화장세계 이외에도 아미타불의 서방 불국토, 아촉불의 동방 불국토, 미륵의 도솔천과 용화세계, 관음보살의 불국토 등이 등장한다. 이러한 국토는 정토(淨土)로 지칭되는 곳으로 보신불이 머무는 곳이다. 일반적으로 세계는 시방삼세(十方三世)라고도 표현되듯이 시간[世]과 공간[界]이 교차하는 영역[間]을 말한다. 국토와 세계에 철학적인 의미를 부여한다면 특정한 질서 내지는 정신이 지배하는 영역으로도 볼 수 있을 것이다. 이런 의미에서 본다면 불국토와 용화세계 내지는 연화장세계는 붓다의 영역이라고 할 수 있으며, 하느님 나라는 하느님의 영역이라고 할 수 있을 것이다.

화엄불교에서 세계는 단순히 어느 시점에서 시작해서 어느 시점에서 끝나지 않으며, 또 어느 특정한 제약 속의 공간으로만 보지 않는다. 법계라는 말은 구성원 또는 구성 부분 하나하나를 의미하는 동시에 그 부분들이 구성하는 전체를 의미하기도 하고, 또 그 전체적 구성을 통일적·유기적인 것으로 만드는 근본 생명력을 의미하기도 한다. 그런 의미에서 법계라는 말은 법신(法身) 또는 일심(一心)의 동의어가 되기도 한다. 이런 측면에서 법계무애연기(法界無碍緣起)는 여래의 모습이라고 볼 수 있다. 법계를 이(理)적인 측면으로 해석하면 그 궁극적 경지로 표현되지만, 사(事)적인 측면으로 해석하면 우주간의 삼라만상, 인간과 기타 모든 중생을 포함한, 그 구체적인 하나하나의 사(事)들이 마땅히 있어야 하는 본연의 모습을 가진 경지로서 표현된다.[24]

지금까지 살펴보았듯이, 비로자나법신불의 세계는 좁은 의미에서는 화엄정토인 연화장세계를 지칭하지만, 궁극적으로는 성기(性起)의 세계라고 할 수 있다. 모든 존재가 비로자나불의 현현 아님이 없듯이, 화엄세계는 그 자체가 비로자나불의 현현이다. 다시 말해 『화엄경』에서는 모든 존재가 불(佛)의 가능성을 지닌 것이 아니라 이미 불(佛)임을 강조하고 있다. 그렇기 때문에 화엄세계는 지금 바로 여기에 구현된 것이다.

그렇다면 화엄세계에 대응되는 곳으로 간주되는 하느님 나라는 어떤 곳인가? 이 하느님 나라의 성격에 대해 김진은 칸트 철학으로 제시하고 있다. 칸트 철학에서 하느님 나라는 도덕적 수행을 의미 있게 할 수 있는 실천이성의 요청으로서, 우리가 도덕적 행위를 하는 경우에 그에 부합되는 행복을 보증해 줄 수 있는 전지전능하고 전선하신 하느님의 존재와 그가 다스리는 나라에 대한 논의를 내용으로 하고 있다. 칸트는 우리가 이 땅 위에서 하느님 나라를 건설하고 그것을 무한하게 확장하려고 노력해야 함을 역설하고 있다. 그렇지만 하느님 나라는 인간의 노력만으로 실현 불가능하며, 온전하신 하느님의 은총 판단으로 우리를 정당화해 주어야만 성취할 수 있게 된다. 따라서 칸트 철학에서 최고선과 요청으로서의 '하느님의 나라'는 윤리적 공동체로 실현될 수 있다.[25] 또한 멘슁은 신학적 의미에서 하느님 나라는 현세의 모든 차안적인 것에 대립되는 놀라운 것이며, 우주적인 파국이며 하느님의 통치와 그의 통치의 영역으로 제시하고 있다.[26] 이런 측면에서 본다면 하느님 나라는 비로자나불의 세계와 성격이 다르다고 할 수 있을 것이다.

5. 나가며

수많은 종교에서는 신자들에게 종교적 이상에 대한 확고한 믿음과 끊임없는 실천을 요구하고 있다. 불교와 그리스도교에서도 종교적 이상이 실현된 상태인 '부처님의 세계'와 '하느님 나라'를 제시하고 있으며, 이러한 세계를 현실화하려고 끊임없이 노력하고 있다. 부처님의 세계 가운데 화엄세계가 가지는 특징은 이미 살펴보았듯이, 존재 그 자체가 이미 불(佛)이라는 인식에 있다. 왜냐하면 붓다의 속성인 지혜가 이미 중생 속에 현전해 있다고 보기 때문이다. 이러한 화엄적 해석은 생소한 용어나 광범위한 스케일로 인해 제대로 이해되지 못한 측면이 없지 않다. 대승불교에서 전개된 불신론과 연관해서 화엄세계의 비로자나불에 대해 이해하지 않는다면, 본질을 왜곡하는 결과로 이어질 것이다. 틱낫한 스님의 표현을 빌리면, 화엄세계는 우주에 있는 온갖 것들이 어울려 있는 상태라고 할 수 있다. 다시 말해 이질적인 요소를 배제한 어울림이 아니라 있는 그대로의 모습으로 조화롭게 '어울려 있음'(interbeing)이다.[27]

그렇기 때문에 비로자나불과 하느님은 그 표현과 내용이 다소 상이하게 느껴질지라도, 그 자체로 의미를 지니고 있으므로 조화롭게 공존할 수 있어야 한다. 비 개인 뒤 하늘에 보이는 일곱 빛깔의 무지개가 아름다운 것은 일곱 빛깔이 제 나름대로의 색을 드러내면서도 하나의 무지개를 이루고 있기 때문일 것이다. 만약 일곱 가지 색을 하나의 색으로 만들기 위해 섞어 버린다면 아무도 그것을 아름답다고 하지 않을 것이다. 우리는 은연중에 전체로서의 하나를 추구하는 경향을 가지고 있는데, 조화로운 하나가 되어야만 우리가 추구하는 이상향에 도달할 수 있을 것이다. 어느 종교이든지 종교 본연의 모습에 충실하다면, 종교적 이상향은 어떤 형태로 표현하든 누구나 꿈꾸고 실현할 수 있는 세계이어야 할 것이다.

기독교와 불교의 종말신앙에 관한 유형학적 연구

류장현 | 한신대학교 신학과

기독교와 불교의 종말신앙은 논리적 · 구조적 유사성이 있다. 두 종말신앙의 핵심은 구세주인 예수와 미륵불이 출현하여 이 세상을 천년왕국과 용화세계로 만드는 지상천국신앙이다. 그것도 현실의 억압과 고통이 극에 이르는 지금 당장에 구세주가 출현하기를 갈망하는 현재적 성격이 강하다. 그러나 두 종말신앙은 휴거와 상생의 대상과 조건에서 형식적 차이가 있으며 특히 구세주의 인격화에서 현격한 차이가 있다. 기독교는 예수만이 메시아라는 메시아의 유일회성 때문에 자칭 메시아를 이단으로 정죄하지만 불교에서는 현신성불사상에 근거해서 모든 중생이 미륵이 될 수 있다고 주장한다. 또한 두 종말신앙은 사회 모순이 극대화되고 전쟁과 가난과 기아 등으로 사회 불안이 고조되는 혼란기에 더욱 강하게 나타났다. 억눌리고 고통당하는 민중은 실제로 자신들의 한이 신원될 뿐만 아니라 더 이상 고통이 없는 새로운 사회가 이 세상에서 실현되는 꿈을 꾸었다. 이러한 민중의 희망은 현세적 지상천국신앙으로 발전하여 현실의 모순을 극복하는 민중 해방운동으로 나타났다.

기독교와 불교의 종말신앙에 관한 유형학적 연구

1. 연구 목적과 방법

이 논문은 한국 사회에서 종교적·사회적으로 큰 영향력을 가지고 있는 기독교와 불교의 실천적 대화와 협력을 위하여 두 종교의 종말신앙에 대한 유형학적 관계성을 밝히는 데 목적이 있다. 유형학적 연구란 개별적으로 드러나는 다양한 현상들과 특징들을 상호 비교하여 그 관계성을 역동적으로 파악하는 것이다.[1] 필자는 이러한 유형학적 방법을 통해서 두 종교의 종말신앙이 가지고 있는 구세주 신앙과 지상천국신앙을 비교할 것이다. 물론 종말신앙이라는 말은 불교의 신앙 전통에서는 낯선 용어이지만 미륵신앙이 구원의 메시지를 선포하는 불교적 메시아주의이며 용화세계(龍華世界)가 지상천국의 도래를 희망하는 불교적 천년왕국사상이라고 할 때[2] 메시아와 미륵을 대망하는 구세주 신앙 및 천년왕국과 용화세상을 열

망하는 지상천국신앙은 두 종교가 가지고 있는 종말신앙의 핵심적인 내용
이라고 할 수 있다.

> 미륵신앙의 가장 큰 특징은 무엇보다도 당래불 사상과 지상천국 사상이
> 다. 이 사상이 바로 미륵신앙으로 하여금 불교적 메시아 사상 또는 불교적
> 천년왕국사상으로 불리게 해 줄 수 있는 요소로서 다른 불교신앙에는 없
> 는 미륵신앙 특유의 사상이라고 할 수 있다. 또한 미륵신앙 중에서도 미륵
> 하생 신앙이 바로 이러한 사상이다.[3]

그러나 두 종말신앙을 유형학적으로 비교하는 일은 매우 어려운 작업
이다. 두 종교는 궁극적 실재에 대한 종교적 체험과 그 언표가 다를 뿐만
아니라 전통적인 기독교에서는 예수의 재림(再臨)과 천년왕국을 부정하고
예수의 도래(παρουσία)와 무천년설(無千年說)을 주장하기 때문이다. 따라서
불교의 종말신앙에 가장 상응하는 기독교의 종말신앙은 세대주의 종말론
의 예수재림신앙과 천년왕국설이다. 이 논문에서는 세대주의 종말론에
대한 신학적 비판은 생략하고[4] 단지 그 신학적 의미를 재해석하면서 종말
론적 구조를 불교의 종말신앙과 비교할 것이다.

2. 두 종말신앙의 내용

1) 메시아 신앙

종말론은 일반적으로 세상의 '마지막 일들에 관한 가르침' (Lehre von der
letzten Dingen)으로 이해되어 역사의 마지막에 일어날 초자연적 사건들에 관
해 서술하는 말세론과 혼동되어 왔다.[5] 종말론은 하나님 나라가 무엇이며

어떻게 도래하는지를 서술하는 신학의 한 이론이다. 그것은 말세론과는 달리 역사의 마지막이 아니라 지금 여기서 일어나는 역사적 사건에 주목한다. 그러므로 예수는 제자들에게 "뜻이 하늘에서 이루어진 것같이 땅에서도 이루어지게 하시옵소서."라는 기도를 가르쳤으며(마6:10) 각종 질병으로 고통당하는 민중을 치유하였을 뿐만 아니라(마9:35) 비유들을 통해서 하나님 나라의 현존과 도래를 준비하는 삶을 강조하였다.(마25:1-13) 이렇게 종말론은 현재 이 세상에서 일어나는 역사적 사건들에 깊은 관심을 가지면서 고통당하는 사람들에게 용기를 가지고 주체적인 존재로 살도록 삶의 변화를 추구한다.

이러한 종말론의 중심에 가난한 사람들을 옹호하고 비천한 사람들에게 애정을 베풀며 압제당하는 사람들을 해방시키는(사9:2-7, 시72:4) 메시아(희랍어: 그리스도)의 통치를 희망하는 메시아 신앙이 있다.[6] 그것은 추상적인 관념적 신앙이 아니라 노예, 간힌 사람, 착취당하는 사람과 압제 받는 사람에게 민족적 자존심과 인간적 존엄성을 지켜 주는 역사적 실재였다.[7] 다시 말해서 메시아 신앙은 정치 사회적 위기 상황에서 고통당하는 민중의 생존에 관련된 신학적 해석이다.[8] 쿨만(O. Cullmann)에 의하면 초기 유대적 메시아 신앙은 첫째, 메시아의 책무는 지상적 배경에서 성취된다, 둘째, 메시아는 종말의 때와 관련이 있다. 그의 출현은 종말의 때이다. 이 시간적 고려가 메시아와 예언자를 구별한다, 셋째, 메시아 사역은 이스라엘의 정치적 왕의 사명이다. 그는 유대인의 민족적 왕이다, 넷째, 그는 다윗의 후손이다(칭호: "다윗의 자손")라는 특징을 가지고 있다.[9] 이렇게 메시아는 신적 존재가 아니라 지상의 정치적 왕을 의미하였다.[10] 그러나 정치적 메시아 신앙은 앗수르의 통치로 다윗 왕국이 영원할 것이라는 하나님의 약속이 실현되지 않았을 때 메시아를 종말론적 인물로 이해하는 종말론적 메시아 신앙으로 발전하였다.(삼하7:14-17, 시89:3)[11] 그리고 종말론적 메시아의 출현은 옛 세대(先天)가 가고 새 세대(後天)가 도래하는 새로운 역사의 시작이라고 생각하였다.

그러나 예수의 제자들이 부활 체험(눅24:13-35, 행9:1-18)을 통해서 역사적 실존 인물인 예수를 구약성서의 메시아 대망 혹은 계약의 성취로 이해하는 과정에서 초기 유대인의 정치적 메시아상은 복음서에서 퇴색되거나 종말의 때에 오는 인자로 대치되었으며, 심지어 메시아와 인자를 대립시켜 의도적으로 정치적 메시아를 부정하고 고난의 종으로 이해하기도 하였다.[12] 여하튼 예수의 제자들은 역사적 예수를 메시아와 일치시켰고 "주는 그리스도시요 살아 계신 하나님의 아들이시니이다."(마16:16)라는 고백이 기독교의 토대가 되었다. 그 후 기독교의 메시아 신앙은 현재 부활하여 하나님 우편에 계신 예수의 재림에 대한 희망이 되었다. 그러나 민중은 삶의 고통이 가중되고 구원이 먼 미래의 일이 되었을 때 지금 당장 자신들을 구원해 줄 메시아의 재림과 함께 지상천국인 천년왕국이 시작된다는 신앙을 가지게 되었다. 이러한 종말신앙은 역사적 발전 과정을 거쳐 세대주의 종말론자들에 의해 체계적으로 이론화되었다. 세대주의 종말론은 BC 2세기경 페르시아의 묵시사상의 영향을 받았으며 죤 넬슨 다비(J.N. Darby)에 의해 신학적으로 체계화되었다.[13] 그것은 예수의 재림 시기에 따라서 다양한 견해가 있지만 한국 교회는 일반적으로 전천년설(前千年說)을 주장하기 때문에 그 내용을 요약하면 다음과 같다.

인류의 역사는 6천년이다. 양심의 시대(2천년: 창조~아브라함)와 율법의 시대(2천년: 아브라함~예수 그리스도)와 은혜(혹은 교회)의 시대(2천년: 예수 그리스도~천년왕국 이전)를 지나면 7년 대환란이 있다.[14] 그때 기독교인들은 부활한 성도들과 함께 모두 환란을 당하지 않고 휴거한다. 휴거한 사람들은 공중재림하는 예수와 함께 있다가 7년 대환란이 끝난 후 지상재림하는 예수와 함께 이 세상으로 내려와 천년왕국에서 왕 노릇을 한다. 천년이 지나면 사탄이 석방되어 세상은 더욱 악해지고, 사탄과 성도들의 최후의 싸움이 있다. 사탄은 하늘불로 소멸하여 무저갱에 떨어지고, 그 후에 악한 사람들의 부활과 최후의 심판이 있으며 악한 사람들은 영벌을 받고 선한 사람들은 하나님 나라에서 영생을 얻는다.

이러한 전천년설은 불교적으로 표현하면 예수가 공중재림하는 곳으로 휴거한다는 상생신앙과 예수의 지상재림과 함께 이 세상에 천년왕국이 건설된다는 하생신앙의 종합이다. 그것은 민중이 고통의 현실을 극복하는 두 가지 방법, 곧 수동적인 현실도피와 적극적인 현실 변혁의 반영이다. 물론 전천년설의 핵심은 예수의 지상 재림과 함께 이 세상에 천년왕국이 건설된다는 하생신앙이다. 그것은 민중이 꿈꾼 새로운 세상으로써 불의한 현실을 타파하는 사회변혁의 원동력으로 작용하였다. 서남동은 기독교사에 나타난 종말론적 희망을 분석하면서 '궁극적인 역사의 종말' 인 죽어서 가는 하나님 나라와, 하나님의 정의가 이 지상에서 이루어져야 한다는 '준궁극적인 역사 안에서 종말' 인 천년왕국을 구별하고 기독교 본래의 종말신앙이 천년왕국이며 그것을 탈역사화한 것이 하나님 나라라고 주장한다.[15] 다시 말해서 성서가 말하는 본래의 하나님 나라는 이 세상과 분리된 초월적 세계가 아니라 하나님에 의해서 '해방된 세상' 을 의미한다는 것이다.[16] 이러한 초월적인 하나님 나라와 천년왕국의 대립 구조는 죽어서 극락왕생하는 서방정토사상(西方淨土思想)과 현신성불(現身成佛)을 통해서 이루는 현실불국정토사상(現實佛國淨土思想)과의 대립 구조와 유사성이 있다.[17]

2) 미륵신앙

미륵신앙은 석가모니 부처가 입멸한 후 약 20년간 유행하다 300~500년 경에 인도에서 발생하기 시작하였고, 기원 후 2~3세기경에 유식법상학을 근간으로 대승 수행자들에 의하여 크게 성행하였다. 미륵신앙은 미륵(산스크리트어 Maitreya, 팔리어 Metteya, 중국어 慈氏, 慈尊)이라는 이름이[18] 초기 경전인 「증일아함경」(增一阿含經)에 기록되어 있는 것을 볼 때 초기 불교신앙임을 알 수 있다. 미륵신앙을 기록한 경전으로는 미륵삼부경(彌勒三部經)과 미륵 육부경(彌勒六部經)이 있다. 미륵삼부경은 불설관미륵보살상생도솔천경(佛說觀彌勒菩薩上生兜率天經), 불설미륵하생경(佛說彌勒下生經), 불설미륵대성불경(佛說彌勒大成佛經)이며 미륵육부경은 한역경전(漢譯經典)으로 구마라집(鳩摩羅什)이 번역한 미륵하생경(彌勒下生經), 미륵래시경(彌勒來時經), 미륵하생성불 경(彌勒下生成佛經)과 의정(義淨)이 번역한 미륵대성불경(彌勒大成佛經), 미륵상 생경(彌勒上生經), 미륵하생성불경(彌勒下生成佛經)의 여섯이다. 경전의 성립시 기는 상생경에서 하생경을 인용하고 있기 때문에 상생경이 하생경보다 뒤에 성립되었다. 다시 말해서, 미래의 용화삼회에 참석하여 구원을 바라는 하생신앙이 먼저 성립되었으나 먼 미래에 구원을 기다릴 수 없게 되자 죽은 후에 미륵이 설법하고 있는 도솔천에 왕생하겠다는 희망이 상생신앙으로 발전하고 이에 따라서 상생경이 성립되었다.[19]

이러한 미륵신앙에는 크게 두 종류가 있다. 미륵이 현재 머물고 있는 도솔천(兜率天)에 태어나기를 바라는 상생신앙(上生信仰)과 미래에 인간 세계에 태어나 중생을 교화할 미륵불의 구원을 갈망하는 하생신앙(下生信仰)이다. 미륵상생신앙과 미륵하생신앙은 때를 따라 교차하면서 나타난다. 미륵상 생신앙은 주로 사회가 안정되었을 때에 나타났고 미륵하생신앙은 사회가 불안하여 인심이 소란해졌을 때, 곧 말법의 시대에 등장하였다.[20] 이러한 미륵신앙의 내용을 요약하면 다음과 같다.

> 미륵은 인도의 브라만 집안에서 태어났으며 속명(俗名)은 아일다(Ajita)이
> 다. 그는 석가모니의 제자가 되어 가르침을 받다가 미래에 성불하리라는
> 수기(受記)를 받고 12년이 지난 뒤에 입멸하여 천상의 70여 하늘 중 욕계의
> 천상 6천 중 4천 도솔천에 올라가[21] 일생보처보살(一生補處菩薩)로서 도솔
> 천에서 보시바라밀을 닦은 5백만억 천인(天人)들을 교화하다가 석가모니
> 부처가 입멸한 후 56억 7천만 년이 지나 인간의 수명이 8만 4천 세가 될 때
> 이상적인 국왕인 전륜성왕(轉輪聖王)이 다스리는 사바세계로 미륵불의 이
> 름으로 하생하여 출가해 화림원(華林園)의 용화수(龍華樹) 아래에서 깨달음
> 을 얻은 후 부처가 되어 용화삼회(龍華三會) 설법으로[22] 중생을 구제하고
> 지상낙원인 용화세계(龍華世界)를 건설한다.[23]

이러한 미륵신앙은 이 세상에 미륵불이라는 메시아가 나타나 지상천국
인 용화세계를 건설한다는 것이 핵심 사상이다. 그것은 아미타 신앙과 구
별된다. 아미타 신앙이 서방정토 극락세계를 바라보는 타력적인 현실도
피적 내세신앙인데 반하여 미륵신앙은 지상정토 용화세계를 희망하는 자
력적인 주체적 현세신앙이다.[24] 한국의 미륵신앙은 석가의 세계(선천 세계)
가 말세와 함께 끝나면 미륵세계(후천세계)가 도래한다는 새로운 세계에 대
한 희망을 가지고 있다. 그것은 하품하기(下品下機)의 사람들, 곧 학대받는
가난한 민중이 꿈꾸는 새로운 세계로서 한국 역사에서 사회적 모순과 억
압을 타파하려는 민중의 혁명 이념으로 작용하여 왔다.[25] 이러한 한국미
륵신앙의 특징은 ① 당래불사상(當來佛思想), ② 지상천국사상(地上天國思想),
③ 말세중생귀의처사상(末世衆生歸依處思想), ④ 평화사상(平和思想), ⑤ 십선공

덕사상(十善功德思想), ⑥ 도솔천왕생사상(兜率天往生思想), ⑦ 멸죄성복사상(滅罪成福思想)이다. 이 가운데 도솔천왕생사상은 아미타불의 극락왕생사상과 비슷하고, 멸죄성복사상은 다른 불보살사상(아미타불, 관세음보살, 지장보살 신앙)에서도 볼 수 있다.[26] 따라서 ①~⑤가 다른 불교 사상에서는 볼 수 없는 미륵신앙의 고유한 특징으로써 기독교의 메시아 신앙과 유형학적 유사성이 있다.[27] 그것을 도표로 만들면 다음과 같다.

예수의 공중재림 도솔천		예수의 지상재림 미륵의 하생		사탄의 잠시 놓임	곡과 마곡의 전쟁	불의 심판	하나님 나라
환란전 휴거 상생	7년 대환란	예수의 지상재림 미륵의 하생	천년왕국	사탄의 잠시 놓임	곡과 마곡의 전쟁	불의 심판	하나님 나라
	말법시대 56억7천만년		용화세계				서방정토

3. 공중재림과 상생신앙

1) 휴거와 상생

세대주의 종말론은 예수의 공중재림(空中再臨)과 기독교인들의 휴거(休居)를 주장한다. 예수는 7년 대환란이 있기 전에 공중재림하며 그때 기독교인들은 부활한 죽은 성도들과 함께 환란을 당하지 않고 휴거한다. 그들은 공중재림하는 예수와 함께 있다가 환란이 끝난 후 예수와 함께 다시 지상으로 내려와 천년왕국에서 왕 노릇 하다가 영원한 하나님 나라에 들어간다.[28] 휴거설은 휴거의 시기와 관련해서 환란 전 휴거설, 환란 후 휴거설,[29] 환란 중간 휴거설로[30] 구분되며 또한 휴거 대상과 관련해서 모든 기독교인들이 휴거한다는 전체 휴거설과 휴거가 될 수 있을 만큼 영적인 성장을 한 기독교인들만이 휴거한다는 부분적 휴거설이 있다. 이러한 휴거는 세대주의 종말론자들의 주장처럼 기독교인들이 살아 있는 육체의 모습으로 공중으로 올라가는 것을 의미하지 않는다. 휴거의 성서적 전거가 되는 데살로니가 전서 4장 14-17절은 하나님의 역사 개입과 역동적 승리를 통해서 고난 중에 있는 성도들을 위로하고 부활에 대한 확신을 주기 위한 것이다. 즉 억울하게 죽은 한 맺힌 사람들이 신원되고 지금 고통을 당하는 사람들이 해방된다는 사실을 역동적으로 서술한 것이다.

휴거신앙은 민중의 고통이 더욱 심화되고 구원이 먼 미래적 사건으로 남아 있는 절망의 상황에서 좌절감에 빠진 민중이 7년 대환란으로 상징되는 고통의 현실을 벗어나 예수가 공중재림하는 곳으로 왕생하기를 원하는 신앙이다. 그것은 민중이 가혹한 고난의 현실을 자신들의 힘으로 극복할 수 없을 때 꿈꾸었던 종말론적 희망이었다. 따라서 휴거신앙은 고통의 현실이 하나님의 개입과 승리로 끝나고 이 지상에 천년왕국이 건설된다는 예수의 지상재림 신앙의 현세적 신앙과는 달리 고통의 현실을 도피하려는 타계적인 신앙의 성격이 강하다. 그것은 이스라엘 민족의 회복과 정치적 평화를 추구하는 예언자적 종말론이기보다는 경건한 개인(Hasidim)의 부활에 집중하는 묵시문학적 종말론에 가깝다.

이러한 예수의 공중재림과 휴거신앙에 상응하는 불교의 종말신앙은 미륵상생신앙이다. 그것은 도솔천 왕생신앙이라고도 하는데 도솔천경(兜率天經) 혹은 상생경(上生經)으로 불리는 「불설관미륵보살상생도솔천경」에 서술되어 있다. 석가모니 부처의 제자였던 미륵이 죽은 후 상생하여 모든 천인(天人)들을 교화하고 있는 도솔천으로 상생하기를 기원하는 신앙이다. 인간은 미륵이 하생하여 행하는 삼회설법을 생존에는 듣기 어려우므로, 죽은 후 도솔천에 올라가 그곳에서 미륵과 함께 56억 7천 년을 지내다가 미륵이 하생할 때 함께 지상으로 돌아와 삼회 중 초회(初會)의 설법을 듣기를 원한다. 즉 미륵상생신앙은 언제 올지 모르는 구원을 막연히 기다리는 것이 아니라 적극적으로 도솔천에 왕생하여 미륵불을 만나 구원을 받기 원하는 민중의 염원이다.[31] 도솔천에 상생하기 위해서는 십선(十善)을 행하고 계율을 지키는 등 많은 수행을 닦아야 하지만, 범부(凡夫)들은 미륵불을 생각하거나 미륵의 이름을 듣고 공경하기만 해도 96억 겁 동안 지은 생사(生死)의 죄업을 소멸시키고 도솔천에 상생할 수 있다.

이러한 미륵상생신앙은 현재의 부귀영화를 이어 가거나 혹은 현재의 고통이 단절되는 죽은 뒤에 서방정토에 극락왕생하겠다는 몰역사적인 성격이 강하다. 그것은 미륵신앙의 본질이 아니다. 미륵신앙의 핵심이 미륵하생을 기다려 용화삼회에 참여하여 모든 중생이 구원을 받는 데 있기 때문에 상생신앙은 용법삼회에 참여하기 위한 과도적 현상에 불과하다.[32]

2) 휴거와 상생의 조건

휴거신앙과 미륵상생신앙은 논리적·구조적 유사성이 있다. 두 구세주는 일정한 시간 동안(7년 혹은 56억 7천만년) 특정한 사람들(휴거한 사람 혹은 도솔천에 왕생한 사람)과 함께 일정한 장소(공중 혹은 도솔천)에 있다가 지상으로 내려온다(지상재림 혹은 미륵하생). 그러나 두 종말신앙은 휴거와 상생의 대상과 조건에서 형식적 차이가 있다. 두 종말신앙이 죽은 사람들의 휴거와 상생을 주장하지만 휴거신앙에서는 살아 있는 기독교인들의 휴거를 강조한다. 그들은 이 세상에서 일어나는 7년 대환란을 겪지 않고 살아서 휴거한다. 그 조건은 휴거신앙에서는 오직 믿음이며 미륵상생신앙에서는 계율 수행이다. 미륵상생신앙은 말법 시대의 중생들이 상생하려면 미륵을 의지하고 인간으로서 기본적으로 행하여야 할 윤리적 덕목인 십선계(十善戒)와 자리이타 육바라밀(自利利他 六波羅密)을 수행해야 한다.

십선계는 ① 생명을 존귀히 하라(不殺生) ② 훔치지 말라(不偸盜) ③ 사음하지 말라(不邪淫) ④ 허망한 말을 하지 말라(不妄語) ⑤ 이간질 하지 말라(不兩舌) ⑥ 악한 말 하지 말라(不惡口) ⑦ 꾸밈말을 하지 말라(不綺語) ⑧ 탐하지 말라(不貪慾) ⑨ 분노하지 말라(不嗔恨) ⑩ 사견을 일으키지 말라(不邪見)이다. 그러나 일반인들은 계율의 수행이 어려우므로 미륵부처를 항상 염불공양하며 자리이타 육바라밀을 수행하면 상생할 수 있다.[33] 그러나 이러한 계율 수행이 절대 조건은 아니다. 일반 대중은 엄격한 계율 수행을 하는 일이 어려우므로 자신의 기호에 따라 한 가지만 수행해도 된다. 그 이유는 일체의 법이 불사가 아님이 없기 때문이다. 즉 수행 계위는 구별되지만 인과관계로 연결되어 있어 나눌 수 없으며 수행 계위의 구별은 어떤 입장에서 보느냐의 차이일 뿐 고정된 계위가 있는 것이 아니기 때문이다. 따라서 무기 스님은 "모든 수행자는 자신의 힘에 따라 한 가지를 좇아 공을 들여 물러남이 없도록 할 따름"이라고 강조하였다.[34]

그러나 세대주의 종말론자들은 오직 예수를 메시아로 고백하는 믿음을 통해서만 휴거될 수 있다고 말한다. 그들은 믿음과 행위를 분리하고 계율 수행을 공로주의로 비판하면서 행함을 배제한 예수에 대한 믿음(信心)이 휴거의 조건이라고 강조한다. 이러한 주장은 물론 전통신학의 입장은 아니다. 전통신학에서는 문자적 의미에서의 휴거를 믿지 않을 뿐만 아니라 인간의 구원이 행함을 배제한 믿음만으로 이루어진다고 주장하지 않는다. 믿음은 루터(M. Luther)의 말처럼 '사랑으로 행하는 믿음'이다. 믿음은 행함의 내적 근거요, 행함은 믿음의 외적 표현이다. 따라서 행함이 없는 믿음은 죽은 믿음이다(약2:14-26). 행함은 율법(十誡命)의 형식적 준수가 아니라 그 본질인 하나님 사랑과 이웃 사랑의 실천이며(막12:28-34), 본회퍼(D.

Bonhoeffer)의 말처럼 "타자를 위한 존재"(自利利他)로서의 삶이다.[35] 바로 여기서 두 종말신앙의 형식적 차이가 극복된다.

4. 지상재림과 하생신앙

1) 예수 재림과 미륵하생

미륵하생신앙에 상응하는 기독교 종말신앙은 예수의 지상재림신앙이다. 그것은 지상재림의 시기와 관련해서 환란 전 재림설과 환란 후 재림설로 구분된다. 전천년설은 예수의 재림이 육신의 모습으로 일어나며 눈으로 볼 수 있는 실제적인 사건이라고 주장한다.[36] 예수는 공중재림하여 기독교인들과 첫째 부활에 참여한 사람들과 함께 있다가 7년 대환란이 끝난 후 지상에 내려와서 천년 동안 통치한다. 이러한 세대주의자들의 주장은 헬라어 파루시아(παρουσία)를 '재림'으로 오역하였기 때문에 생긴 오해이다. 파루시아는 역사의 끝에 예수가 육체로 '다시' 온다는 재림(Wiederkunft)이 아니라 현현(Erscheinung), 도래(Ankunft), 강림(Adventus)과 현존(Gegenwart)으로 번역해야 하며, '다시' 오심이 아니라 '오심'(Zukommen)을 의미한다(마 24:32, 막13:22, 눅21:29-30).[37] 초대교회는 파루시아를 육체로 오실 예수에게 적용하지 않았으며 결코 재림의 의미로 사용하지 않았다.[38] 만일 예수가 역사의 끝에 다시 온다면 종말 이전의 역사적 사건은 예수의 도래와 무관하게 되어 불의한 세상에 대한 예수의 승리는 종말 이전에는 불가능하게 되고 예수의 도래는 미래적 종말 사건이 되어 하나님 나라의 도래는 말세적 기다림으로 변질된다.[39] 그것은 예수의 도래를 비역사화시키는 왜곡된 종말론적 기다림이다.

구름 위에 앉은 재림 예수를 보기 전에 가난한 자, 눌린 자 안에서 예수의 얼굴을 보지 못하고, 지옥 불의 뜨거운 열을 감지하기 전에 한 송이 꽃에서 하나님의 손길을 감지하지 못하면 종교는 광기로 변하고 신앙은 신화로 둔갑한다.[40]

진정한 의미에서 예수의 지상재림신앙은 구약성서의 하나님의 도래에 대한 표상과 깊이 연관되어 있다. 구약성서에서 '오시는 이'는 '하나님 자신'(사35:4, 40:3-5, 60:1ff, 시96:13, 98:9)이며, 하나님이 오시는 때는 '주의 날'(욜2:1, 2:11, 3:4, 암5:18)과 '해방의 날'(사63:4)로 선포된다. 그날은 하나님의 정의가 나타나 그의 백성을 괴롭히는 민족들에게 의로운 심판을 하는 날이다.[41] 바울은 '오시는 이'를 예수에게 적용하였고, '주의 날'을 '그리스도의 날'과 일치시켰다.(고전1:8, 5:5, 고후 1:14, 빌1:6, 2:16, 살전5:2) 따라서 예수의 지상재림의 날은 '낡은 세상의 종말과 새 역사의 시작을 동시에 포태한 시점', 곧 선천과 후천을 분리하는 기점이다. 그것은 역사의 전환기로서 심판과 구원의 날이다(빌1:6).[42] 또한 그날에 살아 있는 사람들은 변화하고, 죽은 사람들은 부활한다.[43] 그러므로 예수의 지상재림 신앙은 7년 대환란이라는 고통의 상황을 종식시킬 메시아의 출현을 고대하는 민중의 현실적인 희망이었다. 그것은 천년왕국 사상과 결합하여 사회 변혁의 원동력이 되었다.

이러한 예수의 지상재림신앙에 상응하는 불교의 종말신앙은 미륵하생신앙이다. 미륵하생신앙은 『미륵하생경』에[44] 근거한다. 이 경전에는 여러 가지 한역본(漢譯本)이 있는데 대표적인 것으로 역자미상의 「불설미륵래시경」(佛說彌勒來時經), 축법호(竺法護)의 「불설미륵하생경」(佛說彌勒下生經), 구마라집(鳩摩羅什)의 「불설미륵하생성불경」(佛說彌勒下生成佛經) 등이 있으나 내용과 구성에서는 큰 차이가 없다. 이 경전들에 기록된 미륵하생신앙을 요약하면 다음과 같다. 현재 도솔천에서 천인들을 교화하는 미륵은 석가모니 부처가 입멸(入滅)한 후 56억 7천만 년이 지나 지상정토 용화세계를 개창하시기 위해 사바세계로 하생하여 화림원(華林園)의 용화수(龍華樹) 아래에서 깨달음을 얻은 후 부처가 되어 용화삼회(龍華三會)의 설법으로 모든 중생을 제도(濟度)한다는 것이다. 즉 미륵하생신앙은 지상정토 용화세계를 개창하는 미륵을 믿으며 미륵을 믿고 수행하며 선근(善根)을 쌓아 용화삼회의 설법에 참가(三會値遇)하여 구원을 받기 원하는 신앙이다. 이러한 미륵하생신앙은 말법의 시대에 종종 현신성불사상과 용화세계 건설과 관련해서 현재의 모순과 고통을 극복하는 사회 변혁의 원동력이 되었다.

2) 지상재림과 하생의 시기

세대주의 종말론자들은 다니엘서 9장 24-27절에 근거해서 예수의 지상재림의 시기를 계산한다. 다니엘서 9장 24절의 '70이레'는 미래에 성취될 약속으로서 마태복음 24장 15-22절, 마가복음 13장 14-20절과 관련해서 천년왕국 이전에 일어날 환란을 의미하며, 요한계시록 11장 2-3절, 12장 6절, 14절, 13장 5절과 관련해서 환란의 기간을 나타낸다. 70이레는 다시 7이레, 62이레 1이레로 나누어지는데, 70이레는 "예루살렘을 중건하라는 영이 날 때" 시작되었으며, 69이레는 이스라엘의 왕인 메시아가 나타남으로 끝났다. 남은 1이레는 환란의 기간이다. 70이레가 끝난 후 예수의 지상재림과 함께 천년왕국이 시작된다.[45] 이러한 계산법에 의하면 일반적으로 예수의 재림은 20세기 말이 된다.[46] 그러나 이러한 시간 계산은 성서에 나타난 사건을 모두 미래적 사건으로 이해하면서 성서축자영감설에 근거해서 문자적으로 해석한 것으로 언제나 시한부 종말론에 빠질 위험이 있다.

성서는 구체적으로 종말의 날을 말하지 않으며 단지 종말의 때에 대한

다양한 표상들을 제시한다. 그 날과 때는 하늘에 있는 천사들도, 아들도 모르고 '오직' 하나님만이 알고 있다(막13:32). 그것은 '하나님의 나팔'로 예고되거나(살전4:16, 고전15:52, 마24:31), 잉태한 여인에게 해산의 고통이 오는 것처럼 '갑자기', '급격하게', '밤의 도적' 같이 올 것이다.(마13:8, 살전5:2-4) 이러한 종말론적 표상들은 예수의 지상재림의 시기를 예고하는 징표가 아니라 언제나 깨어 있으라는 경고이다. 예수의 도래는 전혀 예기하지 않은 때에 일어나기 때문에(마24:37) 노아의 홍수 때처럼 무사안일한 태도로 일상생활에 매몰되지 말고(마24:38),[47] 그때를 기다리며 준비하면서 종말의 지연을 견디어 내야 한다(마25:13).[48] 그러나 그것은 하나님 나라가 하나님의 주권에 의해서 이루어지기 때문에 인간은 단지 기도하며 기다리는 수동적 기다림이 아니라 새로운 세상을 위해서 일하는 능동적 기다림을 의미한다.[49]

미륵하생의 시기에 대해서는 다양한 설이 존재한다. 증일아함경(增一阿含經)과 화엄경(華嚴經)에는 3000년설이, 보살처태경(普薩處胎經)과 현우경(賢愚經)에는 5억 76만년설이, 미륵하생경(彌勒下生經)이나 일체지광명선인경(一切智光明仙人經)에는 56억 만년설이, 잡심론(雜心論)에는 56억 7천 만년설과 정의경(定意經)에는 57억 6백 만년설이 기록되어 있다. 일반적으로 그 시기는 잡심론에 있는 56억 7천 만년설이 받아들여지고 있다. 그러나 그 시기는 연대기적 시간인 '크로노스'(Chronos)가 아니라 의미의 시간을 나타내는 '카이로스'(Kairos)의 시간으로 보아야 한다. 성불과 단혹(斷惑)이 동시에 이루어지기 때문에 성불의 시점이 시간적으로 미래에 있는 것이 아니라 어느 때든지 가능하고 지금 이 순간이 일념성불을 이룰 수 있는 시간으로 보아야 하며, 또한 민중은 종말의 때가 아니라 말법의 상황을 미륵이 하생하는 시간으로 받아들였기 때문에 "56억 7천만 년"이라는 미륵의 하생 시기는 빈곤과 압박에 시달리는 말법의 시기, 곧 '지금'과 미래 지향적 희망을 의미한다.[50] 또한 그것이 먼 미래로 설정된 것은 미륵 세계가 단순히 기다리면 도래하는 것이 아니라 공업(共業)의 정정화(情淨化)라는 노력의 결과이며 그 일이 쉽게 이루어질 수 없음을 의미한다.[51] 「장아함경」(長阿含經)에 의하면 인간의 수명이 8만 4천 세가 될 때 미륵불이 하생하는데, 인간의 수명은 불교의 인과응보(因果應報)의 법칙에 의하면 선행을 통해서 늘어나기 때문에 8만 4천 세의 본래적 의미는 개인들이 십선업(十善業)을 열심히 닦아야 미륵불이 출현한다는 것이다. 반대로 악행을 일삼으면 수명도 점차 짧아진다. 이같이 인간의 수명은 선행을 하느냐 악행을 하느냐에 따라 늘었다, 줄었다 하며, 그것에 따라서 미륵의 출현 시기도 달라지는 것이다. 즉 미래 사회는 인간의 노력에 따라서 건설될 수 있다. 그것은 아미타경(阿彌陀經)과 무량수경(無量壽經)에서 인간의 노력과는 무관하게 아미타불의 서원의 결과라는 것과 다르다.[52] 미륵신앙은 예수 재림의 시기처럼 미륵하생의 시기를 계량적 시간이 아니라 의미의 시간으로 이해하며 능동적 기다림을 강조한다.

5. 구세주 신앙의 혁명적 성격

1) 구세주의 인격화

초기 기독교는 역사적 예수를 유대인들이 대망하던 메시아와 일치시켰고, 예수의 출현으로 약속되었던 하나님 나라가 성취되었으며, 부활하여 승천한 예수의 지상재림으로 불의한 세상이 끝나고 하나님 나라가 완성된다고 고백하였다. 그 후 메시아의 출현은 역사적 실존 인물인 예수의 현현(顯現)으로 이해되었으며 다른 인물의 출현은 이단으로 정죄되었다. 그러나 메시아 신앙은 기독교가 카타콤의 종교에서 국가 종교가 된 이후 교회와 정치권력의 야합으로 약화되었다. 기독교는 각종 혜택과 지원을 통해 재산을 축적하게 되면서 점차 현실에 안주하게 되었다. 그 결과 마라나타('주 예수여 오시옵소서') 기도는 황제를 위한 기도가 되었으며 천년왕국과 로마 제국의 일치는 종말론적 희망을 세속화하였다. 터툴리안(초대교회의 교부)의 기도는 이런 기독교의 세속화를 잘 나타낸다. "우리는 황제를 위해서나 세계의 보존을 위해 또 로마 제국의 평화를 위해서 세계의 종말이 지연되도록 기도한다. 우리는 황제의 장수와 확고한 통치 그리고 권력자들을 위해서 기도하며 모든 것이 평화스럽게 되도록 기도합니다."[53] 메시아 신앙을 상실한 교회는 이제 초월적이며 타계적인 하나님 나라를 선포하며 민중을 억압하는 지배자들의 후원자가 되었다.

그러나 억압당하는 민중은 정치 사회적 혼란의 시기에 자신들의 고통을 제거해 줄 메시아의 도래를 고대하였고 그들의 열망에 호응하여 종종 자칭 메시아들이 출현하였다. 요세푸스(Josephus ben Matthias)에 의하면 1세기의 메시아 운동에서 갈릴리의 유다, 헤롯의 종 시몬, 목자인 아트롱게스와 2차 유대 반란 때에 바르 코크바가 메시아를 자칭했으며,[54] 특히 11~16세기 서구 유럽에서 일어난 천년왕국 운동의 수많은 자칭 메시아와[55] 한국의 자칭 재림주들은[56] 고통당하는 민중의 열망에 부응하여 자신들이 지상천국을 만들 메시아라고 주장하였다. 독일의 종교 간행물 「Idea」에 의하면 세계적으로 자신이 메시아라고 주장하는 사람들이 약 1,500명 이상이다.[57] 이러한 예수재림신앙에 근거한 자칭 메시아의 출현은 한편 역사적으로 세속화된 교회와 불의한 사회를 변혁하여 새로운 사회를 건설하는 역사 변혁의 원동력으로 작용하였으며, 다른 한편 자신을 신격화하고 민중을 현혹하여 자신의 탐욕을 채우는 역기능을 나타내기도 하였다.

이러한 구세주의 인격화는 미륵신앙에서는 더욱 다양하게 나타난다.[58] 한국 미륵신앙의 특징은 현신성불사상에 근거해서 자신이 미륵이라고 자처한 많은 인물들이 등장했다는 점이다. 그것은 중국이나 일본에서는 찾아볼 수 없는 한국만의 독특한 종교 현상으로서 메시아의 유일회성을 주장하는 기독교의 메시아니즘과도 다르다. 『선혜대사어록』(善慧大士語錄), 『불조통기』(佛祖統記), 『신승전』(神僧傳), 『경덕전등록』(景德傳燈錄), 『불조역대통재』(佛祖歷代通載)과 『송고승전』(宋高僧傳)에는 미륵불 화신 행적이 기록되어 있다. 일반적으로 미륵불은 네 번 응신한 것으로 알려져 있다. 가장 많이 알려진 포대화상, 부흡, 동방 후 제13대 조사 서환무와 제17대 조사 상중하일이다. 특히 신라 시대에는 미륵이 화랑으로 화신하였으며, 통일신라 시대 성덕왕 때에는 노힐부득과 달달박박이 관세음보살의 도움을 받아 각각 미륵불과 아미타불로 현신성불했다는 『삼국유사』의 기록이 있으며, 후삼국 시대에 견훤과 궁예도 미륵불을 자칭하였다.[59] 특히 조선 말에 강증산(姜甑山)은 자신을 미륵과 동일시하였고('나는 미륵불이니, 나를 보고 싶거든 금산사 미륵불을 보라.'), 자신의 출현을 선천과 후천을 구별하는 미륵불의 하생의 시기로 인식하고 천지공사(天地公事)를 통해서 이상적 불국토인 용화세계의 건설을 주장하였다. 이러한 개인의 현신성불사상은 원불교를 통해서 집단적 인격으로 발전하였다. 원불교는 미륵불을 객관적인 신앙의 대상이 아니라 누구든지 일원상(一圓相)의 진리를 스스로 터득해서 깨치면 모두 상호 미륵불이 된다고 말한다.[60] 이러한 미륵의 집단적 인격화는 포대화상(布袋和尙)의 시에 잘 나타난다.

彌勒眞彌勒　미륵 중에 참미륵이
分身千百億　천백억의 몸으로 나타나

時時示時人 항상 사람들에게 보이나

時人自不識 사람들이 스스로 알지 못하네

이러한 미륵의 인격화는 각 시대의 정치 사회적 혼란의 시기에 나타나는 고통당하는 민중의 희망과 민중운동의 전통 속에서 그 맥을 찾을 수 있다.[61] 예를 들면, 삼국시대 말기에 미륵불을 자칭한 궁예와 견훤의 민중혁명운동, 고려 시대 우왕 때(1382)에 경상도에서 일어난 이금의 미륵신앙 운동, 조선 시대 양주에서 일어난 승려 여환(呂還)의 미륵신앙사건, 장길산(張吉山) 사건, 1691년에 무격인 차충걸(車忠傑) 등에 의해 일어난 수양산 생불출현설(首陽山 生佛出現說)과 조선 시대 말기에 있었던 여러 민란들은 모두 미륵하생 신앙과 깊은 관련을 맺고 있다. 이렇게 구세주의 인격화는 새로운 세상을 꿈꾸는 민중의 희망으로서 사회변혁의 원동력이었다.

2) 지상천국신앙

천년왕국은 이 세상에서 이루어지는 원형적인 신적 통치를 대표하는 메시아가 다스리는 왕국이다. 그것은 초기 기독교의 핵심적인 종말론으로서[62] 3세기까지 로마의 클레멘트, 이그나티우스, 저스틴, 리용의 이레네우스와 터툴리안 등이 주장하였다.[63] 그것은 유대 묵시 문헌에 나타나는 옛 시대의 종식과 하나님 나라의 도래 사이에 있을 중간 왕국으로서[64] 영원의 차원에 세워질 하나님 나라와 구별된다.[65] 또한 그것은 세대주의 종말론자들의 주장처럼 숫자적 의미에서 일천 년이나 하나님 나라가 세상 나라, 곧 '지배 체제 속의 악령'과의[66] 투쟁을 통하여 완성된다는 하나님 나라의 발전과 돌파의 원리를 나타내는 묵시 문학적 상징이 아니다.[67] 이러한 묵시문학적 해석은 천년왕국의 정치 사회적 의미를 약화시킬 위험이

있다.[68]

천년왕국신앙은 요한계시록 7장과 20장에 근거한다. 요한계시록은 소아시아의 그리스도인들이 박해를 받았던 시기에 기록되었다. 도미티아누스(Domitianus)는 황제 숭배를 강요하며 기독교인들을 박해하였다.[69] 많은 사람들이 '예수의 증언과 하나님의 말씀 때문에'(계20:4b) 가혹한 박해를 받았으며 순교를 당하였다.(계18:24) 이러한 암울한 상황에서 그들은 죽어서 가는 피안의 세계인 초월적인 하나님 나라보다는 현재 살고 있는 이 세상에서 하나님의 정의와 평화가 넘치는 새로운 사회를 건설하려는 욕망을 천년왕국으로 구체화하였다.[70] 그것은 자신들을 박해하는 '용, 악마와 사탄' 으로 상징되는(계20:2) 사악한 집단인 로마가[71] 패망하고 이스라엘 민족이 회복되는 해방의 꿈이었다. 그것은 온갖 박해를 통해 억울한 죽임을 당한 한 맺힌 사람들의 원한이 회복되는 해원(解冤)의 세상이었다.(계8:1-11:19)[72] 그것도 죽어서 가는 천당(天堂)이 아니라 지금, 여기서 이루어지는 새로운 세상이었다.(계20:4) 따라서 천년왕국은 '인간의 사회적 존재가 요구하는 역사의 목표' 가 된다.[73] 그것은 로마의 박해 앞에서 투쟁을 포기하고 피안의 세계로 도피하려는 공동체에게[74] 로마 제국에 저항하고 투쟁하도록 촉구하였고 '첫째 부활' 의 희망을 통해서[75] 그 투쟁을 격려하고 고난의 삶을 위로하였다.

그러나 기독교가 로마 제국의 국교가 되면서 천년왕국과 로마 제국을 동일시하는 '현재적 천년왕국설' 과 천년왕국을 영적 현실로 해석하여 교회와 동일시하는 무천년설을 받아들이면서[76] 천년왕국신앙은 4세기 이후 서방 교회에서 사라졌다. 그들은 천년왕국을 무시간적 피안의 세계로 만들었으며 세상에 대한 최후의 심판을 개인의 죽음의 순간으로 대치하였다. 또한 루터는 1530년 아우크스부르크 신앙고백에서 천년왕국의 희망

을 거부하였다. 그 후 무천년설은 기독교의 종말신앙으로 정착하였다.[77]

이러한 지상천국신앙은 불교의 용화세계에 대한 종말론적 희망에서도 찾아볼 수 있다. 그것은 미륵불의 출현으로 현시대의 사회적 모순이 극복되고 이 지상에 미륵하생 용화세계(彌勒下生 龍華世界)가 실현된다는 신앙이다. 그것도 먼 미래나 죽은 뒤가 아니라 현실의 억압과 고통이 가장 극심한 지금, 이곳에 미륵불이 출현하기를 갈망하는 당래하생의 종말신앙이다. 용화세계는 우리의 세계와는 동떨어진 10만억 국토에나 있는 서방 극락세계와는 달리 미륵하생을 통해서 건설되는 지상천국이다. 불교에 다양한 불국토가 있지만 이 세상이 정토가 된다는 사상은 미륵신앙뿐이다.[78] 특히 한국 미륵신앙은 중국에서처럼 사후의 서방정토에 극락왕생한다는 타방정토가 아닌 '현실정토'(現實淨土)의 입장이 강하다. 그래서 한국을 미륵 출현의 공간으로 인식해 왔다. 한국인이 살아가는 '이곳'이 용화세계 구현의 장소라는 이상을 제시한 것이다.

용화세계는 정의와 평화와 물질의 풍요가 넘치는 새로운 세상이다. 그것은 『미륵성불경』에 의하면 미륵불의 큰 자비가 넘치며, 온 땅이 기름지고 윤이 나며, 평화로워 원수나 도둑의 근심이 없고 늙고 병드는 걱정이 없으며, 재앙과 전쟁과 가난이 없고 짐승이나 식물의 독해가 없으며, 미륵불의 자비한 마음에 이끌리어 자비와 겸손으로 인간관계가 이루어진 세상이다. 이 세상에는 '발타바라사새가'라는 야차신이 보호하는 '시두말'이라는 큰 성이 있는데, 각종 보석으로 화려하게 장식되어 있고, 아름다운 여인들이 노래를 한다.[79] 이것이 바로 용화세계이다. 그것은 강증산의 후천선경(後天仙境)의 세계를 통해서 다시 나타났다.[80] 그것은 청화명려한 낙원의 세계요, 불로장생의 선경(仙境)이요, 위무(威武)와 형벌을 쓰지 아니하는 세계이며, 무술과 병법이 사라진 세계이고, 불 때지 아니하고 밥을 지어 먹으며, 손에 흙을 묻히지 아니하고 농사 지으며, 기차도 화통 없이 삽 시간에 몇 만리를 통행하며, 문고리와 옷걸이도 황금으로 만들고, 곡식도 한 번 심어 해마다 거둬 들이며 모든 땅이 옥토가 되며, 모든 종교가 통일 된 세계이다.[81] 요약하면 미륵이 하생하여 이루게 될 용화세계는 민중의 현실적인 모든 고통이 해결되는 이상 사회이다.[82] 그것은 민중의 해방자 인 미륵의 등장과 민중이 주체가 되는 용화세계를 건설하려는 민중의 종 말론적 희망이었다.[83]

6. 요약과 과제

기독교와 불교의 종말신앙은 논리적 · 구조적 유사성이 있다. 두 종말 신앙의 핵심은 구세주인 예수와 미륵불이 출현하여 이 세상을 천년왕국과 용화세계로 만드는 지상천국신앙이다. 그것도 현실의 억압과 고통이 극 에 이르는 지금 당장에 구세주가 출현하기를 갈망하는 현재적 성격이 강 하다. 두 구세주는 일정한 시간 동안(7년 혹은 56억 7천만 년) 특정한 사람들(휴 거한 사람 혹은 도솔천에 왕생한 사람)과 함께 일정한 장소(공중 혹은 도솔천)에 있다 가 지상으로 내려와(지상재림 혹은 미륵하생) 이 세상을 지상천국으로 만든다. 그러나 두 종말신앙은 휴거와 상생의 대상과 조건에서 형식적 차이가 있 으며 특히 구세주의 인격화에서 현격한 차이가 있다. 기독교는 예수만이 메시아라는 메시아의 유일회성 때문에 자칭 메시아를 이단으로 정죄하지 만 불교에서는 현신성불사상에 근거해서 모든 중생이 미륵이 될 수 있다 고 주장한다. 또한 두 종말신앙은 사회 모순이 극대화되고 전쟁과 가난과 기아 등으로 사회 불안이 고조되는 혼란기에 더욱 강하게 나타났다. 억눌 리고 고통당하는 민중은 실제로 자신들의 한이 신원될 뿐만 아니라 더 이상 고통이 없는 새로운 사회가 이 세상에서 실현되는 꿈을 꾸었다. 이러한 민중의 희망은 현세적 지상천국신앙으로 발전하여 현실의 모순을 극복하는 민중 해방운동으로 나타났다.

이렇게 두 종말신앙은 정치 사회적 위기 상황에서 민중이 주체가 되어 나타난 민중의 사회적 전기이며 민중의 고난에 대한 종말론적 해석이었다. 그것은 새로운 세상에 대한 약속을 내포하고 있다. 그 종말론적 약속은 민중의 소중한 미래에 대한 희망으로서 고통당하는 민중의 삶을 위로하고 역경과 시련을 극복하며, 더 나아가 민중을 억압하는 불의한 사회를 변혁하는 혁명의 원동력이 되었다. 그러나 이러한 종말신앙이 몰역사화되었을 때에는 민중을 현혹하여 불행한 삶을 강요하였다는 역사적 사실도 간과하지 말아야 한다.

유심(唯心)에서 만나는 원효의 화엄세계와 하느님 나라

류제동 | 가톨릭대학교 종교학과

우리 인간이 미처 몰라서 이것이다 저것이다 그렇게 하는 것이지 원인 (原因)을 캐고 들어가서 끄트머리에 들어가면 다 부처님한테 이르는 것 입니다. 그러기 때문에 부처님, 진여불성(眞如佛性)이 그때그때 연(緣) 따라서 이루어지는 것이 우리 지금 현상계라는 것입니다. … 근본 뿌리를 캐 들어간다고 할 때는 다 부처님의 도리란 말입니다. 다 하나님[하느님] 의 섭리(攝理)입니다. 여러분들이 하나님[하느님]의 섭리라고 하면 우습게 생각하고 미신(迷信)같이 생각하시는 분도 있겠지요. 그렇지 않은 것입 니다. 그것은 우주라는 것이 근원에서 본다고 생각할 때는 다 하나님[하 느님]의 섭리요 근본 도리입니다.

유심(唯心)에서 만나는
원효의 화엄세계와 하느님 나라

1. 우리나라의 불교와 그리스도교에서 지향하는 이상 세계로서
화엄세계와 하느님 나라

화엄세계는 『화엄경』(華嚴經)에서 그리는 이상 세계라고 할 수 있는데, 이 화엄경을 중심으로 하는 화엄불교가 우리나라 불교의 중요한 기반을 형성해 왔다는 점에서, 화엄세계는 우리나라 불자들이 일반적으로 그려 온 이상 세계라고 할 수 있을 것이다. 또한 신라와 고려를 거쳐 오면서 우리나라가 불교 국가로서 그 국가의 기틀을 잡아 왔다는 것을 생각할 때, 우리나라 사람들은 화엄의 이상 세계를 그리면서 국가 공동체의 기틀을 잡아 왔다고 해도 과언이 아닐 것이다.

조선 시대를 거치면서 유교가 중심 사상으로 자리를 잡게 되었고, 근대화 과정에서 그리스도교가 우리 민족의 중요한 신앙으로 자리를 잡게 되면서, 현대의 우리 민족은 종교 다원 사회를 구성하고 있다. 오늘날 우리나라에서 그리스도교를 신앙하는 사람과 불교를 신앙하는 사람이 엇비슷해지면서, 두 종교 사이에는 서로 간에 대립과 경쟁의 차원도 분명히 존재할 수밖에 없겠지만, 하나의 민족 공동체를 이끌어 나가는 주요한 종교로서 두 종교 간의 화해와 협력은 절실하다고 할 수밖에 없다. 우리나라의 불자들이 꿈꾸어 온 이상 세계가 화엄세계라고 할 때, 그리스도인들이 꿈꾸어 온 이상 세계는 당연히 하느님 나라일 것인데, 이 두 이상 세계는 어떠한 접점을 찾을 수 있을 것인가? 서로가 지향하는 이상 세계가 서로 만나는 차원에서 두 종교 사이의 화해와 협력도 논해질 수 있다는 점에서, 그 두 이상 세계 간의 비교 검토를 통한 상호 협력의 모색은 매우 중요하다고 할 수밖에 없을 것이다. 지나온 장구한 세월을 생각할 때, 그 두 이상 세계의 전 면모를 두루 검토하는 것은 한 편의 짧은 글로는 불가능하다고 할 수밖에 없겠지만, 그 두 이상 세계의 접점을 소략하게나마 모색하여 보는 것이 무익하다고만 할 수는 없을 것이다. 이 글에서는 이러한 취지하에, 우리나라 화엄사상의 가장 중요한 기반 가운데 하나라고 할 수 있는 원효의 사상에서 화엄세계가 어떻게 모색되고 있는가를 살펴보면서 그리스도교의 하느님 나라와 어떤 점에서 접점을 찾을 수 있을 것인가를 검토해 보고자 한다.

2. 원효가 그리는 화엄세계에서의 유심(唯心)

『화엄경』에서 그리는 이상 세계로서의 화엄세계가 어떠한 세계인지 짐작이라도 하려고 할 때에 우리는 『화엄경』의 핵심 사상이 무엇인가에 대해서 마땅히 되물어야 할 것이다. 보통 화엄사상이라고 할 때에 일반적으로 머리에 떠올리게 되는 것은, 이사무애(理事無碍)나 사사무애(事事無碍) 같은 개념을 들먹이면서 일체 존재의 상호 연관성을 이야기하는 법계연기(法界緣起)를 이야기하거나, 세상만사 있는 그대로가 불성(佛性)의 드러남이라고 하는 성기(性起) 사상을 이야기한다는 것이겠다.

이를 그리스도교적으로 표현한다면 세상만사가 하느님의 지으심에 따라 조화를 이루고 있으며, 모든 것이 하느님의 섭리를 따라 이루어진다고 이야기할 수 있을 것이다. 이렇게 볼 때 그 이상적 차원에서 불교와 그리스도교는 지극히 유사하다고 할 수 있을 것이다. 그러나 우리가 직면하고 있는 현실이 과연 그러한 이상과 얼마나 근접하고 있는가 반문할 때 쉽게 긍정하기는 어려울 것이다. 그리스도교 신학은 하느님의 정의로움을 세상의 부정의함과 함께 어떻게 이해할 수 있는가에 대해서 고뇌에 고뇌를 거듭해 오는 과정을 통하여 발전해 왔다고 할 수 있을 것이다.

그렇다면 불교는 어떠한가? 불자들 또한 현실과 이상 사이의 간극을 예리하게 인식하지 않을 수 없었음은 자명하다고 할 것이다. 오늘날까지도 그러한 고뇌는 이어져서, 아예 불성 사상은 불교가 아니라는 비판도 제기되기까지 하는 것이다. 우리나라가 낳은 가장 위대한 승려라고도 일컬어지는 원효에게 있어서 이 문제는 어떻게 다가왔을까?

원효와 관련하여 널리 알려진 일화 가운데 하나는 해골바가지에 담긴 물을 마신 뒤에 깨달음을 얻어 당나라로 유학 가는 것을 포기하고 되돌아왔다는 이야기일 것이다. 바로 이 잘 알려진 이야기의 한가운데에 화엄의 중심 사상이 자리하고 있으니, 바로 일체유심조(一切唯心造)의 사상이다. 앞서 말한 화엄사상의 다른 표현이라고도 할 수 있겠는데, 그 일화와 관련해서 일반적으로는 모르고 마셨을 때에는 달게 마셨던 물이 해골바가지에 담긴 물이라는 것을 알고 나서는 마시기 어려웠다는 차원에서 이야기되고 마는 경우가 비일비재하다. 객관적인 물보다 우리의 주관적인 마음 상태가 중요하다는 정도의 통찰이 보인다고 할 수 있을까?

화엄사상이라는 것도, 우리가 깨닫지 못했을 때에는 세상이 온통 고해이지만, 깨닫고 보면 세상만사가 다 있는 그대로 아름답다는 인식의 전환에 그 핵심이 있다고 할 수도 있을 것이다. 이러한 돈오(頓悟) 사상이 뒤에 선불교의 돈오 사상의 사상적 기반이 된다고도 이야기된다. 이러한 주장이 그 자체로 의미가 없는 것은 아니지만, 단박에 용기 있게 그렇다고 인정하고 받아들이기 어려운 것은 필자만의 입장이 아닐 것이다. 이상 세계와 현실 세계는 여전히 거리가 있고 그 거리가 무한히 멀다고 인식하면서 우리는 자괴감에 빠지기까지 하는 것이다. 이러한 자괴감이 단지 용기가 부족해서 일어나는 근거 없는 잡념에 불과한 것일까? 그렇다고 자신 있게 답할 수 없는 현재의 필자로서는 원효의 일화를 달리 해석해 보는 길을 모색해 본다.

3. 초월적 차원에서의 유심(唯心)

원효의 일체유심조(一切唯心造)에서의 '심'(心)은 단순히 우리의 주관적 마음 상태를 넘어서서 훨씬 더 초월적인 의미까지 포함하고 있다. 그러한 차원까지 포괄하여 이해하고자 노력해 나아갈 때에, 원효에서의 유심(唯心), 나아가 불교에서의 유심에 대한 이해가 깊어질 것이다.

우선 이 '유심'(唯心)에서의 '심'(心)은 대승불교사상사에서 '일심' (一心)의 개념과 상통하는데, 이 일심 개념을 이해하는 데 있어서 우리가 유의해야 할 또 하나의 텍스트가 『대승기신론』(大乘起信論)이다. 원효가 자신의 사상을 체계화하는 데 그 골격으로 삼는 텍스트가 바로 이 대승기신론이라는 것을 우리는 주목하지 않을 수 없다. 대승기신론에서 일심(一心)은 일단 다음과 같이 설명된다.

> 심진여(心眞如)란 바로 일법계(一法界)의 대총상(大總相) 법문(法門)의 체(體)이니, 이른바 심(心)의 본성은 생멸을 초월하며 일체의 모든 법이 오직 망념(妄念)에 의하여 차별이 있으니, 만약 망념을 여의면 일체의 경계상(境界相)이 없을 것이다. 그러므로 일체의 법이 본래부터 언설상을 여의었으며 명자상(名字相)을 여의었으며 심연상(心緣相)을 여의어서, 필경 평등하고, 변하거나 달라지는 것도 없으며 파괴할 수도 없는 것이어서 오직 일심(一心)뿐인 것이니, 그러므로 진여라 이름하는 것이다.[1]

곧 대승기신론에서는 진여 자체가 절대적 초월로서의 일심 그 자체로 언어로는 감히 형용할 수 없는 실재임을 말하고 있으며, 여기에서 유의해야 할 것은 '오직 일심일 뿐인 것이니' 라는 표현에서 유물론(唯物論)에 대조되는 유심론(唯心論)을 주장하는 것이 불교라고 생각하면 안 된다는 것이다. 일심은 초월적 실재에 대하여 억지로 붙인 이름일 뿐이지 세상이 우리가 보통 생각하는 마음 곧 관념뿐이라고 이야기하는 것은 아니다. 참된 실재는 일심뿐이라고 한다는 점에서 오히려 우리가 제대로 비교한다면 그리스도교에서 참된 실재는 하느님뿐이라고 이야기하는 것에 비교해야 하는 것이다.

이어서 살펴볼 것은 『대승기신론』의 가장 잘 알려진 부분이라고도 할 수 있는 입의분(立義分)의 '법이라 하는 것은 중생심(衆生心)을 말한다.' (所言法者, 謂衆生心.)에 대한 원효의 풀이이다. 이 부분은 그리스도교에서 우리가 하느님의 모상으로 지음을 받은 존재라는 것과 같은 맥락에서 이해될 수 있다. 원효는 해당 부분에 대하여 다음과 같이 풀이하고 있다.

> 이제 대승 중에 (현상으로서의) 제법(諸法)이 다 별다른 바탕이 없고 오직 일심(一心)으로 그 스스로의 바탕을 삼기 때문에, (초월적 실재로서의) '법이란 중생심을 말한다' 고 한 것이다. '이 심(心)이 바로 일체의 세간법과 출세간법을 포괄한다' 고 한 것은 대승법이 소승법과 다름을 나타내니, 참으로 이 심(心)이 모든 법을 통섭(通攝)하며, 모든 법의 자체가 오직 이 일심(一心)이기 때문이다. 이는 소승에서 일체의 모든 법이 각각 자체가 있는 것과는 다르다. 그러므로 일심을 (초월적 실재로서의) 대승법이라 말하는 것이다.[2]

곧 원효는 『대승기신론』에서의 '법이란 중생심을 말한다' 는 구절에서 (초월적 실재로서의) 법(法)이 단순히 중생 각자의 어리석은 마음을 가리키는 것이 아니라 그 중생들이 스스로의 바탕으로 삼고 있는 일심을 가리키고 있다는 것을 명시하고 있는 것이다. 이 일심이 중생마다 별개로 가지고 있는 심리 현상으로서의 마음과 다르다는 것은 '참으로 이 심(心)이 모든 법을 통섭(通攝)하며, 모든 법의 자체가 오직 이 일심(一心)이기 때문이다. 이는 소승에서 일체의 모든 법이 각각 자체가 있는 것과는 다르다.' 라는 부분에서 뚜렷하게 이야기되고 있다. 곧 원효는 『대승기신론』 본문에서 말하고 있는 중생심이 우리가 각자 가지고 있는 통상의 마음과는 전혀 다른 차원의 초월적 실재로서의 일심(一心)임을 밝히고 있는 것이다. 하케다는 이 부분의 영어 번역에서 심(心)에 관하여 다음과 같은 설명을 덧붙이고 있다.

> '심'(心, Mind)이라는 용어는 개인적인 심리적 기능이나 물질에 대조되는

마음으로서 사용되고 있지 않다. 이것은 … 형이상학적인(metaphysical) 법(法)을 상징한다. 법에 대한 이러한 소개는 급작스럽기는 하지만, 의심할 바 없이, 인간이 절대에 기반하고 있다는 것의 내적인 가치를 인식하는 것이 중요함을 독자들에게 각인시키기 위해서 의도된 것이다.[3]

곧 하케다도 입의분에서 중생심(衆生心)이라는 표현을 단지 중생 곧 일반 사람들의 심리적 현상을 가리키는 것이 아니라 중생 안에 있는 형이상학적인 절대로서의 법(法)을 가리키는 것으로 뚜렷하게 인식하고 있는 것이다. 물론 이 부분은 중생들이 그저 덧없이 헤매는 존재가 아니라 일심(一心)이라는 절대에 기반하고 있다는 기쁨에 찬 선언이라는 점도 간과해서는 안 될 것이다.

4. 유심(唯心)의 구체적인 맥락과 원효의 화엄세계를 향한 여정

우리는 어떠한 대상을 대하더라도 우리의 삶의 자리에서 대할 수밖에 없다. 그리고 그것을 충분히 인식할 때에만 그 대상에 대한 깊이 있는 인식이 가능하다. 우리는 그저 진공 상태나 백지 상태, 멍한 상태에서 어떤 대상에 대한 객관적인 정보를 입력받거나 주입받는 기계가 아니다. 우리의 삶의 자리에 대한 문제의식이 철저할수록 어떤 대상에 대한 인식 또한 철저해지는 것이다. 특히 역사에 대한 인식은 그러한 의식이 필수적이다.

원효에 대하여 일반적으로 널리 회자되는 이야기들로는, 해골에 담긴 물을 마시고 깨달았다는 이야기 외에도, 요석 공주와의 일화, 관음보살을 친견하러 가는 이야기, 분황사에서 절필한 이야기 등을 꼽을 수 있으며, 그 외에도 그와 인연이 있는 지역마다 전하는 이야기들이 다수 있다.

그리고 원효의 사상은 화쟁(和諍)이라는 부분이 매우 강조되기도 한다. 다툼을 화해시킨다는 것이다. 그리고 이러한 시각에서 그에 관한 일화들이 단순하게 이야기되기도 한다. 다툼의 내막에 대한 이해 없이 무조건 황희 정승 식으로 봉합하면 된다는 식으로 이해되기도 한다. 마치 종교 간의 대화에서, 모든 종교가 다 사랑과 자비를 가르친다고, 종교 간의 갈등을 이야기하는 것은 못 깨달은 사람들의 어리석음 때문이라고 단박에 선언하는 것과 같다고 할 수 있을까?

해골에 담긴 물을 마시고 깨달았다는 이야기에는 여러 가지 판본이 있지만 대강의 줄거리를 이야기한다면 다음과 같다. 그는 의상(義相)과 함께 중국으로 유학을 가려다가 밤에 토굴에 묵게 되었다. 갈증이 나서 옆에 있는 물을 달게 마셨다. 그러나 아침에 보니 그 물은 해골에 담긴 물이었다. 여기에서 물 자체가 달거나 더럽기보다는 자신의 마음가짐이 어떠한가에 따라서 물에 대한 느낌이 달라진다는 것을 깨닫고, 다시 말해서 매사는 마음에 달린 것임을 깨닫고 발길을 돌린다는 내용이다. 다른 판본에서는 밤에 토굴에 묵어서 편하게 쉬었는데, 그 다음 날 아침에 보니 무덤 속이었다. 그런데 그날도 그 무덤 속에서 자게 되었는데, 그날은 무덤이라는 인식이 작용하여 두려움에 떨고 귀신들을 보게 되었다고 한다. 이것 또한 같은 무덤 속이지만, 무덤이라는 것을 생각하지 않았을 때에는 편했던 잠자리가 무덤이라는 생각에 의해서 뒤숭숭해졌다는 것이다.

이러한 원효의 깨우침은 경중은 다를지 몰라도, 우리의 일상생활에서도 쉽게 경험할 수 있다. 마음속에 어떤 생각을 하느냐에 따라서 우리의 몸은 쉽게 영향을 받는다. 멀쩡하던 몸이, 충격적인 소식을 듣고 상심하여 갑자기 심장마비나 뇌졸중에 걸려서 죽거나 반신불수가 되는 경우는 비일비재하다. 단지 어떤 소식을 귀로 들었을 뿐인데 둔기로 몸을 맞는 것보다 더 큰 충격을 받는 것은 우리의 인식 체계가 그만큼 중요하다는 것이다.

그러나 원효의 토굴에서의 깨달음은 이것보다 더 중요한 의미가 있다. 여기에 빗대어 볼 수 있는 이야기가 선불교의 중심 인물 가운데 하나인 혜능에 관한 이야기이다. 선종의 6조(祖)인 그는 5조 홍인에게 배우고자 나아가는데, 그 스승이 너 같은 촌놈이 어찌 도를 배울 수 있겠느냐고 빈정댔다. 이때 혜능이 답한 것이 어찌 도에 서울과 시골의 차이가 있겠느냐는 것이다. 서울 사람이나 시골 사람이나 다 도를 배울 수 있다는 말이다. 여기에 비한다면 원효는 한 걸음 더 나간 것이다. 혜능은 시골 사람으로서 서울에 와서 도를 배운 반면에, 원효는 시골 사람으로서 서울에 갈 필요도 없다고 깨달은 것이다.

이러한 원효의 깨달음이 과연 온당한 것일까? 이런 회의를 제기하는 사람도 있을 것이다. 사람의 자질이야 시골이나 서울이나 크게 다르지 않을 수 있지만, 어디에서 배우느냐는 천지 차이 아니겠느냐고 할 수 있지 않은가? 가령 영어를 배울 때 한국에서 배우느냐 미국에서 배우느냐는 물론이고, 한국 사람에게 배우느냐 미국 사람에게 배우느냐는 큰 차이 아니냐는 말이다.

원효에 대해서 한 가지 오해하지 말아야 할 것은, 그가 꾸준히 평생 공부하며 책을 읽고 또 그 책에 대한 책을 저술한 사람이었다는 것이다. 중국 유학을 가지는 않았지만, 그는 당시 신라 땅에서 유학 다녀온 사람들에 못지않게, 아니 유학 다녀온 사람들보다 더 뛰어나다고 할 정도의 학문적 이력을 가지고 있었다.

이것을 어떻게 설명해야 할까? 서양사에서 칸트라는 사람도 비슷한 경우라고 할 수 있다. 독일의 한 시골에서 전혀 벗어나 본 적이 없는 사람이었지만, 그는 당시 유럽 전체의 학문을 조망하면서 탁월한 학문적 업적을 이루었다. 그는 데이빗 흄 같은 영국 학자에 대해서 영국인들보다도 더 깊이 있는 통찰을 하고 있다.

이러한 일들을 어떻게 설명해야 하는가? 물론 칸트나 원효가 그렇게 될 수 있었던 데에는 기존에 유학을 다녀온 사람들이 다리 역할을 했다는 것을 무시할 수는 없을 것이다. 그들이 없었다면 도대체 원효가 중국의 문물을, 칸트가 영국의 학문을 접할 수 있었겠는가? 그러나 그 다리 역할을 하는 사람들은 자신들이 무엇을 전하고 있는지 제대로 깊은 통찰을 하지 못한 채 전하는 수준에 불과했다고도 할 수 있다. 그들이 있었기에 원효나 칸트가 있었지만, 원효나 칸트는 또한 깊은 통찰력을 가지고 중국의 문물과 영국의 문물을 꿰뚫어볼 수 있었던 것이다.

그러한 통찰력과 해골에 담긴 물은 무슨 관계에 있는 것일까? 칸트나 원효나 그들의 깨달음에 있어서 중요한 점은 인식 주체에 대한 통찰이다. 객관에 대한 인식이 그저 백지 상태의 주체에서 이루어지는 것이 아니라 일정한 조건하에 있는 주체에서의 인식이라는 것이다. 칸트는 데이빗 흄에게서 그러한 통찰의 단초를 얻는다. 데이빗 흄과 같은 시대에 영국에서 함께 살았던 사람들도 못 본 그의 놀라운 업적을 칸트는 간파했던 것이다. 이처럼 인식 주체로 초점을 전환하면서 칸트도 원효도 넓게 말하자면 진리 앞에 만인이 평등하다는 근대적 정신의 기반을 마련한다고 할 수 있다. 칸트가 실천이성에서 자유를 강조하거나 원효가 당시 골품제 계급 사회에서 그러한 사회질서를 뒤흔드는 모습을 보이는 것은 우연이 아닌 것이다.

여기에서 필자가 강조하고자 하는 것은, 원효의 깨달음이 단지 세상 모든 일이 자기 마음먹기 마련이라는 수준에서 이해될 것이 아니라는 것이다. 주관주의적 해석으로 세상 모든 일을 재단할 수 있다고 편하게 마음먹은 것이 원효가 아니라는 것이다.

객관적인 것에만 경도되는 것도 아니지만, 원효의 깨달음은 자신의 마음의 힘에 대한 놀라움이요, 그 마음에 대한 탐구의 시작으로 이어지는 것이다. 그 마음에는 달리 말하자면 하느님의 목소리가 들려오고 있었던 것이다.

이것은 칸트가 객관적 세계에 대한 인식 주체의 인식 법칙으로 시간과 공간 등의 여러 가지 범주들을 찾아내는 것과 흡사하다고 할 수 있다.

여기에는 물론 세상의 많은 것들이 마음의 외화(外化)라는 통찰도 있다. 사람들이 객관적이라고 여기는 것들, 특히 인간 사회의 문물제도들은 실제로는 사람들이 인위적으로 만들어 놓은 작위적인 구분에 불과한 경우가 허다하다. 진정으로 의미가 있는 외화가 있는가 하면, 별 의미가 없이 사람을 옥죄기만 하는 외화가 있는 것이다.

한 걸음 더 나아가 이야기한다면, 칸트는 시간과 공간을 인식 주체의 범주라고 하기는 했지만 균질적인 것으로 파악했던 반면에, 아인슈타인은 상대성 원리를 통해서 그 시간과 공간이 상대적 차원에 있다는 것을 밝혀낸다. 칸트에 비해서는 아인슈타인이 시간과 공간의 상대성에 대한 보다 철저한 파악을 할 수 있었던 것이다. 칸트가 있었기에 아인슈타인이 있다고 할 수도 있지만, 아인슈타인은 새로운 경지를 개척한 것이다.

무덤 속을 편한 곳으로 보게도 하고 두려운 곳으로도 보게 하는 자신 안의 마음이란 도대체 어떠한 것인가? 그 경이가 원효를 자신의 안에 있는 마음에 대한 평생에 걸친 탐구로 몰아갔다고 할 수 있다. 그러나 그것은 단순히 주관적 내면으로의 침잠이 아니었다. 그것은 당시 인간들이 외화해 낸 여러 가지 제도에 대한 새로운 비판과 통찰로 이어지는 길이기도 했던 것이다. 이것은 마치 왕양명이 사상마련(事上磨鍊), 곧 일상생활의 실천을 통해서 마음 공부를 한 것과 흡사하다. 원효는 세상의 온갖 것들과 부딪쳐 가면서 깨달음의 길을 갔던 것이다. 물론 거기에는 실수와 잘못도 있었다. 그러나 그러한 과정을 통하여 그는 더 심오한 통찰로 나아갈 수 있었다.

당장은 당나라로 굳이 유학을 가는 것을 포기하는 것으로 그의 통찰은 귀결된다. 책이라는 것은 마음의 각주에 불과하다는 것이다. 책을 읽을 때 그 원어민의 입장을 충분히 이해하면서 읽는 것도 중요하지만, 자신의 이해 맥락을 충분히 고려하면서, 그 읽는 마음의 상태를 통찰해 가는 것이 우선적이라고 할 수 있다는 것이다.

이것은 우리가 가령 성서를 왜 읽는가와도 관계시킬 수 있다. 2000년 전의 이스라엘을 이해하는 것에서 그치는 것이라면 고고학자나 고문헌학자가 가장 유리할 수 있다. 그것이 아니라고 해도 그들의 도움이 필수적이라고 할 수 있지만, 문제는 우리가 성서를 읽는 까닭이 무엇인가를 다시금 되돌아보는 것이다. 현대인들, 특히 현대의 학자들은 객관성이라는 명분 하에 너무나 대상 자체에 경도되어 있다. 그 대상을 바라보는 인식 주체에 대해서는 반성적 성찰이 제대로 되지 않고 있다고 한다면 지나친 말일까? 요컨대, 성서가 오늘 우리의 매 순간의 판단에 적극적으로 기여하지 않는다면, 그 사람의 성서에 대한 지식은 죽은 지식이라고 해도 지나친 말이 아니다. 더군다나 성서에 대한 지식이 그 사람을 퇴행적으로 과거 지향적으로 이끈다면 그것은 죽은 지식을 넘어서 파괴적 지식이라고 할 수 있다.

이것은 중국 송나라 신유학의 대표적 학자 중에 하나인 육상산이 유교의 육경이 모두 내 마음의 주석이라고 한 것에 비견되는 것이다.

주종관계를 거꾸로 하면 안 된다는 것이다. 인간의 마음이 주인이고 경전은 종인 것이다. 경전은 인간의 마음을 밝히고 해방시키는 데에서만 의미를 지닌다는 것이다.

이것은 예수에게 있어서 누가 안식일의 주인인가를 이야기하는 부분과도 일맥상통하는 것이다. 율법을 위하여 사람이 있는 것이 아니라, 사람을 위하여 율법이 있는 것이다.

다소 이야기가 멀리까지 갔지만, 원효는 자신의 마음에서 진리를 탐구해야 한다는 것을 느꼈다. 진리의 기준은 밖에 있는 것이 아니라 자신의 마음 안에 있는 것이었다. 진리에 따라 살고자 하면 밖에 있는 계율에 따라 사는 것이 아니라, 마음에서 명하는 계율에 따라 살아야 하는 것이었다. 여기에서 그의 초계율적인 삶이 펼쳐진다. 『삼국유사』에서 원효의 전기를 '원효불기'(元曉不羈)라고 이름 지은 것도 여기에서 유래한다. 원효는 고삐 풀린 사람으로 살아갔던 것이다.

그러나 원효가 고삐 풀린 망아지마냥 아무렇게나 살아간 것은 아니었다. 그렇게 살아갔다고 이해하는 독자도 더러 있을 수도 있고, 원효를 본받는다면서 파계행을 일삼는 승려들도 더러 있을 수 있지만, 원효는 외적인 계율의 속박을 벗어났을 뿐, 철저하게 진리에 따라 살고자 진력한 사람이었다. 원효의 파계는 자신의 마음에 계시되는 진리에 따라 살고자 하는데서 이루어진, 파계 아닌 파계였던 것이다.

이러한 원효의 탐구는 요석 공주와의 통정을 통한 파계로도 이어진다. 그에게는 계율이라는 것은 마음의 외화에 다름 아니다. 요석 공주와의 관계는, 외적인 계율이나 당시 신라 사회의 골품 제도를 넘어서는 파격적인 일이었다. 성골도 진골도 아닌 사람이 왕족의 여자와 관계를 맺는다는 것은 당시 계급 사회의 통념으로서는 용인되기 어려운 것이다. 그러나 원효는 자신의 마음이 명하는 바에 따라서 훌쩍 그러한 통념들을 넘어서는 것이다.

그리고 그러한 파계 뒤에 스스로를 소성거사(小姓居士) 혹은 복성거사(卜

姓居士)라고 일컫는 것은 더욱 놀라운 일이다. 여기에서 '성'(姓)이라는 말은 단순히 성명(姓名)에서의 성(姓)이 아니라, 카스트 제도에서의 카스트에 해당한다. 곧 골품제 계급 사회에서 계급을 일컫는 것이다. 여기에서 원효는 스스로를 작은 카스트의 사람, 혹은 제일 낮은 카스트의 사람이라고 호칭한 것이다. '복'(卜) 자는 아래 하(下) 자에서 가로 획(一)의 아래 부분을 가리키는 것으로 아래보다도 더 아래에 있다는 의미에서 쓰인 것이다.

원효는 이렇게 스스로를 칭하면서 민간의 촌락을 춤추고 노래하면서 돌아다녔다. 우리나라의 저명한 신약 신학자 정양모 신부님의 말씀대로 한다면 먹보요 술꾼으로서 예수님이 당시 이스라엘의 민중들과 어울린 것에 비견된다고 할 수 있다.

그렇게 어울리면서 춤추고 노래한 것을 무애무(無碍舞)와 무애가(無碍歌)라고 한다. 이 춤과 노래는 원효가 거지패들이 노래하고 춤추는 것에서 힌트를 얻었다고도 한다. 거기에 『화엄경』(華嚴經)에서의 '일체의 거리낌이 없는 사람이 한 길로 삶과 죽음을 넘어설 수 있다.'는 '일체무애인 일도출생사'(一切無碍人 一道出生死)라는 구절에서 무애(無碍)라는 말을 따서 이름을 붙였다고 한다. 그리고 입으로 '무애, 무애' 하면서 춤추고 노래했다는 것이다.

화엄경에서의 이 구절은 문수보살이 여러 불보살들이 깨달음을 얻는 것이 왜 같지 않느냐고 묻는 것에 대한 답으로 주어진 것이다. 우리말로 풀이하자면 '온갖 것에 걸림이 없는 사람은 (모두) 한 가지 길에서 생사를 벗어난다.'는 것이니, 한 가지 길이란 원효에게서는 스스로의 마음에 계시되는 진리를 따라 생사를 벗어난다는 것이다. 또한 앞 구절을 강조한다면 그 한 마음을 따르자면 온갖 외적인 것에 대한 걸림으로부터 벗어나야 한다는 것이다. 여기서도 거듭 명심해야 할 것은 그 벗어남이 무조건적이고 자의적인 벗어남이 아니라, 참된 실재로서 마음에 계시되는 진리에 따른 벗어남이어야 한다는 것이다.

마음속에서 계시되는 진리를 듣는다는 것은 매우 어려운 일이다. 우리의 마음속에서 속삭이는 소리가 진리의 소리인지 악마의 꾐인지 어떻게 분간하는가? 여기에서 원효는 온전히 자유롭지 못했다는 것을 우리는 또한 유념해야 한다. 원효 자신도 마음에 계시되는 진리를 따르고자 한다고 하면서 마음 가는 대로 행동하다가 큰 꾸지람을 받기도 하는 것이다. 그것이 원효가 관세음보살을 친견하러 가는 일화에서 보인다. 그가 관세음보살을 친견하러 가는 도중에 두 여인을 만나는데, 첫 번째 여인은 벼를 베고 있었고, 두 번째 여인은 냇가에서 요즘 말로 하면 생리대로 쓰는 천을 세탁하고 있었다. 원효는 첫 번째 여인에게는 공연히 장난기가 동하여 말을 건다. 여인에 대한 호기심으로 실없는 주책을 떠는 것이라고 할 수도 있다. 그러면서 올 농사가 어떠하냐고 묻는데, 여인의 반응은 흉년이라는 답이다. 흉년이라는 답은 단순히 문자만의 뜻이 아니라, 아직 원효의 진리를 향하는 태도가 경박하다는 비판이기도 하다.

우리도 일상생활에서 비단 이성만이 아니라 여러 가지 사물들에 이끌려 정작 가고자 하는 방향으로 가지 못하고 뭉기적거리는 일들이 자주 있다. 선거에 비유하자면, 후보자를 공정하게 판단해서 뽑아야 하는데, 식사나 관광 등의 향응을 대접받으면서 자신이 선거를 하고 있다는 의식을 망각하게 될 수도 있는 것이다.

원효는 두 번째 만나는 여인에게 또 농반 진반으로 물을 떠 달라고 한다. 여인이 생리대를 빨던 곳에서 바로 물을 떠서 주니 원효는 더럽다면서 다른 곳에서 스스로 물을 떠서 먹는다. 그러자 근처의 나무에 앉아 있던 파랑새가 날아가면서 원효의 잘못된 분별을 꾸짖는다.

이 일화는 앞의 일화보다 의미심장하다. 인류사에 있어서 대개 여성은 남존여비의 차별을 받아 왔다. 그 차별의 종교적 근거는 여성은 부정(不淨)하다는 것이다. 그 부정의 근거에 생리가 있다. 무슨 황당한 궤변이냐고 할 수도 있지만, 원시 부족에서 대문명권에 이르기까지 여성의 생리에 대한 남성우월적 문화권에서의 반응은 대개 여성의 생리를 여성 차별의 근거로 사용해 왔다는 점이다. 그리고 원효 자신도 여기에서는 그런 잘못된 분별로부터 자유롭지 못했다는 것을 이 일화는 깨우쳐 주고 있는 것이다.

오늘날 선거로 위정자를 뽑는 제도가 정착되었지만, 여성 국회의원은 턱없이 부족하다. 여기에는 여성 정치 지도자에 대한 편견이 있기 때문이 아닐까? 몇 해 전 한완상 씨는 선거에 임한 발언을 하는 가운데 누구를 뽑기가 어렵다면 젊은 사람이나 여성에게 표를 던지라고 한 적이 있다. 나이 든 사람이나 남자는 부패에 쉽게 연루되지만 젊은이나 여성은 역설적으로 말하자면 '간'이 작아서 그런 일을 쉽게 저지르지 못한다는 것이다. 어쨌든 이 일화는 남녀 차별의 잘못을 깨우치고 있다고 하겠다.

사실 삼국유사와 같은 불교 관계 설화집에서 나오는 이야기의 상당 부분은 고승대덕들이 자신들에게 찾아오는 허름하고 남루한 낯선 이나 여인네를 함부로 대하다가 큰 봉변을 당하는 이야기들로 구성되어 있다. 뿐만 아니라 일본의 대표적인 불교학자 카마타 시게오(鎌田茂雄)는 『대승기신론』에 관련된 설화들을 모아서 저서를 펴냈는데 거기에 모아진 이야기들의 상당수도 겉으로는 보잘 것 없는 우리의 낯선 이웃들을 소중하게 대해야 한다는 가르침으로 일관하고 있다.[4] 카마타 시게오는 이 저서의 한 곳에서 중국 오대산 화엄사에서 큰 재회(齋會)를 올리는 중에, 아이를 잉태한 여자 걸식인을 홀대했는데 그 여자가 문수보살로 변하여 천공으로 올라갔다는 이야기를 전하면서 다음과 같이 이야기한다.

문수보살은 잉태한 여인의 몸으로 나타나 평등공양(平等供養)의 대공덕을 가르쳐주었다. 진여의 평등함을 여인의 모습으로 변현(變現)하여 가르쳐 준 것이다.

『기신론』에서 설한 바 '진여는 그 체가 평등하여 일체의 상(相)을 여읜다'고 한 것은 오대산에 살아 있는 평등심을 말함이다. 진여평등이라 말하면 그 어떤 근원적인 실재가 현상 세계의 배후에 있어서 그것이 절대이며 평등이라는 것 같이 생각할 수 있으나 그것은 관념에 의하여 만들어진 것에 불과한 것이다.

진여평등이란 일찍이 오대산에 살아 있는 평등한 심(心)인 것이다. 평등한 마음이 살아 있을 때 거기에 진여평등이 뚜렷하게 현실에 구체적으로 존재하게 되는 것이다. 남녀, 승속, 귀천을 차별하지 않고 공양의 식사를 받는 그 모습이야말로 참된 진여평등인 것이다.[5]

곧 카마타 시게오는 다소 지나치게 현상 중심적으로 이야기하는 것 같기도 하지만 주변의 보잘 것 없어 보이는 이웃을 평등하게 공경하는 가운데 『대승기신론』에서 말하는 진여에 대한 체험이 올바르게 이루어진다는 것을 뚜렷이 이야기하고 있는 것이다. 이것은 저명한 종교학자 캔트웰 스미스가 술주정뱅이를 그저 술주정뱅이로 본다면 그렇게 보는 사람 자신도 인간으로서 실패하는 것이라고 이야기하는 것과 일맥상통하는 것이다. 곧 우리 자신 및 우리의 이웃 모두에게는 표면적으로 나타나는 것 이상으로 더 중요한 어떤 것이 있으며, 우리가 피상적인 것에 만족해 버린다면 우리는 우리의 인간적 소명에 있어서 실패하는 것이라는 사실을 캔트웰 스미스는 다음과 같이 역설한다.

우리가 시궁창에 빠져 있는 술주정뱅이를 마주칠 때 단지 시궁창에 빠져 있는 술주정뱅이만을 본다면 우리는 그 사람의 참된 모습을 보는 데 실패한 것이며 자기 스스로도 실패한 것이니, 우리가 이웃 사람들을 그렇게 대우한다면 우리 스스로도 온전히 인간이 되는 데 실패한 것이다. 그리고 우리가 예컨대 돈과 경력과 출세의 맥락에서 곧 우리가 마치 우리의 세속적 환경에 기계적으로 반응하고 대처하는 단순한 유기체인 양 피상적인 삶을 살아간다면, 그러한 경우에도 우리는 인간 이하로 되고 있는 것이다.[6]

원효가 분황사에서 절필한 이야기는 그가 화엄경 십회향품(十回向品)에서 절필했다는 점에서 의미가 크다. 십회향품은 『화엄경』에서 깨달음을 이루어 가는 51계위 가운데 십신(十信)과 십주(十住)와 십행(十行)의 다음 단계로서 십지(十地)의 전 단계이다. 십신과 십주와 십행을 거쳐 자신의 공덕을 널리 회향하는 단계이고 본격적인 깨달음으로서 십지에 이르기 전 단계이다. 여기에서 원효가 절필했다는 것은 온전한 중생 구제의 삶에 전적으로 투신하고자 결심했다는 것으로 이해할 수 있을 것이다. 지식의 추구에서 실천에 보다 전적으로 나섰다는 이야기이고, 그때까지는 앎과 실천이 어느 정도 분리되어 있었다면, 그 이후로는 앎과 실천이 온전히 하나가 되는 삶을 살기 시작했다고 할 수 있을 것이다.

이와 같이 원효의 생애는 평면적이거나 완벽한 삶이라기보다는, 여러 굴곡을 거치면서 나아가는 삶이었다. 우리의 마음속에 진리가 있는 것이지만, 그 진리의 목소리를 제대로 듣기는 어렵기도 하고, 그 목소리를 듣더라도 바로 실천하기는 또한 어려운 것이다. 원효의 삶은 부단히 용감하게 그 목소리를 듣고자 하고 실천하고자 한 삶이었다. 그러는 와중에 요석 공주와의 일화나 소성거사(小姓居士)라고 하는 스스로에 대한 폄칭도 있게 되는 것이다.

이러한 원효의 삶은 부단히 깨달음을 향해 올라가는 삶이기도 했지만, 또한 계속해서 스스로를 낮추어 가는 자기 비움의 길이기도 했다. 그가 만년에 타력 신앙으로서 정토신앙에 깊이 들어가는 것도 이러한 자기 비움의 한 면모일 것이다. 박성배 교수는 선불교가 고도로 영적 성숙을 이룬 사람들을 위한 가르침인데 반해 정토신앙은 진정한 명상을 할 수 없는 낮은 차원의 사람들을 위하여 고안된 것이라는 입장을 불교에 관한 가장 심각한 오해 중의 하나라고 이야기한다.[7] 그는 한국의 가장 뛰어난 학자이자 성인으로 존경받는 원효조차 그 생애에 있어서 처음에는 신동으로서 화엄불교에 집중하면서 영적 삶을 시작하였으나 나중에는 여타의 온갖 교파의 가르침들을 섭렵한 뒤에 말년에는 오로지 정토 수행에 전념했음을 뚜렷한 반증으로 제시하면서 다음과 같이 말한다.

원효로 인하여 한국인들이 모두 아미타불의 명호를 염송하게 되었다고 한다. 우리는 이 이야기에서 무엇을 배울 수 있는가? 원효는 불교를 수행하면 할수록 정토 불교에 대한 이해가 깊어졌다. 그는 불교에 대한 이해가 더 진전될수록 자기 자신의 성취 수준을 낮게 평가하게 되었다. 원효는 정토 불교를 수행하면서 스스로를 가장 천한 신분의 사람으로 자처하여 소성거사(小姓居士, 혹은 卜姓居士)라고 일컬었다. 자신의 낮은 처지에 대한 이러한 깨달음은 원효의 생애에 있어서 위대한 깨달음 중의 하나로 여겨졌다. 그는 그 후로 계속해서 정토 염불 수행에 열심히 매진하였다.[8]

5. 궁극적 실재에 기반한 화엄세계와 하느님 나라

우리는 지금까지 원효가 그리는 이상 세계로서의 화엄세계에 있어서 그 기반이 된다고 할 수 있는 유심(唯心)에 관한 이해를 시도해 보았다. 우리가 이상 세계를 추구한다고 하는 것은, 우리가 마음속에서 이상 세계로부터의 부름을 받고 있다는 데에서 비롯한다고 할 수 있을 것이다. 우리의 마음속에 더 나은 세계에 대한 추구가 자리하고 있지 않다면, 우리는 그저 현실에 적응하며 아무런 불만 없이 살아 가고 죽을 것이다. 그런데, 우리의 마음에 이상 세계에 대한 의식이 살아서 꿈틀거리면서 우리 주변의 현실에 대하여 그리고 우리 자신의 현재의 모습에 대하여 반성적 사유를 추동하고, 개선해 나아갈 것을 요구하고 있는 것을 느끼게 되면서, 우리는 더 이상 그저 살아갈 수는 없게 되는 것이다. 보다 높은 이상을 향하여 보다 정의로운 세상을 향하여 한 걸음이라도 더 딛고자 하게 되는 것이다.

우리의 마음속에 싹트는 그러한 이상을 소중하게 품고 보듬어 키워 갈 때, 우리는 그 이상을 더욱 선연히 인식하고 통찰하게 되며, 또한 더욱 용기 있게 실천해 갈 수 있게 될 것이다. 현대 한국 불교계의 원로 중 한 명으로 몇 해 전에 입적한 청화(淸華, 1923-2003) 스님은 사종연기(四種緣起)[9]에 대한 그의 법문 가운데 여래장연기에 관하여 다음과 같이 이야기하고 있다.

> 우리 인간이 미처 몰라서 이것이다 저것이다 그렇게 하는 것이지 원인(原因)을 캐고 들어가서 끄트머리에 들어가면 다 부처님한테 이르는 것입니다. 그러기 때문에 부처님, 진여불성(眞如佛性)이 그때그때 연(緣) 따라서 이루어지는 것이 우리 지금 현상계라는 것입니다. 내가 금생에 태어난 것이나, 또 살다 죽는 것이나, 사업에 실패하는 것이나, 누구를 좋아하는 것이

나, 모두가 다 겉만 보면 별 것도 아니고 상대적인 걸로 해서 되는 것 같지만 근본 뿌리를 캐 들어간다고 할 때는 다 부처님의 도리란 말입니다. 다하나님[하느님]의 섭리(攝理)입니다. 여러분들이 하나님[하느님]의 섭리라고하면 우습게 생각하고 미신(迷信)같이 생각하시는 분도 있겠지요. 그렇지않은 것입니다. 그것은 우주라는 것이 근원에서 본다고 생각할 때는 다 하나님[하느님]의 섭리요 근본 도리입니다. 다 진리의 섭리입니다. 우리가 뚝떼어서 현상적인 세계만 볼 때는 원인이 있으면 결과가 있고, 이것이 있으면 저것이 있고, 이렇게 되겠습니다마는 가장 근본적인 도리에서 생각할때에는 부처님의 섭리, 하나님[하느님]의 섭리입니다. 여기에서 불교와 기독교[그리스도교]는 하나가 되는 것입니다.[10]

소박한 법문이라고 할 수도 있으나 여래장연기에서 우리의 삶에 초월적 실재의 섭리가 함께 함을 밝히면서 불교와 그리스도교 사이의 접점을 뚜렷하게 이야기하고 있다. 이러한 인식이 투철해짐에 따라서, 우리는 어쩌면, 십자가에 달리기에 앞서서 예수의 기도처럼, 다음과 같은 기도를 드리되 그 뒷부분에 더 마음이 가게 되지 않을까 싶다.

아버지; 나의 아버지! 아버지께서는 무엇이든 다 하실 수 있으시니 이 잔을 나에게서 거두어 주소서. 그러나 제 뜻대로 마시고 아버지의 뜻대로 하소서.[11]

이러한 가운데 이기적이고 경쟁적인 기복 종교를 넘어서 참다운 사랑의 종교로 자비의 종교로 그리스도교와 불교가 함께 나아가게 될 것을 기대하는 것은 지나친 욕심인지 모르겠다.

니시다의
철학과
기독교적 세계관

이찬수 | 강남대학교 교양교수부

'순수경험', '절대무의 장소', '절대무의 자기 한정', '절대모순적 자기 동일', '역대응' 등의 언어는 기본적으로 난해하면서도 일관성이 있 다. 니시다는 늘 직관과 행위를 동일시하고, 인식과 존재를 동일시하 고, 반성을 역사와 동일시하고자 한다. 그의 철학은 내내 불교적 '즉' (卽)의 논리를 밝히는 데 있다고 해도 과언이 아닐 정도이다. 그에게서 '모' 와 '순' 은 절대적으로 동일하다. 그 동일성을 통해 니시다는 역사 를 긍정하고자 한다. 사물을 긍정하기 위한 논리를 전개하는 데 니시다 만큼 치열했던 학자를 만나기 힘들 것이다.

니시다의 철학과 기독교적 세계관
- 자각이론을 중심으로[1]

1. 들어가는 말

불교는 깨달음의 종교이다. 그 깨달음은 스스로로부터 오며, 스스로에 의한, 그리고 스스로에 대한 깨달음이다. 그래서 자각(自覺)이다. 깨달음의 대상이 자신이며, 깨달음의 주체도 자신인 셈이다. 자신이 자신을 깨닫는다는 것은 무엇이며, 그것은 어떤 논리적 기반 위에서 이루어지는가.

이 글에서는 교토학파(京都學派)의 창시자이자 서양적 의미에서 일본 최초의 근대 철학자라고 할 수 있을 니시다 기타로(西田幾多郎, 1870-1945)를 중심으로 자각의 논리를 정리해 보고자 한다. 교토학파 철학자들이 자신들의 학문 영역을 불교 철학 안에 한정시키고 있는 것은 아니지만, 니시다를 비롯해 이들이 관심 있게 연구하는 분야는 크게 보아 대승불교적 세계관과 다르지 않다. 니시다가 종횡무진 사용하는 '절대무'(絶對無), '장소'(場所), '절대모순적 자기동일'(絶對矛盾的自己同一), 역대응(逆對應) 등 독창적인 언어들의 의미 발생 구조는 공(空) 또는 '공즉시색'(空卽是色)과 같은 대승불교 언어의 쓰임새와 '구조적으로' 상통한다. 그런 점에서 니시다의 철학은 대승불교의 세계관을 근대 서양철학의 언어로 번역해 내었거나, 대승불교적 입각점에서 동·서양의 사상을 서양 철학적 언어로 통합해 낸 탁월한 성취라고 규정하는 것은 정당하다.

대승불교적 안목으로 니시다의 철학 전반을 정리하노라면, 불교 철학의 언어가 그대로 보전 및 유지되어야 할 부분과 새롭게 해석 및 변용되어야 할 부분도 자연스럽게 느껴진다. 본 논문에서 니시다 철학을 중심으로 불교적 '자각'에 대한 근대 일본 사상의 단면을 정리해 보려는 것도 그런 배경과 이유에서이다.

아울러 니시다 철학은 근대 서양 사상의 언어로 구성되어 있을뿐더러, 종종 기독교적 세계관과 비교하며 이루어지고 있다는 점에서, 그의 철학에서 불교와 통할 만한 기독교 신학의 모습을 읽어 내는 것도 어렵지 않다. 역설적으로 그의 철학은 기독교 신학이 불교 철학과 상통할 수 있도록 외연을 확장하는 자극제 역할을 하기도 한다. 본 논문에서는 자각의 논리를 중심으로 니시다 철학 전반을 정리하는 가운데, 그의 논리가 기독교적 신 인식에 어떤 도전을 주는지 그 일단에 대해서도 알아보고자 한다. 니시다의 기독교관은 다음 기회에 좀 더 본격적으로 정리해 보고자 한다. 초기 니시다 철학의 핵심이라 할 만한 '순수경험'의 문제부터 살펴보도록 하겠다.

2. 순수경험

‘내가 ~을 경험한다.’ 는 말에서 드러나듯이, 일반적으로는 경험을 경험 주체와 대상으로 분리시켜 이해한다. 하지만 불교적 ‘자각’ 은, 그것이 비록 인간 안에서 벌어지는 인간적 경험이되, 기본적으로 스스로에 의한, 스스로에 대한 깨달음으로서, 그때 주체와 대상이 동일하다.

니시다는 윌리암 제임스(William James, 1842-1910)의 순수경험(pure experience) 개념에서 영감을 얻고 언어를 빌려오면서, 경험 주체와 대상의 동일성의 문제에 대해 집요하게 논리화해 나간다. 니시다가 제임스의 언어를 빌려 말하려는 순수경험은 무엇보다 주객 미분의 경험이다. 가령 길을 걷다 활짝 피어 있는 꽃을 보고 ‘아!’ 하며 감탄할 때 그것은 일종의 순수경험이다. 이 순수경험에 반성적 사유가 더해져서 ‘내가 꽃을 보고 있다.’ 고 생각하거나, ‘저 꽃은 나팔꽃이다.’ 라는 식의 ‘판단’ 이 생기는 것이다. 니시다가 말하는 순수경험은 사유나 분별이 더해지기 이전의 의식의 통일적 상태이다. 니시다는 이렇게 말한다.

경험한다는 것은 사실 그대로 안다는 뜻이다. 전적으로 자기 잔꾀(細工)를 버리고 사실에 따라 아는 것이다. 보통 경험이라고 하는 것도 실은 무엇인가 사상이 섞여 있기 때문에, 순수라는 것은 조금도 사려 분별을 더하지 않은, 참된 경험 그대로의 상태를 이르는 것이다. 예를 들면 색깔을 보고, 소리를 듣는 순간, 아직 이것이 바깥 사물의 작용이라든가, 내가 그것을 느끼고 있다든가 하는 생각이 없을 뿐만 아니라, 이 색깔, 소리가 무엇이라는 판단이 더해지기 이전을 말하는 것이다.[2]

순수경험은 분별적 판단이 더해지기 '이전'의 경험이다. 이때 '이전'은 단순히 시간적 '이전'을 말하는 것이라기보다는, 위 인용문 첫 구절에 있듯이, '사실 그대로 아는 것'을 의미한다. 주객 이원적 사유에 의한 분별심이 없는, 주객 미분의 경험이다. 경험 주체와 대상이 분리되어 있지 않다는 것이다. 엄마와 자신을 분리시키지 못하는 영아에게서 그런 주객 미분의 사례를 볼 수 있다.

물론 사람이 영아의 상태에 머물러 있는 것은 아니다. 성장하면서 반성적 과정이 더해지고 주객을 분리하기 시작한다. 주객 미분의 상태에서 주객 분화의 상태로 변해가는 것이다. 하지만 이때의 '분화'는 '미분'의 단순한 대립이나 변질 혹은 타락이 아니다. 도리어 미분의 자기표현이다.

그런 점에서 분화 이전적 경험은 분화 자체이기도 하다. 주체와 객체가 주체와 객체로 고스란히 살아나는 경험이기도 하다.

어떤 대상에 대한 경험이든 그것은 사실상 주체 안에서, 달리 말하면 의식 안에서 발생하는 것이기 때문이다. 어떤 경험이든 경험이 일어나는 곳은 의식 '밖'이 아니고 의식 '안'이다. 불교의 핵심이 그렇듯이, 니시다도 경험의 대상을 철저하게 주체 안에서 파악하려 한다. 주체 '안'의 객체이기에 그곳에서 주객은 분리되지 않는다. 이렇게 니시다는 주객의 분화를 있는 그대로 포섭하고 승인하는, 즉 분화된 주체와 객체의 원천적 통일성을 확보할 수 있도록 해 주는 그 '안'에 집중한다. 그 '안'을 '자각'으로, 그리고 '자각'을 다시 '장소'(場所)라는 개념으로 충실하게 논리화해 나간다.

3. 유일 실재로서의 의식 현상

갓난아이가 의식 이전, 즉 전(前)의식의 상태에 있다면, 깨달은 이는 온전한 의식, 즉 전(全)의식의 상태에 있다고 할 수 있다. 물론 온전한 의식은 의식 이전과 분리되는 것이 아니다. 온전한 의식이든 이전적 의식이든 이들을 가능하게 해 주는 통일적 의식 위에서 가능하기 때문이다. 깨달은 이에게도 반성적 사유가 있지만, 그때의 반성은 대립적 주객 분화의 결과가 아니다. 반성은 의식의 근원적 통일성을 해치지 않는다. 니시다가 보건대 그 통일적 의식이 순수경험을 안으로부터 포섭하는 온전한 실재이다.

모든 경험은 의식 '안에서', 의식으로서 일어나는 의식 현상이다. 그래서 니시다는 말한다: "의식 현상이 유일한 실재이다."[3] 이런 관점을 가지고 초기의 니시다는 "순수경험을 유일한 실재로 삼아 모든 것을 설명해 보려"[4] 시도한다. 그가 보건대 유일한 실재로서의 순수경험은 의식 자체가 스스로를 의식하는 것이다. 의식 자체가 스스로를 의식하기에 '능동적인' 의식이다. 니시다는 이것을 '의식된 의식'이 아닌, '의식하는 의식'이라고 풀어 말한다. 이때 '의식하는 의식'은 주체의 의식 안에서 바로 그 의식으로서 현전한 참된 실재이다. 의식 안에서 실재가 현전한다는 것은 의식 현상 자체가 바로 참된 실재의 현전이 된다는 말이다. 니시다의 다음 두 말을 들어 보자.

먼저 전체가 함축적으로(implicit) 나타난다. 그것에서 그 내용이 분화 발전한다. 그리고 이 분화 발전이 끝났을 때 실재의 전체가 실현되어 완성되는 것이다. 한마디로 말하면, 하나의 것이 자기 자신에서 발전 완성하는 것이다.[5]

자기라는 것이 초월적으로 밖에 있는 것이 아니라, 의식하는 곳 거기에 자기가 있는 것이다. 그때그때의 의식이 우리의 모든 자기됨을 요구하고 주

장한다. 더욱이 그것을 부정적으로 통일해 가는 곳에, 참된 자기라는 것이
있는 것이다.[6]

유일 실재로서의 의식이 스스로를 분화·발전시켜 나간다. 이때의 분
화는 분열이 아니라, 더 큰 통일에 이르는, 의식 작용 자체의 불가결한 계
기가 된다. 의식하는 그곳에 자기가 있다. 좀 더 구체적으로 말하면, 그 다
양한 의식이 자기부정적으로 스스로를 통일해 가는 곳에 참된 자기가 있
다. 의식의 자기통일이 바로 자각인 것이다. 다른 각도에서 좀 더 구체적
으로 보자.

4. 직관, 반성, 자각

자각의 논점은 주객 미분의 의식과 그 분화로서의 반성적 성찰 사이의
관계를 분명히 하는 데 있다. 니시다는 무분별적 의식 상태와 분별적 의식
상태의 관계를 명확히 하기 위해 자각의 개념을 강조한다. 그의 입장을 요
약하면, 순수경험, 그에 대한 반성, 그리고 이들 관계의 논리적 결과가 각
각 '직관', '반성', '자각'이 된다. 니시다 연구자인 코사카 쿠니츠쿠는 이
렇게 해설한다.

> 직관이라는 것은, 주객의 아직 나뉘지 않은, 아는 것과 그 대상인 알아지
> 는 것과 하나이다. 현실 그대로 끝없이 진행하는[不斷進行] 의식이다. 반성
> 이라는 것은, 이 진행의 밖에 서서, 뒤집어 그것을 본 의식이다. … 나는 우
> 리들에게 이 두 가지의 내면적 관계를 명확하게 하는 것이 우리들의 자각
> 이라고 생각한다. 자각에 있어서는, 자기가 자기의 작용을 대상으로서, 그

것을 반성함과 동시에, 이와 같이 반성한다고 하는 것이 바로 자기 발전의 작용이다. 이렇게 하여 무한히 나아가는 것이다. 반성이라는 것은, 자각의 의식에 있어서는, 밖으로부터 더해진 우연한 것이 아니고, 사실은 의식 그 것의 필연적 성질인 것이다.[7]

니시다는 반성이 직관[순수경험]의 밖에서 직관을 보는 의식이라고 규정한다. 반성은 일단 직관에 대한 외적(外的) 의식이다. 그러면서 이 대립적인 두 가지의 계기를 내면적으로 통합시키는 것이 자각이다. 자각은 순수경험과 반성적 사유의 공통 근원이자 결과이며 과정이다. 자각의 차원에서 보면, 반성은 단순히 직관에 대한 외적 의식이 아니다. 자기 안에 새로운 자기를 더하는 것이다. 이러한 '더함'의 내면적 통합이 자각이다.

자각의 근본 성격은 '자기 안에서 자기를 비추는' 것이다. 이때 앞의 자기와 뒤의 자기는 크기의 차이가 아니고, 공간적 안팎의 관계도 아니다. '자각에 있어서는 자기를 직관하는 것이 자기를 반성하는 것이며, 자기를 반성하는 것이 자기를 직관하는 것이다. 이리하여 자각에 있어서는 직관이 반성을 낳고, 또 반성이 새로운 직관이 되어 무한히 발전해 간다. 이와 같이 자각의 움직임은 자기 안에서 무한히 자기 자신을 비추는 움직임이라고 생각된다.'[8]

5. 자각, 통일적 의식

자각이 자기 안에서 자기 자신을 비추면서 무한히 발전해 가는 체계라고 할 때, '앞의 자기'와 '뒤의 자기'의 관계를 좀 더 면밀히 규명하는 일은 여전히 중요하다. 이들 관계와 관련하여 니시다는 피히테(J.G.Fichte)의

'사행'(事行, Tathandlung) 개념에서 적지 않은 영향을 받았다. '사행'은 (행위로 생겨난) 사태/사실(Tat)과 행위(Handlung)의 조합어로서, 피히테가 두 낱말을 조합시켜 나타내려는 것은 '인식된 것'과 '인식 행위'가 동전의 양면과 같다는 사실이다.

피히테는 인식의 근원을 '자아'로 보았다. 이 자아는 인식의 대상이 아니라 인식이라는 행위를 가능하게 하는 근원이다. 자아는 인식을 통해 자기 존재를 스스로 정립한다. 당연히 외부적 재료에 근거한 경험적 증명으로 규정되는 것이 아니다. 자신 안에서 스스로를 정립하기 때문이다. 성서에서 말하는 신의 자기규정인 "나는 나다."(I am that I am, 출애굽기 3:14)라는 명제가 그것을 적절히 나타내 준다. 피히테에 의하면 "나는 나다."는 자아의 주체적 능동성을 의미하는 제일 원리이다.

이렇게 자아는 행위의 주체이다. 그래서 자아는 늘 능동적이다. 물론 수동과 대립된 능동이 아니다. 자아는 능동적이면서 동시에 능동적으로 행해진 것이기도 하다. 그 행해진 소산(Tat)과 행위(Handlung)를 종합한 개념이 '사행'(Tathandlung)인 것이다: 피히테가 보건대 자아를 세우는 행위(Handlung)와 그 결과(Tat)는 하나이며, 자아의 행해진 측면이 '존재'로서의 자아라면 – 즉 "나는 있다"로서의 I am이라면 – , 행위의 근원은 '당위'로서의 자아이다. – 즉 "나는 나다"로서의 I am이다.

니시다는 이런 피히테의 철학에서 배우면서, 존재(나는 있다)와 당위(나는 나다)의 동일성을 확보하고자 한다. 니시다에게 '사유되는 자아'[대상]와 '사유하는 자아'[주체]는 동일하다. 그러면서 그 동일성이라는 통일적 의식을 '자각'으로 규정한다. 앞의 표현대로 하면, "자기 안에서 자기를 비춤"이 자각이다. '비춤'은 넓게는 '행위'이지만, 좁게는 '봄'[觀]이다. 니시다에게 능동적 행위의 초점은 '봄'으로 모인다. 그래서 비춤은 직관(直觀)이다. 그리고 그 직관에 대한 능동적 성찰의 통일적 의식이 자각이다. 직관에 대해 성찰한다지만, 그것이 능동적인 것이라는 점에서 직관 스스로 직관하는 것이다. 그것이 자각이다.

자각은 행위이되, 자각적 행위의 핵심은 '봄'이다. 니시다는 피히테에게서 아이디어를 얻으면서 처음에는 능동적 '작용'을 강조하다가, 점차 '봄'을 강조하기 시작한다. '작용하는 것'이 실재라는 입장에서 '보는 것'이 실재라는 쪽을 강조하기 시작한 것이다. 물론 그에게 '행위'와 '봄'은 같은 것이다. 그의 글 『작용하는 것에서 보는 것으로』에 이런 입장이 잘 나타나 있다. 통일적 봄, 즉 직관이 근원적 실재이다. 모든 것은 이 실재에서 생겨나 이 실재로 귀환한다. 귀환한 실재가 '자각'이다.

6. 판단 이론과 장소

어떻게 자기가 자기를 비추는가? 어떻게 자기가 자기를 보는가? 만일 순수경험이 주객 미분의 경험이라면, 자각은 순수경험의 분화와 통일을 의미한다. 분화된 의식이 분화이자 미분이기도 한 통일성으로 귀환하는 것이 자각이다. 자각은 순수경험의 자기반성인 것이다.

그런데 자기가 자기를 반성하는 이 자기 분화는 어떻게 일어나는 것일까? 그리고 분화가 어떻게 통일성으로 귀환하는가? 이미 본 대로 니시다에게는 통일적 의식으로의 귀환이 자각이고, 그 자각이 유일 실재이다. 니시다는 이런 입장이 단순한 주관주의에 빠지지 않게 하기 위해 아리스토텔레스가 사용한 '히포케이메논'(hypokeimenon, 基底, 基體) 개념을 빌려 논리화한다.

히포케이메논은 자연 존재의 근저에 있는 것[基體]으로서, 아리스토텔레스에 의하면 "그 자체는 다른 어떤 것에 의해서도 술어가 될 수 없는 것이다."[9] 그러기에 일체 판단의 문법적 주어이다. 그런데 주어는 언제나 그보다 보편적인 술어에 의해 포섭될 때 비로소 주어로서 성립된다. 하나의 판단이 성립되는 것도 마찬가지이다. 가령 형식논리학에서 '개는 포유류이다.' 라는 판단을 내릴 때, 특수한 주어인 개는 포유류라는 보편적 술어에 포섭됨으로써만 타당성을 얻는다. 하지만 과연 포유류라는 보편적 술어가 개라는 특수한 주어를 온전히 포섭할 수 있을까? 포유류란 개로서의 특수성과 구체성을 탈각시켜 버린 추상개념에 지나지 않는 것은 아닐까? 포유류에는 개만 속한 것이 아니라, 고양이, 코끼리, 고래도 있으니 말이다. 니시다는 이런 식의 의문을 던지면서, 주어의 측면보다는 술어의 측면에 관심을 기울인다. 아리스토텔레스의 히포케이메논을 역으로 생각하여, 술어는 되지만 주어는 될 수 없는 것에 초점을 둔다. 주어를 한정하는 술어를 중시한다.

가령 '개는 포유류이다.' 라는 명제에서 그 '-이다' 라는 판단이 진정으로 성립하려면 포유류라는 술어(보편)가 개라는 주어(특수)로 '스스로를 한정해야' 한다는 것이다. 이것이 니시다 사유 구조의 핵심이라고 할 수 있다. 개는 개를 개로서 성립시키고 있는 포유류가 스스로를 한정하고 스스로 개로서 특수화할 때만 비로소 개일 수 있다는 입장, 즉 '개는 포유류이다.' 라는 판단이 참으로 성립할 수 있다는 입장이다.

보편이 자신 안에서 스스로를 한정하여 특수가 되는 곳에서 특수와 보편 간에는 긴장과 알력이 없다. 특수가 보편이고 보편이 특수이다. 니시다의 판단 이론에서는 그 판단에서의 술어가 자기를 한정함으로써 주어와 술어가 원천적으로 하나 되어 있고, 또 하나 될 수 있음을 보여주고자 한다. 시간의 상에서 말하자면, 이곳은 영원이 순간 안에 스스로를 한정한

'영원한 순간', '영원한 현재' 이다. 그 무언가를 '안다' 고 하는 것도 이런 구조를 지닌다. 앎이란 특수가 보편 속에 감싸이고 둘러싸이는 것이다. 다시 말해 보편이 특수의 모습으로 스스로를 한정하는 것이다. 특수를 특수로 아는 것이다.

니시다에 의하면, 이때 보편이 스스로를 한정하면서 일체 존재의 다양성과 차별성을 그대로 긍정할 수 있으려면, 보편이 자기동일성을 유지하면서 스스로 안으로부터 차별을 전개해 나가야 한다. 이것은 자신을 부정하면서 자기를 외화(外化)하고 자기 자신으로 돌아온다고 하는 헤겔의 '이데' (Idee)와도 유사하다.

하지만 니시다가 보기에 헤겔의 이데[보편]는 개체[현실]로 외화하고 개체에 내재하기는 하지만, 개체[현실]를 온전히 포함(包含)하지는 못한다. 내재하되, 개체를 개체로 온전히 살리지 못한 채, 개체에 대해 여전히 초월성의 흔적을 지닌다는 것이다. 헤겔의 이데에서는 '보는 것' 이 '보여지는 것' 에 대해, '움직이는 것' 이 '움직여지는 것' 에 대해 초월적이다. 이데에 유(有)의 흔적, 상대무(相對無)의 흔적이 남아 있는 것이다.

니시다에 의하면, 자기동일성을 유지하면서 차별성과 다양성으로 현전하는 보편은 유(有)가 아니라 무(無)이어야 하며, 그것도 유에 대립하는 '상대무' 가 아니라 이들을 포함하는 '절대무' (絶對無)이어야 한다. 절대무라야 개체를 개체로 온전히 살린다. 니시다는 내내 이런 것을 말하고자 한다.

7. 장소의 논리

이 절대무는 불교적 공(空)의 니시다적 표현이라고 할 수 있다.[10] 니시다의 표현에 따르면, 절대무는 모든 개체와 특수를 생생하게 자신 안에 포괄하는 '장소'이다. 장소란 일체 자각의 근거이며, "의식 바로 그 안에서 의식을 안으로부터 초월하면서 대상화되지 않은 의식을 성립시켜 주는 동시에 의식된 대상의 존재도 성립시켜 주는 근거이다."[11] 사물과 사물이 공통(共通)의 공간 안에서 서로 관계를 맺을 수 있듯이, 의식의 주체로서의 자아(自我)와 그 분화로서의 비아(非我)가 분열된 별개의 객체들이 되지 않으려면, 이들을 함께 포용하는 장소를 이야기하지 않으면 안 된다. 장소는 모든 의식 행위를 가능하게 하고 통일시켜 주는 근거이다. 장소는 인식 대상의 주관적 구성 정도가 아니라, 인식 작용과 인식 대상 모두를 포용하는 근원이다. '자기 안에서 자기를 비춘다'고 할 때 그 '—안에서'의 '심층'을 의미한다고 할 수 있다.

이것을 판단의 문제로 가져오면, 일체 사물에 대한 판단의 정당성은 절대무의 장소(絶對無の場所) 위에서 가능하다. 절대무의 장소는 자기를 한정함으로써 개체를 포섭하는 궁극적이고 '초월적인 술어면(述語面)'이다. 이 초월적 술어면을 무한히 확대해 가면 그 극한에서 어떤 술어에 의해서도 포섭되지 않는, 즉 모든 술어를 자기 안에 포섭하는 그런 술어에 도달한다. 이 모든 술어를 초월한 '초월적 술어면'이 '절대무의 장소'이다.

그것은 보편적 절대무(술어)이기에 구체적 특수(주어)로 자신을 한정하고도, 아니 그렇게 자신을 한정함으로써 참으로 하나의 판단이 성립되는 것이다. '개는 포유류이다.'라고 하는 판단에서 포유류라는 보편(술어)이 개라는 특수(주어)로 자신을 한정한다는 말이다. 그때야 비로소 '—이다'라는 판단이 성립할 수 있는 것이다.

물론 판단은 의식 안에서 벌어지는 일이다. 사물과 사건을 그 사물과 사건으로 판단하는 것은 의식 현상이다. 앞에서도 보았듯이 초기 니시다에게 '의식 현상이 유일 실재이다.' 자각 이론 역시 의식 현상과 관련된다. 니시다는 의식 안에서 벌어지는 판단의 문제에서 술어의 자기 한정으로 주어가 긍정되는 논리를 고스란히 현상세계로 가져온다. 사물을 사물 되게 해 주는 그것, 그 술어적 측면에 주목한다. 니시다에 의하면, 만물을 만물 되게 해 주는 것은 만물을 만물로서 규정하고 있는 것이 스스로를 한정하여 내어 줄 때에만 가능하다. 이때 만물을 만물로서 규정하고 있는 것이 스스로를 내어 줄 수 있으려면, 앞에서 말한대로 무(無), 그것도 절대적인 무가 아니고서는 안 된다는 것이다. 초월적 술어 면의 극한에서는 무도 사라지기 때문에, 아리스토텔레스가 미처 보지 못했던 진정한 기체, 즉 어떤 것에 의해서도 술어가 되지 않는 기체가 나타난다. 판단의 진정한 주체만이 남는 것이다. 그러기에 '자기가 자기를 깨닫는다.' 고 말하는 것이다. 이렇게 스스로 깨달음, 즉 '자각' 은 '절대무의 장소' 에서 구체성을 얻게 된다. 자각은 자기 자신을 직관하는 것이며, '절대무의 장소' 의 자각이기도 하다.

물론 '절대무의 장소' 라 하지만, 절대무와 장소가 분리되는 것이 아니다. 절대무가 그대로 장소이다. 공간적 의미를 담아 '장소' 라는 말을 쓰기는 하지만, 장소가 그대로 절대무이다. 그 장소 안에서 만물은 만물로서의 고유성을 유지한다. 장소가 절대무이기에 만물이 만물로 고스란히 살아난다. 장소는 '나' (주체)에 의한 하나의 객체가 아니다. 장소 안에서 나의 위치가 결정되는 것이다. 그런데 그 장소가 절대무이다. 그 절대무 안에서 나는 비로소 나일 수 있는 것이다.

초월적 술어 면에서 볼 때에야 주어가 살아난다. 그것이 자기 자신을 보는 '자각' 이다. 자각은 절대무를 자각하는 것이면서 절대무가 자각하는 것이기도 하다. 절대무를 자각하는 것이기에 아무것도 자각하는 것이 없

다. 절대무가 자각하는 것이기에 절대무 안에서 모든 것은 고스란히 살아난다. 이런 식으로 절대무는 만물의 만물 됨을 생생하게 살려 주는 장소이다. 만물의 생생함을 고스란히 살려 내는 '자각의 논리'는 그래서 '장소의 논리'(場所の論理)가 되는 것이다.

8. 절대모순적 자기동일

절대무의 장소에서 개개 사물은 저마다의 고유성을 부여받고, 사물로서의 자기 정체성을 획득한다. 절대무 안에 있기에 각 개체는 자기동일적으로 폐쇄되어 있지 않고 다른 개체에 개방되어 있다. 절대무 안에서 자기가 부정됨으로써 스스로 긍정될 뿐 아니라 다른 개체도 긍정한다는 뜻이다. 이것을 개별 개체의 차원에서 보면, 개체와 개체가 서로를 '한정'(限定)함으로써 서로를 세워 주는 식이며, 이러한 상호 한정은 개체가 저마다 절대무라는 장소 안에 있기에 가능하다는 말이다.[12] 니시다는 후기로 가면서 이것을 '절대무의 자각적 자기 한정' 또는 '절대무의 자기 한정'이라 부르며 강조한다.

여기서 개체와 개체는 그저 대립되어 있기만 하지 않고 사실상 절대무라는 장소에서 저마다의 고유성을 유지한 채 통일되어 있다. 통일되어 있다는 것은 각 개체에 자기만의 아성(我性)은 없다는 뜻이며, 고유성을 유지한다는 것은 그 개체를 개체되게 해 주는 장소 안에서 자기동일성을 획득한다는 말이다. 초기 불교의 무아론(無我論)과 화엄종의 성기설(性起說)을 연상시켜 주는 부분이다. 성기(性起)가 '본성[佛性]의 일어남'이듯이, 만물은 절대무의 현현, 즉 절대무의 자기 한정이다. 공(호)이 그대로[卽] 색(色)이라는 『반야심경』의 논리와도 같다. 니시다는 후기로 가면서 '절대무의 자기

한정' 개념을 통해 역사적 세계를 있는 그대로 긍정하려고 애썼다. 코사
카는 왕상(住相)과 환상(還相)이라는 일본 정토진종의 언어를 빌려 이런 상
황을 다음과 같이 정리한다:

> 중기까지의 니시다 철학이 현상계로부터 그 근저에 있는 근본적 실재에
> 이르는 왕상(住相)의 과정이었다면, 후기의 니시다 철학은 역으로 근본적
> 실재로부터 그 현현으로서의 역사적 현실계에 이르는 환상(還相)의 과정
> 이었다고 할 수 있다. 니시다 자신은 … 전자에서는 '겉으로부터 속을 보
> 았다'고 한다면 후자에 있어서는 '속으로부터 겉을 보려고 노력했다'고
> 말하고 있다.[13]

역사적 현실계에서는 각 개체가 저마다 고유하게 자기동일성을 지닌
다. 그렇기에 각 개체는 자기동일성을 지니게 해 주는 장소와 모순(矛盾)된
다. 모순되되, 절대무라는 장소에서 그 장소의 자기 한정으로 인해 획득한
자기동일성이기에 단순한 대립적 모순이 아니다. 니시다는 이것을 '절대
모순'이라고 부른다. 마치 산과 물의 부정을 거치고서 비로소 '산은 산,
물은 물'이라 말할 수 있듯이, 절대무의 장소에서 자기부정을 거침으로써
획득된 고유성이기에 이 고유성은 단순 대립이 아닌 일체의 대립과 차별
[對]을 끊어 버린[絶] 모순, 즉 '절대모순'이다.

절대모순의 논리에 의하면, "질병이라는 것도 생명 가운데 있는 것이
다. 살아 있는 것은 언제나 질병 가능한 상태가 아니면 안 된다. 그렇지 않
으면 살아 있는 것이 아니다. 생명은 모순의 자기 동일이 아니면 안 된다
… 참된 생명은 죽음까지도 포함한다고 할 수 있는 것이다."[14]

참된 생명은 모순의 자기동일이다. 그것도 상대모순이 아니라, 절대모

순이다. '모'와 '순' 그대로 '절대'라는 말이다. 이 "절대는 자기 안에 절대적 자기부정을 포함하고 있다. 절대적 자기부정을 포함하고 있다는 것은 자기가 절대무가 된다는 것이다."[15] 만물은 이미 절대무 안에 있기에 자기동일성을 획득하게 되는 것이다. 더 높은 경지에서 점차 종합되고 통일된다는 뜻이 아니다. 그렇다면 그것은 상대적 차원의 모순일 뿐, 절대모순이 아니다. 지금 모순적인 그대로 자기동일적이라는 것이다. 바로 이런 차원에서 니시다는 만물의 자기동일을 '절대모순적 자기동일'(絶對矛盾的自己同一)이라는 부르는 것이다.

9. 신학적 인간학의 구조

마찬가지로 니시다는 "신이 악마에 대립하여 있는 한, 그 신은 더 이상 신이 아니라"고 말한다. 신과 악마가 별개로 존재한다는 듯한 사고방식에서의 신은 상대성을 면치 못한다. 이때 신은 악마와 단순하고 상대적인 모순의 관계일 뿐, 절대모순이 아니다. 선과 악, 생과 사, 번뇌와 열반도 대립적이고 상대적으로 파악되는 한, 이들은 단순한 모순의 관계에 있을 뿐 절대모순이 아니다. 정토진종의 개조 신란(親鸞)이 "번뇌를 끊지 않고 열반을 얻는다."(『教行信證』, 行卷, 正信偈 65)며 적절히 규정하고 있듯이, 열반은 번뇌에 단순히 대립되는 것이 아니다. 이들은 상대모순이 아니라, 절대모순의 관계이다. 그래야 열반이 온전한 열반이 된다.

절대모순은 신이 스스로를 부정하되, 악마로까지 부정할 때 성립된다.[16] 바로 그럴 때 신은 참으로 신이 된다. 신 밖에 악마성을 일부라도 남겨 두어서는 신이 되지 못한다. 신이 전적으로 악마가 되는 것이다. 물론 악마는 없어지고 신만 남는다는 뜻은 아니다. 신이 악마로까지 자신을 부정하는 것은 바꾸어 말하면 신 자신이 스스로에 대해 부정을 일으키는 것이다. 니시다에 의하면, "참된 절대자는 악마적인 것에까지 자기 자신을 부정하는 것이 아니면 안 된다."[17] 신이 스스로를 부정하기에 이 신은 자기 모순적이다. 그러나 신은 이러한 자기 모순을 거침으로써만 긍정된다. 그때야말로 신이 참으로 신인 것이다. 기독교적 신론과 인간론에 시사하는 바가 크다.

사실 신학의 구조도 이와 과히 다르지 않다. 가령 20세기 가톨릭 신학을 대표하는 칼 라너(Karl Rahner)는 "신이 비신(非神)이 되고자 할 때, 인간이 다르게는 될 수 없는 바로 그러한 자로서 성립한다."[18]고 말한다. 즉 신이 자신을 비우면서 자신을 구체화할 때 그는 인간이 된다는 것이다. 그렇게 '신'과 '인간화한 신'은 대립적이지 않다. 인간 밖에 신이 별도로 남아 있는 것이 아니기 때문이다. 인간의 존재 방식이 그대로 신이다. 라너의 표현에 따르면, 인간이 된 신은 신의 자기 표명(Selbstäusserung)이다. 그 표명 밖이나 위에 신이 별도로 있는 것이 아니다. 그 인간의 인간됨은 신의 비신화(非神化)이다. 라너라는 창문을 통해 드러나는 가톨릭 신학의 신론과 인간론의 지평과 의미 체계도 니시다의 '절대모순적 자기동일'과 비슷한 구조 위에서 작동하고 있는 셈이다.

요약하자면 니시다에게 '절대모순적 자기동일'이란 자기가 자기모순적으로 자기 자신에 대함으로써 자기동일적으로 되는 것을 뜻한다. 절대모순과 자기동일은 어떤 절차나 단계가 아니다. 절대모순이 그대로(即) 자기동일이고 자기동일이 그대로(即) 절대모순이다. 그렇다면 '절대모순적 자기동일'에서의 '적'(的)은, 아베 마사오(阿部正雄)가 옳게 지적하고 있듯이, 자기동일을 수식하는 형용사형 어미가 아니라, 바로 '즉'(即)의 의미이다.[19] 고사카 마사유키(高坂正顯)도 '절대모순적 자기동일'에서의 '적'에는 즉(即)의 성격이 있다고 분석하고 있다.[20] 색즉시공(色即是空)이라는 말에서의 '즉'과 다르지 않은 것이다. 이것은 색(色)이 스스로에 대해 자기모순을 일으켜 색으로서의 자기동일성을 획득하는 것이다. 달리 말하면 공(空)이 색(色)으로서 자신을 한정하는 것이기도 하다. 인간의 인식 체계 안에서 말하면, 인간이 다양한 사물을 그 사물로 인식할 수 있는 것은 그 사물을 사물 되게 해주는 장소, 즉 공(절대무)이 자기모순적으로 스스로를 한정하기 때문이라는 것이다. 그런 점에서 '절대모순적 자기동일'은 '장소적 논리'의 자연스런 귀결이다.

10. 행위적 직관과 자각

'절대모순적 자기동일'은 '장소적 논리'의 다른 표현일 뿐만 아니라, 그가 초기에 말하던 '순수경험'의 논리화이기도 하다. 순수경험은 주객 미분의 경험이며, 밖에서 주객 미분의 내면을 뒤집으며 보는 행위가 반성이다. 그 반성의 눈으로 역사적 세계를 보면, 끝없이 변화하는 세계는 '절대 모순적 자기 동일'이라는 논리 구조를 지닌다.

이때 그 세계를 대하는 주체의 입장에서 세계를 다시 보면, 거기에는 두 가지 작용이 있다. '직관'과 '행위'이다. 역사적 세계를 대하는 주체의 입장에서 보건대, 세계는 '행위적 직관'으로 스스로를 형성해 간다. 이때 '행위'와 '직관'은 얼핏 서로 분리되는 모순적 언어들 같지만, 세계와 그 세계를 대하는 인간의 관계를 엄밀히 반성해 보면 그렇지 않다. 니시다에 의하면 사물을 대하는 주체는 직관에 의해 행위하고 행위에 의해 직관한다. 행위하기 위해 직관하는 것이 아니고, 직관하기 위해 행위하는 것이 아니다. 행위와 직관은 '상즉불리'의 관계에 있다.

가령 화가는 그림을 무로부터 창조하는 것이 아니다. 화가가 '보는' 대상이 그리는 '행위'로 나타나는 것이다. '그리는 행위'는 '봄'으로써 생긴다. 대상에 대한 직관이 깊어질수록 행위는 더욱 창조적인 것이 된다. 이처럼 생각하면, 행위와 직관은 대립적이지 않고, 오히려 상즉적·상보적이다. 보는 것이 행위하는 것이고, 행위하는 것이 보는 것이다. 그래서 "행위적 직관"은 "행위 즉 직관"이고, "직관 즉 행위"이다.[21]

이 '즉'에는 자기부정이 들어있다. 화가의 '봄'(직관)이 내면화하면서 '그림'(행위)으로 나타난다고 할 때, '봄'은 '그림'에 대해 자기부정적이다. '봄'이 자기부정을 통해 '그림'이라는 행위로 나타나고, '그림'이라는 행위가 부정되는 곳에서 '봄'이 살아난다. 그래서 행위는 자기부정적으로 직관이 되고, 직관은 자기부정적으로 행위가 된다. 행위와 직관이라는 모순이 자기부정적으로 동일성의 관계 속으로 들어가는 것이다. 그래서 행위는 행위이고 직관은 직관이다. 그리고 그때의 행위는 직관적 행위이고, 그때의 직관은 행위적 직관이다.

> 행위적 직관이라는 것은 우리가 자기모순적으로 객관을 형성하는 것이고, 역으로 우리가 객관으로부터 형성되는 것이다. 본다고 하는 것과 일한다고 하는 것과의 모순적 자기동일을 말하는 것이다.[22]

> 참으로 모순적 자기동일의 세계에서는, 주체가 참으로 환경에 몰입하여 자기 자신을 부정하는 것이 참으로 자기가 사는 것이고, 환경이 주체를 감싸 주체를 형성한다고 하는 것은 환경이 자기 자신을 부정해서 바로 주체가 되는 것이 아니면 안 된다.[23]

가령 내가 움직이는 세계를 본다고 할 때, 나의 '봄'이 부정되는 곳에서 세계의 움직임이 고스란히 살아나고, 세계의 움직임이 나의 '봄' 속에 녹아든다. 니시다는 이것을 "물(物)이 되어 보고 물(物)이 되어 간다."는 말로 표현한다. 물(物)과 그 물(物)을 보는 자기 사이에 구별이 사라진 세계인 것이다.

물론 이런 '행위적 직관'은 인간이라는 역사적 존재에게 일어나는 작용이다. 환경에 지배되고 있는 개체 생물에게서 일어나는 것이 아니다. 개체 생물은 역사를 창조하지 못한다. 인간이 역사를 창조한다. 니시다에게 역사적 존재란 생물적 신체가 아니라 인간적 신체를 말한다. 세계는 인간적 신체의 '행위적 직관'을 통해 스스로를 형성해 가며, 그 형성은 그렇게 보는 주체와의 상즉적(相卽的) 행위 속에서 그렇게 되어 가는 것이다. 순수경험의 세계가 심리적 세계였다면, 행위적 직관의 세계는 역사적 세계이다. "전자가 가지고 있던 관상적·심경적 내적 구조가, 후자에 있어서는 역사적 현실계의 행위적·창조적인 내적 구조로서 구체적인 표현 형태를 취하고 있는 것이다."[24] 그리고 이 모든 것의 근원에 '절대무의 장소' 혹은 '장소의 논리'가 놓여 있다.

11. 신과 인간, 역대응의 관계

이런 식으로 니시다는 만물이 이미 절대무라는 장소의 자기 한정으로 인해 자기동일성을 획득하며, 그 근저에서는 저마다의 개성을 유지한 채 통일되어 있다고 본다. 그리고 더 나아가 절대무로서의 장소 개념을 이용해 일상의 소소한 일들은 물론 역사적 세계까지 긍정하고자 한다. 이러한 긍정의 논리를 니시다 최후의 논문(「場所的 論理와 宗教的 世界觀」, 1945)에서는

'역대응'(逆對應)이라는 개념으로 정리한다.

물론 역사적 세계를 긍정한다지만, 그 긍정을 가능하게 해주는 것은 철저하게 자기부정이다. 니시다 철학에서는 처음부터 끝까지 자기부정의 논리가 들어있다. '역대응'의 개념은 결국 자기 긍정을 말하기 위한 것이지만, 그 과정은 철저하게 자기 부정적이다. 자기부정을 통한 자기 긍정의 논리를 집약한 말이 '역대응'이라고 할 수 있다.

'절대무의 자기 한정'이라고 할 때 '한정'도 '자기부정'의 다른 말이다. 색(色)이 색(色)일 수 있는 것은, 공의 측면에서 보면, 공(空, 絕對無)의 자기 한정 때문이다. 색의 측면에서 보면, 색이 자기를 부정함으로써 자기를 긍정하는 것이다. 색의 자기 긍정은 자기부정을 전제로 한다. 색과 공을 대응 관계로 표현하면, 색은 공의 자기 한정으로 인해 부정됨으로써 긍정되는 역대응적 관계이다. '긍정되는 색'은 사실상 절대무의 장소 위에서 '부정되는 색'으로 인해 가능해지는, 역대응의 관계에 있다.

가령 아미타불에 대한 중생의 기도와 중생을 구제하려는 아미타불의 구제력은 서로 역방향이다. 이때 자신의 한계를 자각하면서(자신을 부정하면서) 아미타불의 원력을 감싸고, 중생에 대한 아미타불의 원력은 자신의 자리를 떠나(자신을 부정하고) 중생을 향하면서 중생 안에 감싸여진다. 인간의 아미타불로의 나아감과 아미타불의 인간에로의 나아감은 역방향이다. 그것은 인간과 아미타불의 자기부정을 전제로 한다. 그런 점에서 "절대모순적 자기동일"에서의 '적'(的)이 '즉'(卽)이었다면, 역대응에서의 '역'은 '비'(非)에 가깝다. 물론 니시다와 거의 같은 논리적 기반 위에서 이루어지는 스즈키 다이세츠(鈴木大拙)의 '즉비의 논리'에서 즉(卽)과 비(非)가 대립적인 것이 아니듯이,[25] '역' 역시 단순한 반대나 대립을 의미하는 것이 아니다. 즉(卽)이 그대로 비(非)이고, 비(非)가 그대로 즉(卽)이다. 그것은 단계나 과정도 아니다. 색이 그대로 공이듯이, 자기 동일과 자기부정은 같다.

마찬가지로 중생의 기도와 아미타불의 서원은 단계적으로 성취되는 것이 아니다. 그것은 동시적이고 동일하다. 인간의 종교심이 있은 후 신의 구원이 있는 것이 아니라, 인간의 종교심이 그대로 신의 음성이다. 니시다는 말한다: "우리는 자기부정적으로, 역대응적으로, 언제나 절대적 일자(絶對的 一者)에 접하고 있다."[26]

> 상대적인 것이 절대적인 것에 마주하는 것이 죽음이다. 우리들의 자기가 신을 마주할 때가 죽음이다.…상대적인 것이 절대자와 마주한다고 말할 수 없다. 또 상대와 마주하는 절대는 절대가 아니다. 그 자신은 아직 상대자이다. 상대가 절대와 마주할 때, 거기에 죽음이 없을 수 없다. 그것은 무(無)가 되지 않으면 안 된다. 우리들의 자기는 오로지 죽음에 의해서만 역대응적으로 신에 접하고 신과 맺어질 수 있는 것이다.[27]

인간과 신은 '서로 마주하는' 관계가 아니다. 서로[相] 마주하는[對] 것들을 우리는 상대자(相對者)라고 부른다. 서로 마주한다는 것은 별도의 개체로 남아 있다는 뜻이다. 그러고서야 어떻게 서로를 온전히 만날 수 있겠는가. 서로 만난다는 것은 서로가 서로 안에 들어가는 것이다. 서로 안에 들어가는 것은 주체의 입장에서는 스스로를 부정하는 것이다. 자기부정에 의해 절대가 현현한다. '절대'의 낱말 뜻은 '마주하고 있는 것' [對]을 '끊음' [絶]이지만, 이 끊음은 상대적 끊음이 아니라 절대적 끊음, 즉 '끊음 아닌 끊음' 이다. 그럴 때 '상대가 그대로 절대'가 되는 것이다. 니시다가 "우리는 자기부정적으로 언제나 절대적 일자와 접한다."고 말하는 것은 이런 맥락이다.

니시다는 이와 관련하여 기독교의 성서를 이렇게 인용한다: "화로다, 내가 망하게 되었도다. 나는 입술이 부정한 사람이요 입술이 부정한 백성 중에 거하면서 만군의 주님이신 왕을 뵈었음이로다."(이사야 6,5)[28] 이 성서 구절은 본래 이사야라는 예언자의 회고적 고백의 일환이지만, 니시다는 여기서 '부정한 이가 신을 보는 논리'를 보고자 한다. 이것은 더러움을 극복하고 신을 보는 것이 아니라 더러운 그대로 신을 본다는 뜻이다. 더러운 이가 신을 '봄' 속에서 더 이상 상대적인 차원의 더러움은 없다. 그곳이 신의 장소이기 때문이다. 니시다는 "나는 그리스도와 함께 십자가에 못 박혔나니 이제는 내가 사는 것이 아니라 그리스도께서 내 안에 사신다."(갈라디아서 2,20)는 성서 구절도 그런 식으로 해석한다. 신과 인간이 만나되, 역대응적으로 만나는 것을 잘 보여주고 있는 것이다.

12. '평상저'와 '임마누엘'

역대응은 신과 인간, 중생과 부처의 관계를 나타내는 언어이다. 니시다는 이것을 다시 인간의 종교적 자각의 편에서 설명하고자 '평상저'(平常底)라는 개념을 가져온다. '평상저'는 당나라 선사 남전(南泉, 748-834)이 제자 조주(趙州, 778-897)에게 했던 '평상심시도'(平常心是道)를 응용해 만든 말이다. 평상 '심'에 담긴 심리적 차원을 극복하고, 자각의 '근저'에서 평상성(平常性)의 본질을 볼 수 있도록 하려는 신조어라고 할 수 있다. 그 본질을 보는 것이 종교이다. 니시다는 이렇게 말한다: "종교는 평상심을 떠나는 것이 아니다. 남전이 '평상심이 도'라고 했는데, 그것은 어디까지나 이 평상심의 근저에 철저해지는 것이다."[29]

'평상저'의 그 '저'(底)에서 우리는 니시다 사상을 일관하는 '장소'의 이미지를 읽어 낼 수 있다. 절대무의 장소가 자각의 근거이듯이, 평상 '저'는 평상 '심'이 가지고 있는 무한의 깊이를 적절히 표현해 준다. 그 깊이에서 수평적 시간과 수직적 장소가 만나고, 역사적 세계와 종교적 세계가 교차한다. 그래서 평상 '저'는 일상의 초월이 아니라, 일상의 '심저'(深底), 일상의 근원이다.

심저(深底)는 칼 바르트(Karl Barth) 계열의 신학을 탁월하게 불교적으로 해석한 신학자 타키자와 카츠미(瀧澤克己)의 표현대로 하면 "임마누엘의 원사실"에 해당한다. 임마누엘, 즉 '하느님이 함께 하신다'는 사실은, 타키자와에 의하면, 인간이 의식하든 의식하지 못하든 기독교인에게든 누구에게든 본래 이루어져 있는 근원적 사실이다. 타키자와는 니시다 철학에서 영감을 얻으면서 이것을 신과 인간의 '제일의 접촉'(第一義の接觸)이라고 명명한다.[30] '제일의 접촉'이란 그리스도인이든 아니든 인간 실존의 근저에 무조건적으로 놓여 있는 근원적인 사실이다. 뉴턴이 중력의 법칙을 발견하기 이전부터 그 법칙이 모두에게 작용해 왔듯이, 인간은 근원적으로 신 안에서 살며 움직이고 있다는 것이다. 인간은 신과 근원적으로 접촉하고 있기에 실제로 신을 인식할 수 있게 된다는 것이다. '제일의 접촉'에 기반한 인간의 현실적 신 인식을 타키자와는 신과 인간의 '제이의 접촉'(第二義の接觸)이라고 명명한다. 중요한 것은 의식하든 의식하지 못하든 '하느님이 함께 하신다'는 근원적인 사실, 즉 '임마누엘의 원사실'이야말로 인간의 본질이라는 것이다. 그 안에서 모든 일이 이루어지기 때문이다.

타키자와가 니시다에게 영감을 얻으며 신과 인간의 원천적 관계성을 설명하는 데 초점을 두었다면, 니시다의 '평상저'는 일상사가 구원의 사건이고 일상이 구원의 세계라는 선(禪)의 정신에 충실한 언어라고 할 수 있다. '평상심이 도'라고 하는 선불교 언어의 근대 철학적 번역으로서, 종교적 세계를 인간 주체의 측면에서 파악하고자 한 흔적이 역력하다. 그에게 역사적 세계는 종교적이며, 종교적 세계는 역사적이다. 그런 점에서 '평상저는 무한의 과거와 무한의 미래가 일점에 집중하는 이 절대 현재의 자기 한정으로서 자기를 자각하는 입장이다.'[31] 이렇게 니시다는 '평상저' 라는 말로 주체를 긍정하고 거기서 비롯된 일상을 긍정하고자 한다.

이와는 달리 타키자와의 '임마누엘의 원사실'은 주체에 선행하는 세계이다. 인간 주체가 달리는 될 수 없고 그렇게 될 수밖에 없도록 이미 주어져 있는 은총의 세계이기도 하다. 그런 점에서 '임마누엘의 원사실'은 인간 주체 안에 있으되 주체에 선행한다. 신은 인간에 대해 불가역적이라는 것이다. 이것이 기독교의 특성이기도 하다. 신학자 오다가키 마사야(小田垣雅也)의 말처럼, "불교와 기독교의 기본적인 차이는 … 신과 인간의 관계에 있어서 우선순위가 불가역적으로 신 쪽에 있다는 주장에 대해 불교는 가역적으로 본다는 점에 있다."[32] 한국의 대표적 불교 – 기독교 비교연구학자인 길희성도 비슷한 시각을 견지한다.[33] 앞에서 간단히 보았던 칼 라너의 신학에서도 인간에 대한 신의 초월성의 흔적, 불가역성은 유지된다.

니시다 기타로도 외견상 불교와 기독교의 이러한 차이를 의식하고서 이렇게 말한다: "자기와 절대자의 관계에 있어서 상반되는 두 방향을 인정할 수 있다. 거기서 기독교적인 것과 불교적인 것이라는 두 종류의 종교가 성립하는 것이다."[34] 물론 니시다는 이 가운데 하나를 선택하려는 것이 아니다. "추상적으로 그 한 쪽의 입장에만 서는 것은 진정한 종교가 아니기"[35] 때문이다.

니시다가 '평상저'라는 말로 나타내려는 것은 불교라는 제도화한 종교의 세계관이 아니다. 인간의 주체적 의식과 그에 근거해 일상을 가능하게 해 주는 근원이다. 물론 불교도는 불교야말로 정확히 이것을 설명한다고 하겠고, 기독교도 역시 이것을 설명하는 것이 기독교라고 주장할 터이다. 그 주장의 미세한 차이 자체를 밝히려는 것이 이 글의 주제는 아닌 탓에 여기서는 이 정도로 지나갈 수밖에 없지만, 제도화한 불교 언어를 넘어 그 것이 지향하는 궁극적 세계의 논리를 규명하려는 것이 니시다의 한결같은 자세인 것은 분명하다. 이것은 그의 제자 니시타니 케이지(西谷啓治)가 『종교란 무엇인가』에서 말하려는 종교이기도 하다.

불교라는 표층적 세계관에만 함몰되지 않도록 니시다가 마련한 장치가 앞에서 본 역대응의 개념이다. 역대응은 인간 주체의 면을 살리면서도 종교적 세계를 신 혹은 부처의 편에서 보고자 노력한 결과물이다. 신의 인간에의 방향과 인간의 신에의 방향은 서로 반대지만, 그 역방향이 서로의 자기부정 속에서 동일성을 획득하게 되는 것이다. 적어도 이 지점에서는 가역성과 불가역성이라는 불교와 기독교의 차별적 독특성이 해소되고 두 세계관이 창조적으로 만날 수 있다고 니시다는 본다. 그런 점에서 역대응의 개념은 평상저에 비해 기독교적 세계관과 만날 가능성이 상대적으로 크다. 역대응 이론을 중심으로 기독교적 신론 혹은 인간론과 비교하는 작업은 향후 중요한 과제가 아닐 수 없다.

13. 자각은 가능한가

지금까지 살펴본 '순수경험', '절대무의 장소', '절대무의 자기 한정', '절대모순적 자기동일', '역대응' 등의 언어는 기본적으로 난해하면서도 일관성이 있다. 니시다는 늘 직관과 행위를 동일시하고, 인식과 존재를 동일시하고, 반성을 역사와 동일시하고자 한다. 그의 철학은 내내 불교적 '즉' (卽)의 논리를 밝히는 데 있다고 해도 과언이 아닐 정도이다. 그에게서

'모'와 '순'은 절대적으로 동일하다. 그 동일성을 통해 니시다는 역사를 긍정하고자 한다. 사물을 긍정하기 위한 논리를 전개하는 데 니시다만큼 치열했던 학자를 만나기 힘들 것이다.

니시다는 현실 자체를 설명하려는 것이었다기보다는 현실을 가능하게 해 주는 논리를 내내 찾아 왔다. 그 논리에서 다양성은 찬란하게 꽃피며 일상은 있는 그대로 긍정된다.

하지만 우리의 현실적 경험은 긴장과 모순 – 물론 상대적인 차원의 – 의 연속이다. 완벽주의적일 정도의 언어 구사에 담긴 니시다의 치열함에 비해 현실은 부조리 투성이다. 니시다는 부정과 긍정을 동일성 차원에서 거침없이 오가지만, 현실(色)과 원리(空)를 동일시(即) 하고, 자기부정을 고스란히 자기 긍정으로 삼으려는 니시다의 논리가 지나치게 논리적이거나 이상적인 것은 사실이다. 절대무와 자기 한정, 그리고 자기 한정과 역사적 세계 사이를 대번에 동일성으로 치환하는 근거나 이유를 좀 더 제시하면 좋겠다는 느낌도 떨쳐버리기 힘들다.

이런 문제의식은 그의 제자 타나베 하지메(田邊元, 1885-1962)가 적절히 드러내 준 바 있다. 타나베는 절대무를 보편적 장소로 보는 니시다의 사상에서 논리적 비약을 읽었다. 타나베는 절대무 자체보다는 일상적 행주좌와의 행위 중에서 명백히 밝혀진 것을 중시한다. 그러면서 절대무와 역사의 사이, 그 '매개'에 관심을 기울인다.

타나베는 절대무의 자기 한정으로서만이 아닌, 역사적인 노에마(그는 이것을 種이라 부른다)로의 한정을 매개로 해서만 역사를 포함할 수 있게 된다고 본다. 정말 '절대무'라면 그것은 부정 원리로 남을 뿐, "역사와 행위를 포함할 수 없으며",[36] "행위의 매개로 충분히 볼 수 없기" 때문이라는 것이다. 자연스럽게 그는 '순수경험'보다는 그 경험의 활동적 측면인 절대의

지, 도덕적 실천과 같은 측면을 중시한다.

타나베에게는 철학도 '도덕적 실천'이라는 근본 위에서 그것을 철저하게 반성하는 '실천의 자각'이다. '현실 전체의 실천 행위를 통한 자각'인 탓에 '절대무에 직접 들어가는 것은 불가능하다.'[37]고 그는 본다. 반드시 '매개'가 필요하다는 것이다. 도덕적 실천이 종교적 깨달음의 매개가 된다는 것이다. 단순하게 말하자면, 종교적으로 자각을 했다고 해서 도덕적 실천으로 바로 이어지는 것이라기보다는, 도덕적이고 의지적인 실천과 고민 이후에 그것을 넘어서는 종교적 자각으로 이어질 수 있다는 것이다. 이 것은 '절대무의 자기 한정'이 자칫하면 그 은총적 측면만을 강조하고서 인간의 구체적 실천을 약화시키거나 무력하게 만들어 버릴 수도 있다는 문제의식을 나타내 준다. 그래서 절대무가 구체적으로 스스로를 한정하려면, 그 구체적인 것 내지는 그와 관련된 것을 '매개'로 해서만 가능하다는 주장을 펴는 것이다. "절대무의 자각이 근본이고, 도덕적 실천은 그 근본으로부터 자기 한정으로서 나온 행동의 하나"라고 본 니시다의 입장과는 그 방향상 반대이다.

여기서 타나베의 철학을 상세하게 펼쳐 놓을 여유는 없지만, 그럼에도 불구하고 니시다와 타나베의 철학이 동전의 양면과 같다는 사실은 분명해 보인다. 이들의 주장은 결과적으로 다르지 않다. 사실 니시다도 개물(個物)과 환경 사이에서, 부분과 전체 사이에서 종(種)의 문제를 의식하고 곳곳에서 거론한다. 하지만 타나베에 비하면 개물-종-전체 사이에 상대적으로 긴장감이 없다. 니시다에게 종(種)은 곧 즉(卽)이고 개체는 곧 전체인데 비해, 타나베는 상대적으로 종(種)의 긴장감을 살리면서 그것을 결국 절대무 속에 포섭하고자 한다. 결국 절대무 속에 포섭한다는 점에서 절대무를 부각시키기는 마찬가지이다. 타나베의 '매개'도 결국은 '절대 매개'로서,

그에게도 니시다가 내내 강조하는 절대무의 이념이 고스란히 반영되어 있다.

그럼에도 불구하고 타나베의 매개 철학은 '절대모순적 자기동일'은 물론 대승 불교적 '긍정'(卽)의 세계관이 더 풍요로워질 수 있도록 활력을 불어넣어 주는 역할을 한다고 생각된다. 니시다 철학은 물론 타나베의 매개 이론에 대한 좀 더 체계적인 연구는 향후 과제로 남겨 두고자 한다.[38]

구약성서 예언자의 '대립'과 원효의 '통합' 사이의 변증법

김은규 | 성공회대학교 구약학

원효는 현실을 회피하거나 거기에 안주하지 않고, 역사와 사회의 한가운데로 뛰어든 것이다. 곧 일심이 하늘에 있지 않고, 기득권에 있지 않고, 제도권에 있지 않고, 민중들과 보다 가까운 곳에 있음을 보여준 것이다. 그는 깨달음의 궁극적인 실현이 중생 구제에 있다고 믿은 것이다. 정토 역시 사후에 보장받는 불국토가 현실의 고통을 오히려 왜곡시키는 것을 보았으며, 현재 우리가 사는 땅이 정토가 되도록 하기 위해 정의로운 사회, 평등한 사회, 평화로운 사회를 추구했다. 이러한 이타적인 자비심이 사회적 실천으로 나가는 것을 구도의 보살로 보았다. 원효는 인간의 관념과 이기적인 기득권으로는 갈등을 해결할 수가 없고, 이를 버릴 때, 곧 기득권을 버리고 실천의 현장으로 내려올 때, 그 숙제들을 해결할 수 있다는 것을 보여준 것이다. 낮은 위치에 와서 고통과 억압을 당한 사람이 용서하고 화해를 요청할 때 진정한 화합과 통합이 되고, '하나'가 될 수 있기 때문이었다.

구약성서 예언자의 '대립'과 원효의 '통합' 사이의 변증법

- 민중적 관점에서

1. 시작하는 말

불교와 기독교의 대주제가 되는 '화엄세계와 하나님 나라'를 다루는 것은 종교 간 대화에서 경전들을 접근해 간다는 차원에서 큰 의의가 있다. 이 주제를 받고, 필자의 전공 분야가 구약성서인데, 고민을 하던 중, 기원전 8~6세기경의 예언자들과 기원후 7세기의 원효를 비교해 보고 싶은 생각이 들었다. 대개 학문은 연속성을 토대로 하여 상호 연결점을 찾는 것이 보편적인 방법론인데, 이 두 영역 간에는 시간적으로도 1천 년의 차이가 있으며, 공간적으로도 중동의 팔레스타인이라는 조그만 땅덩어리와 한반도라는 조그만 땅 사이에 서로 교류도 없는 위치에서 상호 비교한다는 것

자체가 이미 학문적 장벽이 될 수 있다. 더욱이 서로 다른 종교들을 넘나든다는 것은 자칫 어불성설이 될 수도 있다. 하지만, 인간의 본연의 마음은 인종과 시대와 지역을 넘어 공통적인 것이라고 본다. 그리고 이 두 지역은 주변의 제국들로부터 잦은 위협과 전쟁, 그리고 사회 내부로는 왕, 귀족 계층과 민중 간에 경제적·사회적 대립과 갈등이 공통적으로 있었다는 것이 이 글의 단초가 될 수 있을 것으로 본다.

과연 종교는 이러한 시대적 상황에서 어떤 방향을 선택해야 하는 것인가? 구약 시대의 예언자들과 불교의 원효는 전혀 다른 방향을 선택했기 때문이다. 전자는 '대립'을, 후자는 '통합'을…. 그런데 그 선택은 모두 민중적 관점이었다. 양쪽의 민중들은 모두 정치적·사회적·경제적 억압과 착취를 받는 상황이었는데, 왜 전혀 다른 선택이 나왔을까? 이것은 어느 쪽이 선택을 잘 했느냐의 비교가 아니라, 그렇게 선택할 수밖에 없었던 사회적·종교적 상황들과 인물들의 신념과 철학과 실천을 보면서 이해해야 할 것이다. 당시 종교들이 지배층의 지배 이념에 동조하고 협조하는 상황에서, 구약 시대의 사회정의를 외치는 예언자들과 신라 시대의 원효는 모두 현실을 극복해 보고 싶은 정치적·사회적·종교적 관심들과 실천 의지들을 갖고 있었다.

이 글은 오늘날 한국에서 분단 현실과 사회적 양극화와 이념적 갈등, 그리고 종교 권력과 부패 현상들이 나오는 현실에서 '대립'과 '통합'이 서로 어떤 관계를 이루며, 다시 변증법적으로 '합'(合)에 이르는 대안은 없는지를 불교와 기독교를 통해서 찾아보려고 한다.

종교 간에 왜 대화를 하고, 경전을 해석해야 할까? 우선 지구촌 곳곳에서는, 그리고 우리 사회 안에서도 종교들 간에 갈등과 충돌이 일어나고 있다. 이것은 종교들이 배타적인 자세와 자기 종교의 영역을 보존 내지는 확장하려는 데서 기인하고 있다. 그래서 종교 간 대화를 함으로써 첫 번째는 갈등을 줄일 수 있게 해 주는 것이고, 두 번째는 자기 종교의 한계를 극복하고 사상적으로·철학적으로·수행적으로·영성적으로 더욱 풍요롭게 해준다. 아마도 후자가 왕성해지면, 전자의 갈등은 자연스럽게 소멸할 것으로 본다. 물론 종교 간 갈등은 표면적인 것이 되고, 강대국가들의 영토전쟁·경제적 이해관계 등이 더 근본적인 것이 되기 때문에, 종교 간 갈등이 쉽게 해결되지 못하는 이유도 있다. 여기에 '경전 간 해석학'(Inter-Scriptural Hermeneutics)이 필요한 이유가 있다. 경전들 간의 대화라 함은, 그리스–로마 신화와 동북아 신화와 남미와 아프리카 신화들 간에, 그리스 철학과 노장사상·성리학 등 동서양 철학들 간에, 그리고 기독교·이슬람·불교·유교·동학과 샤머니즘을 포함한 한국 종교 등 동서양 종교들 간에 대화를 말할 수 있겠다. 이 영역을 확장한다면, 동서양 회화·음악·건축물 등 문화 간에도 비교와 융합(fusion)을 이끌어 낼 수 있겠다.

종교 간 대화를 위한 경전 간 해석 방법은 어떤 것이 될까?

첫 번째는 종교 사상과 철학의 관점을 가질 수 있겠다. 비록 각 종교 경전 본문들의 시대와 사회와 상황이 다르다고 하더라도, 인간 사회가 떠안고 있는 문제들이 공통적으로 나타난다. 이를 위해서는 역사적 접근과 사회적 분석이 선행되어야 한다. 인류학, 사회학, 고고학, 언어학, 문학, 종교학, 철학 등의 인문·사회학적 방법들을 동원하여 경전들의 본문과 그 배경의 상황을 보다 종합적이고 포괄적으로 해석해 낼 수 있다. 이것은 종교의 세계를 보다 객관적으로 들여다보게 하여, 해석자의 주관적 접근과 해석을 막아 주는 효과를 가져온다. 경전의 본문은 역사적·사회적 산물이기 때문이다. 이를 통해 종교 사상과 철학이 어떻게 반영되고 역사적으로 전승되어 왔는지를 살펴보면서, 그 시대에 어떤 종교적 역할을 했는지를 볼 수 있을 것이다.

결국 종교는 사상에 뿌리를 두고 있다. 만약 종교들의 발달 과정을 무시하고 본문을 다루게 되면, 문자주의에 입각한 근본주의(fundamentalism)로 실상을 왜곡하게 된다. 가령, 과거의 문화적·가부장적·전쟁 상황적·제사 전통적 배경에서 나온 본문들을 오늘에 그대로 적용시키려는 시도인 것이다. 그 후유증은 종교인의 일탈 행동으로 쉽게 나타날 수 있다.

두 번째는 종교 다원주의(religious pluralism)에 대한 우려와 제한들을 극복하는 것이다. 곧 종교 간 대화를 하면서, 나의 종교가 이웃 종교들로부터 영향을 받아 변색되는 것은 아닌가 하는 우려를 한다. 하지만 모든 종교와 사상과 문화·예술·건축 등은 그 이전의 것들로부터, 그리고 주변과 중심들로부터 서로 영향을 받는 것이 당연하다. 구약성서 역시 고대 이집트와 고대 메소포타미아로부터 많은 영향을 받았다. 한국의 유교, 불교, 그리고 민간신앙 등이 오랜 역사를 내려오면서 역시 상호 영향을 주고받았다. 나의 종교만이, 나의 종교 창시자만이 독창적이고 절대적이라는 생각은 버려야 할 것이다. 종교와 사상과 문화·예술 등 제반 영역이 절대 가치를 주장하며 상대의 것을 받아들이지 않을 때 쇠락한다. 현재 미국과 유럽의 기독교는 불교의 수행과 사상들을 받아들이며 조용하게 그러나 큰 변화를 모색하고 있다. 동시에 영국 성공회의 알란 앤더슨(Alan Anderson)이 주장한 다른 종교에 대한 배타주의(exclusivism)와 다른 종교인을 내 종교인으로 개종시키려는 포용주의(inclusivism) 역시 경계해야 할 태도이다. 특히 기독교는 '우상숭배 금지'와 '나 이외에 다른 신을 믿지 말라'는 율법이 이웃 종교들을 배타적이고 적대적으로 대하게 하여 작게는 가족 안에서 갈등을, 크게는 국가 간에 전쟁을 일으키는 부정적 역할을 하고 있다. 특히 기독교가 종교 다원주의를 강하게 비판하고, 이 율법을 강하게 주장하는 것은 그

것이 기독교의 외형적 성장에 기여를 하고 있는 물질적 토대를 지탱하는 근거가 되기 때문이다. 이 율법들에 대한 재해석과 교회 현장에서 극복이 필요하다.

세 번째는 종교의 경전들이 인간의 마음과 정신과 영혼을 다루고 있으며, 자연과 사회에 대한 세계관과 우주의 신비를 보여 주고 있어, 서로 간의 차이와 공통점을 발견하는 것도 종교의 경전들을 바라보는 해석의 방법과 틀이 될 수 있다. 각 종교에서 인간의 죄, 고통, 이기심, 분노, 질투 등의 본래적 심성들을 어떻게 수행하며 가라앉히며 구원과 해탈로 이끌어 가는지를 통해 상호 공통점을 찾아볼 수 있겠다. 이를 위해 함께 수행하는 것을 시도하면서, 상호 침투(mutual-infiltration, 또는 intra-dialogue)가 일어나게 하는 것도 좋은 경험이 될 것이다. 상대의 경전 속에 있는 인간 이해를 보면서, 그리고 상대 종교의 수행을 경험하면서, 이웃 종교 간의 상호 존중과 예의를 갖추어 가는 동안, 벌어진 간극을 한껏 줄일 수 있다. 이처럼 경전 연구와 수행이 함께 이루어지면서, 이성적 교류와 정서적 교류가 함께 일어나는 것도 바람직할 것이다.

끝으로 종교 간 대화와 경전 간 해석의 모색은 단순히 종교적 차원에만 머물러서는 안 된다. 오늘 우리 시대에 일어나는 지구 생태, 환경오염, 인권과 민주화, 사회 정의, 부패, 신자유주의로 인한 사회적 양극화, 강대국가들의 지구적 제국주의(global empire)의 패권, 지구 남반부(global south-아시아, 아프리카, 남미)의 빈곤, 한반도의 분단과 평화, 여성, 매춘, 동물권(animal rights) 등의 문제들에 실천과 공조가 필요하다. 이러한 해석의 관점과 목표 의식을 가질 때, 종교가 사회와 분리되지 않고, 권력화되는 것도 막으며, 개인과 사회가 통합되는 계기가 될 것이다. 경전 간 해석을 사변적으로만 보는 것보다는 위와 같은 주제들을 중생과 민중의 입장에서 보면 서로 풀어 나가는 과정에서 많은 공감대를 발견할 것이다. 종교의 창시자들이 대부분 민중의 고통에서 출발하고 있기 때문이다.

2. 예언자들의 대립

이스라엘은 서아시아의 메소포타미아 문명, 북 아프리카의 이집트 문명, 유럽의 3개 문명이 만나는 지점에 있다. 또한 서쪽으로는 지중해, 동쪽으로는 광대한 사막이 펼쳐진다. 이들 문명의 거대한 제국들은 호전적이었기에, 이스라엘은 이 강대국들의 틈바구니에 끼여 있고, 바다와 사막 사이에 있어, 그야말로 사면초가(四面楚歌)에 있었다. 한반도 역시 중국, 러시아, 일본 그리고 바다에 둘러싸여 있는 자그마한 국가로 이스라엘과 지정학적 환경이 비슷하다. 메소포타미아 제국들과 이집트 제국들은 이미 기원전 3천 년경부터 거대한 강들을 중심으로 도시국가들이 세워졌으며, 전쟁을 통해 차츰 그 세력이 확장되었다.

이스라엘은 기원전 13세기경 모세가 이집트에서 노예들을 이끌고 탈출하는 때부터 기원을 잡고 있다. 이후 이백여 년간 부족국가 시대를 보내다가, 다윗이 등장하여 이 부족들을 통합시켜 고대 국가 체제를 이루게 된다. 절대왕정 국가를 이룬 후 왕권을 중심으로 제사장, 행정 관료, 군인 등 지배층을 형성하였다. 솔로몬 왕은 활발한 무역과 함께, 성전과 궁전을 건축하면서 많은 노동력과 물자를 동원하였고, 이때부터 부자와 빈자의 계층이 구분되기 시작했다. 기원전 922년 솔로몬 이후에 국가는 둘로 쪼개져, 북쪽은 이스라엘이라 하여 왕권은 잦은 쿠테타로 불안하게 연명되었고, 남쪽은 혈통에 의한 세습으로 다소 안정적인 체제를 유지했다. 기원전 8세기에 이르러 남·북은 경제적으로 다소 좋아지는 상황이 되었으나, 앗시리아 제국과 이집트 제국, 그리고 주변 국가들의 전쟁의 위협은 계속되었다. 사회 내부적으로는 왕권은 민중들을 억압하는 경향이 높아졌고, 제사장들, 재판관 등 사회 지도층은 부패하고 타락하였다. 여러 종교들이 공존하면서, 갈등이 지속됐다.

이렇게 기원전 8세기에 북쪽과 남쪽 모두 경제적으로 번영을 누리면서, 동시에 사회적으로 계층 간에 갈등이 확대되는 시기에 바로 예언자들이 등장한다. 구약성서에는 이사야, 예레미야, 아모스, 미가, 하박국, 호세아, 에스겔 등 예언자들의 이름이 나오는데, 이들은 기원전 8세기부터 약 3세기 동안 활동한 사람들이다. 흔히 예언자라고 하면 점술가, 하늘을 보고 개인이나 국가의 운명을 예측하는 자, 신과 인간 사이에 중재자, 제사장, 꿈 해몽가, 굿을 하며 신적 체험이나 황홀경(ecstacy) 체험 등을 연상한다. 사실 기원전 8세기 이전에는 이런 인물들이 등장했고, 역시 기복적인 모습과 왕권 세력에 가까이 있었다. 그러나 기원전 8세기부터 등장한 예언자들은 사회의 지도층들의 불의와 불평등에 대해서 민중들 편에서 항변하고 정의로운 사회를 이루려는 개혁 운동을 펼친다. 말하자면 지배층과 예언자들 모두 같은 이름의 하나님을 믿지만, 각각 지배자의 편과 민중의 편에서 서로 다르게 믿은 것이다. 예언자들은 거대하고 호전적인 제국들에 대해서도 날선 비판을 가하며, 세속 권력과 종교 권력의 문제점들에 대해서도 기탄없이 비판을 가한다. 그 장면들을 보기로 하자. 참고로 여기서는 각 본문에 대한 해설보다는, 예언자들이 그 시대 사회에 대해서 어떤 내용들을 전했는가를 보려고 한다.

1) 왕권 비판

"주님은 통치자들을 허수아비로 만드시며, 땅의 지배자들을 쓸모없는 사람으로 만드신다. 이 세상의 통치자들은 풀포기와 같다. 심기가 무섭게, 씨를 뿌리기가 무섭게, 하나님께서 입김을 부셔서 말려 버리시니, 마치 강풍에 날리는 검불과 같다."(이사야 40:24)

"악한 궁리나 하는 자들, 잠자리에 누워서도 음모를 꾸미는 자들은 망한다! 그들은 권력을 쥐었다고 해서, 날이 새자마자 음모대로 해치우고 마는 자들이다. 탐나는 밭을 빼앗고, 탐나는 집을 제 것으로 만든다. 집 임자를 속여서 집을 빼앗고, 주인에게 딸린 사람들과 유산으로 받은 밭은 제 것으로 만든다."(미가 2:1-2)

이사야와 미가는 기원전 8세기 남 유다의 왕과 권력층을 비판 한다. 이미 북 이스라엘은 멸망을 한 상태라서 남 유다도 앞으로 멸망을 하게 된다면, 통치자와 그 주변의 권력은 농토를 빼앗고, 부당한 권력으로 속이는 불의를 저지를 것이라고 비판 하고 있다.

2) 종교 지도자 및 종교 권력 비판
"주께서 말씀하신다. '무엇하러 나에게 이 많은 제물을 바치느냐? 나는 이제 숫양의 번제물과 살진 짐승의 기름기가 지겹고, 나는 이제 숫송아지와 어린 양과 숫염소의 피도 싫다. 다시는 헛된 제물을 가져 오지 말아라. 다 쓸모 없는 것들이다.'"(이사야 1:11-13)

"너희가 팔을 벌리고 기도한다 하더라도, 나는 거들떠보지도 않겠다. 너희가 아무리 많이 기도를 한다 하여도 나는 듣지 않겠다."(이사야 1:15)

"제사장과 예언자가 독한 술에 취하여 비틀거리고, 포도주 항아리에 빠졌다. 독한 술에 취하여 휘청거리니 환상을 제대로 못 보며, 판결을 올바로 하지 못한다. 술상마다 토한 것이 가득하여 더럽지 않은 곳이 없다."(이

"힘 있는 자든 힘 없는 자든 모두가 자기 잇속만을 채우며, 사기를 쳐서 재산을 모았다. 예언자와 제사장까지도 모두 한결같이 백성을 속였다. 백성이 상처를 입어 앓고 있을 때에, 그들은 '괜찮다.' 하고 말하지만, 어디가 괜찮으냐? 그들은 역겨운 일들을 하고도, 부끄러워하지도 않았고, 얼굴을 붉히지도 않았다." (예레미야 6:13-15)

"제사장이 많아지면 많아질수록 나에게 짓는 죄도 더 많아지니, 내가 그들의 영광을 수치로 바꾸겠다. 그들은 내 백성이 바치는 속죄 제물을 먹으면서 살고, 내 백성이 죄를 더 짓기를 바라고 있다. 그러므로 백성이나 제사장이 똑같이 심판을 받을 것이다." (호세아 4:7-9)

"나는, 너희가 벌이는 절기 행사들이 싫다. 역겹다. 너희가 성회로 모여도 기쁘지 않다. 너희가 나에게 번제물이나 곡식 제물을 바친다 해도 내가 그 제물을 받지 않겠다. 너희가 화목제로 바치는 살진 짐승도 거들떠보지 않겠다. 시끄러운 너의 노랫소리를 나의 앞에서 집어치워라! 너의 거문고 소리도 나는 듣지 않겠다. 너희는 다만 공의가 물처럼 흐르게 하고, 정의가 마르지 않는 강처럼 흐르게 하여라." (아모스 5:21-24)

고대 메소포타미아와 이집트가 왕과 제사장이 결탁하여 신권 정치를 펼쳤듯이 이스라엘과 유다도 신권 정치를 했다. 제사장은 행정 관료였으며, 각종 세금을 거두어 성전 안에 기득권층을 유지시키는 데 결정적인 역할을 했다. 그 대가로 왕과 권력의 보호를 받으며, 역시 기득권을 유지한다. 따라서 제사장들은 신을 이용하여 민중들을 지배하였다. 왕조가 계속되면서 제사장들의 불의와 부패가 드러나고, 예언자들은 민중들의 편에서 성전 권력의 부패를 알리고 있다. 당시에도 제사장은 지식인으로 최고의 위치에 있었기에, 이들의 부패와 타락은 지식인들이 사회적·종교적 책임을 다하지 못하고 지배 권력에 안주했다는 것을 보여준다.

3) 사회 행정, 재판 지도층 비판

(1) 사법부와 사회지도층 비판

"너의 지도자들은 주께 반역하는 자들이요, 도둑의 짝이다. 모두들 뇌물이나 좋아하고, 보수나 계산하면서 쫓아다니고, 고아의 송사를 변호하여 주지 않고, 과부의 하소연쯤은 귓전으로 흘리는구나." (이사야 1:23)

"주께서 재판하시려고 법정에 앉으신다. 주께서 백성의 장로들과 백성의 지도자들을 세워 놓고 재판을 시작하신다. '나의 포도원을 망쳐 놓은 자들이 바로 너희다. 가난한 사람들을 약탈해서, 너희 집을 가득 채웠다. 어찌하여 너희는 나의 백성을 짓밟으며, 가난한 사람들의 얼굴을 마치 맷돌질하듯 짓뭉갰느냐?" (이사야 3:13-15)

"사람들은 법정에서 시비를 올바로 가리는 사람을 미워하고, 바른말 하는 사람을 싫어한다. 너희가 가난한 사람을 짓밟고 그들에게서 곡물세를 착취하니, 너희가 다듬은 돌로 집을 지어도 거기에서 살지는 못한다… 너희들이 저지른 무수한 범죄와 엄청난 죄악을 나는 다 알고 있다. 너희는 의로운 사람을 학대하며, 뇌물을 받고 법정에서 가난한 사람들을 억울하게 하였다. 그러므로 신중한 사람들이 이런 때에 입을 다문다. 때가 악하기 때문이다." (아모스 5:10-13)

"이 땅에 신실한 사람은 하나도 남지 않았다. 정직한 사람이라고는 보려야 볼 수도 없다. 남아 있는 사람이라고는… 악한 일을 하는 데는 이력이 난 사람들이다. 모두가 탐욕스런 관리, 돈에 매수된 재판관, 사리사욕

을 채우는 권력자뿐이다. 모두들 서로 공모한다." (미가 7:2-3)

"망하고야 말 도성아. 반역하는 도성, 더러운 도성, 억압이나 일삼는 도성아. 주께 순종하지도 않고, 주의 충고도 듣지 않고, 주를 의지하지도 않고, 하나님께 가까이 가지도 않는구나. 그 안에 있는 대신들은 으르렁거리는 사자들이다. 재판관들은 이튿날 아침까지 남기지 않고 먹어 치우는 저녁 이리떼다. 예언자들은 거만하며 믿을 수 없는 자들이고, 제사장들은 성소나 더럽히며 율법을 범하는 자들이다." (스바냐 3:1-4)

예언자들은 특히 재판관들의 부조리와 부패에 대해서 비중을 높여 비판하고 있다. 재판관들이 기득권층을 옹호하고 있다는 것을 보여준다. '유전무죄 무전유죄'(有錢無罪 無錢有罪)라는 말이 있다. 돈이나 권력이 있으면 무죄가 되고, 돈이 없으면 유죄가 된다는 말인데, 지금부터 2,800여 년 전에도 이 같은 일이 똑같이 있음을 보게 된다. 사법부가 올바로 서지 못할 때, 힘없고 가난한 민중들에게 그 부담이 고스란히 전가된다.

(2) 경제적 불의 비판

"나의 백성 가운데는 흉악한 사람들이 있어서, 마치 새 잡는 사냥꾼처럼, 수많은 곳에 덫을 놓아 사람을 잡는다. 그들은 남을 속여서 빼앗은 재물로 자기들의 집을 가득 채워 놓았다. 그렇게 해서, 그들은 세도를 부리고, 벼락부자가 되었다. 악한 짓은 어느 것 하나 못하는 것이 없고, 자기들의 잇속만 채운다. 고아의 억울한 사정을 올바르게 재판하지도 않고, 가난한 사람들의 권리를 지켜 주는 공정한 판결도 하지 않는다. 이런 일들을 내가 벌하지 않을 수 있겠느냐?" (예레미야 5:26-29)

"빈궁한 사람들을 짓밟고, 이 땅의 가난한 사람을 망하게 하는 자들아,

이 말을 들어라! 기껏한다는 말이, '되는 줄이고, 추는 늘이면서, 가짜 저울로 속이자. 헐값에 가난한 사람들을 사고, 신 한 켤레 값으로 빈궁한 사람들을 사자. 찌꺼기 밀까지도 팔아먹자.' 하는구나." (아모스 8:4-6)

"부유한 재산은 사람을 속일 뿐이다. 탐욕스러운 사람은 거만하고, 탐욕을 채우느라고 쉴 날이 없다." (하박국서 2:5)

"남의 것을 긁어 모아 네 것으로 삼은 자야, 너는 망한다! 빼앗은 것으로 부자가 된 자야, 네가 언제까지 그럴 것이냐?" (하박국서 2:6)

기원전 8, 7세기경에 부도덕한 상거래의 모습을 볼 수 있다. 가난한 민중들이 경제적인 착취로 더 핍박당하고 있다. 예언자들은 경제 문제도 사회 권력층들과 연관지어 비판한 것을 보면, 종합적인 관점을 갖고 있다. 권력이 민중을 누르고, 그들의 경제적 권리들을 빼앗아가는 것이다.

(3) 지도자 비판

"백성을 지키는 파수꾼이라는 것들은 눈이 멀어서 살피지도 못한다. 지도자가 되어 망을 보라고 하였더니, 벙어리 개가 되어서 야수가 와도 짖지도 못한다. 지도자라는 것들은 굶주린 개처럼 그렇게 먹고도 만족할 줄을 모른다. 백성을 지키는 지도자가 되어서도 분별력이 없다. 모두들 저 좋을 대로만 하고 저마다 제 배만 채운다." (이사야 56:10-11)

"야곱의 우두머리들아, 이스라엘 집의 지도자들아, 내가 하는 말을 들어라. 정의에 관심을 가져야 할 너희가 선한 것을 미워하고 악한 것을 사랑한다. 너희는 내 백성을 산 채로 그 가죽을 벗기고, 뼈에서 살을 뜯어낸다. 너희는 내 백성을 잡아 먹는다. 가죽을 벗기고, 뼈를 산산조각 바수고, 고기를 삶듯이, 내 백성을 가마솥에 넣고 삶는다." (미가 3:1-3)

"너희는 망한다! 상아 침상에 누우며 안락의자에서 기지개 켜며 양떼에서 골라 잡은 어린 양 요리를 먹고, 우리에서 송아지를 골라 잡아먹는 자들, 거문고 소리에 맞추어서 헛된 노래를 흥얼대며, 다윗이나 된 것처럼 악기들을 만들어 내는 자들, 대접으로 포도주를 퍼마시며, 가장 좋은 향유를 몸에 바르면서도 요셉의 집이 망하는 것은 걱정도 하지 않는 자들, 이제는 그들이 맨 먼저 사로잡혀서 끌려갈 것이다. 마음껏 흥청대던 잔치는 끝장나고 말 것이다."(아모스 6:4-7)

결국 예언자들은 사회 지도층을 비판하기를 주저하지 않는다. 우리 말에 있는 '윗물이 맑아야 아랫물도 맑다'는 표현이 동서고금을 통해 동일하게 적용된다. 사회 지도층이 올바른 모습을 보여야 지도력이 보이고 민중들은 따르게 되지만, 옛날에도 지도층은 조그만 권력, 조그만 부만 생겨도 그 세도를 누리려고 하는 모습을 본다.

4) 제국들에 대한 경고와 심판

(1) 앗시리아 제국 심판
"만군의 주께서 맹세하여 말씀하신다. '내가 계획한 것을 그대로 실행하며, 내가 뜻한 것을 그대로 이루겠다. 내가 나의 땅에서 앗시리아 사람들을 으스러뜨리고, 나의 산 위에서 그들을 밟아 버리겠다. 그들이 나의 백성에게 메운 멍에를 내가 벗겨 주겠다."(이사야 14:24-25)
"주께서 맹렬한 진노와, 태워 버리는 불과, 폭풍과 폭우와, 돌덩이와 같은 우박을 내리셔서, 주의 장엄한 음성을 듣게 하시며, 내리치시는 팔을 보게 하실 것이다. 주께서 몽둥이로 치실 것이니, 앗시리아는 주의 목소리

에 넋을 잃을 것이다." (이사야 30:30-31)

(2) 바빌론 제국 심판 (13-14장)

"주께서 너희에게 고통과 불안을 없애 주시고, 강제노동에서 벗어나서 안식하게 하실 때에, 너희는 바빌론 왕을 조롱하는, 이런 노래를 부를 것이다. (14:3-4) '웬일이냐, 폭군이 꼬꾸라지다니! 그의 분노가 그치다니! 주께서 악한 통치자의 권세를 꺾으셨구나. 화를 내며 백성들을 억누르고, 또 억눌러 억압을 그칠 줄 모르더니, 정복한 민족들을 억압해도 막을 사람이 없더니, 마침내 온 세상이 안식과 평화를 누리게 되었구나.' 모두들 기뻐하며 노래 부른다." (이사야 14:5-7)

"만군의 주께서 말씀하신다. '내가 일어나 바빌론을 치겠다. 내가 바빌론을 멸하겠다. 그 명성도 없애고, 살아 남아서 바빌론의 이름을 이어갈 자도, 하나도 남기지 않고 멸종시키겠다.' 주께서 하신 말씀이다. '또 내가 그 도성 바빌론을 고슴도치의 거처가 되게 하고, 물웅덩이로 만들며, 멸망의 빗자루로 말끔히 쓸어 버리겠다.' 만군의 주의 말이다." (이사야 14:22-23)

"내가 바빌론의 횡포를 그치게 하고 억압받는 사람들의 탄식 소리를 그치게 하겠다." (이사야 21:2)

"너희는 활 쏘는 사람들을 불러다가 바빌론을 쳐라. 그들이 이스라엘의 거룩한 하나님, 주 앞에서 오만하게 행동하였으니 너희는 바빌론 도성을 포위하고 쳐라. 아무도 빠져나가지 못하게 하여라. 너희는 그들의 소행대로 보복하여 주어라. 그들이 하였던 것과 똑같이 너희도 그들에게 갚아 주어라. 그러므로 그날에는 바빌로니아의 젊은이들이 광장에서 쓰러져 죽고, 모든 군인이 전멸을 당할 것이다. 나 주의 말이다." (예레미야 50:29-30)

"바빌론에서 울부짖는 소리가 들려온다. 바빌로니아 사람들의 땅에서 파멸을 탄식하는 통곡이 들려온다. 참으로 주께서 바빌론을 파괴하시고, 그들의 떠드는 소리를 사라지게 하신다." (예레미야 51:54-55)

"나 만군의 주가 말한다. 바빌론 도성의 두꺼운 성벽도 완전히 허물어지고, 그 높은 성문들도 불에 타 없어질 것이다. 이렇게 뭇 민족의 수고가 헛된 일이 되고, 뭇 나라의 노고가 잿더미가 되어 모두 지칠 것이다." (예레미야 51:58)

(3) 이집트 제국에 대한 경고

"내가 이집트 사람들을 부추겨서, 서로 맞서 싸우게 하겠다. 형제와 형제가, 이웃과 이웃이, 성읍과 성읍이, 왕권과 왕권이, 서로 싸우게 하겠다. 내가 이집트를 잔인한 군주의 손에 넘길 것이니, 폭군이 그들을 다스릴 것이다. 주, 곧 만군의 주의 말씀이다." (이사야 19:2-4)

"나 주 하나님이 말한다. 이집트 왕 바로야, 내가 너를 치겠다." (에스겔 29:3)

"나 주 하나님이 말한다. 내가 칼을 가져다가 너를 치겠다. 사람과 짐승을 너에게서 멸절시키겠다. 그러면 이집트 땅이 황폐한 땅 곧 황무지가 될 것이니, 그때에야 비로소 그들이, 내가 주인 줄 알 것이다." (에스겔 29:8-9)

"내가 바빌로니아 왕 느부갓네살에게 이집트 땅을 주겠다. 그가 이집트에서 물건을 가져가고, 이집트를 약탈하고 노략할 터이니… 내가 그 보수로 이집트 땅을 바빌론 왕에게 주었다." (에스겔 29:19-20)

"이집트를 지지하는 사람들이 쓰러질 것이며, 이집트의 거만하던 권세가 꺾일 것이다." (에스겔 30:6)

"나 주 하나님이 말한다. 내가 바빌로니아 왕 느부갓네살을 보내어 이집트의 무리를 없애 버리겠다. 그 나라를 멸망시키려고, 그가 민족들 가운데서도 가장 잔인한 군대를 이끌고 갈 것이다."(에스겔 30:10-11)

"나 주 하나님이 말한다. 내가 우상들을 멸절시키며, 멤피스에서 신상들을 없애 버리겠다. 이집트 땅에 다시는 지도자가 나지 않을 것이다. 내가 이집트 땅을 공포에 사로잡히게 하겠다."(에스겔 30:13)

"내가 이집트 왕 바로를 대적하여, 성한 팔마저 부러뜨려 두 팔을 다 못쓰게 하고서, 그가 칼을 잡을 수 없게 하겠다. 내가 이집트 사람들을 여러 민족 가운데 흩어 놓고, 여러 나라로 헤쳐 놓겠다."(에스겔 30:22-23)

앗시리아 제국과 바빌로니아 제국, 이집트 제국은 이스라엘 북쪽과 남쪽의 제국 문명이다. 이들은 제국들간에 힘의 균형이 깨지면, 전쟁을 일으켜 점령을 시도한다. 그 틈바구니에 약소국가들 가운데 하나인 이스라엘도 항시 위협을 받고, 결국 북 이스라엘은 기원전 722년, 남 유다는 587년에 멸망한다. 하지만 예언자들은 이 거대한 제국들에 대해서도 날카롭게 비판을 한다. 사실, '하룻강아지 범 무서운 줄 모른다.'는 속담이 있는데, 약소국가의 예언자들이 강대국가를 향해서 이처럼 날카로운 비판을 한 것은 담대한 용기 그리고 국제적 정세를 간파하는 안목이 있음을 보여준다. 그것은 강대 제국들이 쇠퇴하는 경향을 보이거나, 신흥 제국들이 일어서는 시점에 제국들을 비판하거나, 이집트와 메소포타미아 지역 간에 힘의 균형이 있을 때 이러한 내용들이 등장하는 측면도 있다. 하지만 강대국들에 대해서 강한 어조로 비판을 한 것은 예언자들 한 개인의 성찰로 끝나지 않고, 비록 약소국가이지만 힘없는 민중을 대변하여 사회와 역사에 대해서 올바른 입장을 밝힌 것은 의의가 있겠다.

5) 장차 올 새 지도자, 새 하늘과 새 땅

"이제 다시 내가 너를 때려서라도 잿물로 찌꺼기를 깨끗이 씻어내듯 너를 씻고, 너에게서 모든 불순물을 없애겠다. 옛날처럼 내가 사사들을 너에게 다시 세우고, 슬기로운 지도자들을 너에게 보내 주겠다. 그런 다음에야 '의의 성읍', '신실한 성읍' 이라고 부르겠다." (이사야 1:25-26)

"한 아기가 우리에게서 태어났다. 그는 우리의 통치자가 될 것이다. 그의 이름은 '전능하신 하나님, 영존하시는 아버지, 평화의 왕' 이라고 불릴 것이다. 그의 왕권은 더 커지고, 나라의 평화도 끝없이 이어질 것이다. 그가 다윗의 보좌와 왕국 위에 앉아서, 이제부터 영원히, 공평과 정의로 그 나라를 굳게 세울 것이다." (이사 9:6-7)

"주의 영이 그에게 내려오신다. 그는 주를 경외하는 것을 즐거움으로 삼는다. 그는 눈에 보이는 대로만 재판하지 않으며, 귀에 들리는 대로만 판결하지 않는다. 가난한 사람들을 공의로 재판하고, 세상에서 억눌린 사람들을 바르게 논죄한다. 그가 하는 말은 몽둥이가 되어 잔인한 자를 치고, 그가 내리는 선고는 사악한 자를 사형에 처한다." (이사 11:3-4)

"장차 한 왕이 나와서 공의로 통치하고, 통치자들이 공평으로 다스릴 것이다. 백성을 돌보는 통치자의 눈이 멀지 않을 것이며, 백성의 요구를 듣는 통치자의 귀가 막히지 않을 것이다." (이사 32:1-3)

"네가 다시 한 번, 왕의 장엄한 모습을 볼 것이다. 너는 지난날 무서웠던 일들을 돌이켜보며, 격세지감을 느낄 것이다. 서슬이 시퍼렇던 이방인 총독, 가혹하게 세금을 물리고 무리하게 재물을 빼앗던 이방인 세금 징수관들, 늘 너의 뒤를 밟으며 감시하던 정보원들, 모두 옛날 이야기가 될 것이다." (이사 33:17-18)

이사야는 왕을 옆에 모시는 궁중 예언자이었음에도, 사회와 역사에 대해서 민중의 입장에서 직언을 하는 예언자이었다. 하지만 그는 현재의 정치적인 왕에 기대하지 않고, 미래에 올 새로운 왕, 백성(민중)을 존중할 줄 아는 왕을 기대한다. 마치 불교에서도 미륵불을 기대하는 것과 유사하다. 새로운 왕이 정치적인 왕이 될 수도 있고, 왕 같은 새로운 지도자로 해석하기도 한다. 민중을 억압하고 착취하지 않는 왕에 대한 기대감이라 할 수 있다.

6) 평화에 대한 선포

"주께서 민족들 사이의 분쟁을 판결하시고, 뭇 백성 사이의 갈등을 해결하실 것이니, 그들이 칼로 쳐서 보습을 만들고, 창을 쳐서 낫을 만들 것이며, 나라와 나라가 칼을 들고 서로를 치지 않을 것이며, 다시는 군사 훈련도 하지 않을 것이다." (이사야 2:4)

"그는 정의로 허리를 동여매고, 성실로 그의 몸의 띠를 삼는다. 그때에는 이리가 어린 양과 함께 살며, 표범이 새끼 염소와 함께 누우며, 송아지와 새끼 사자와 살진 짐승이 함께 풀을 뜯고, 어린 아이가 그것들을 이끌고 다닌다. 암소와 곰이 서로 벗이 되며, 그것들의 새끼가 함께 누우며, 사자가 소처럼 풀을 먹는다. 젖먹는 아이가 독사의 구멍 곁에서 장난하고, 젖뗀 아이가 살무사의 굴에 손을 넣는다." (이사 11:5-8)

"주께서 민족들 사이의 분쟁을 판결하시고, 원근 각처에 있는 열강 사이의 갈등을 해결하실 것이니, 나라마다 칼을 쳐서 보습을 만들고, 창을 쳐서 낫을 만들 것이며, 나라와 나라가 칼을 들고 서로를 치지 않을 것이며, 다시는 군사 훈련도 하지 않을 것이다. 사람마다 평화롭게 살 것이다. 사람마다 아무런 위협을 받지 않으면서 살 것이다. 이것은 만군의 주께서

약속하신 것이다." (미가 4:3-4)

"서로 진실을 말하여라. 너희의 성문 법정에서는 참되고 공의롭게 재판하여, 평화를 이루어라. 이웃을 해칠 생각을 서로 마음에 품지 말고, 거짓으로 맹세하기를 좋아하지 말아라. 이 모든 것은, 내가 미워하는 것이다. 나 주가 말한다." (스가랴서 8:16-17)

예언자들은 현실에 대한 날선 비판을 하는 동시에, 강자(지배층)와 약자(민중), 강대국과 약소국 사이에 갈등과 대립보다는 화합하고 평화를 지향하는 것을 주장한다. 하지만 그 평화는 그냥 갈등을 덮어 두고 좋게 지내자는 것이 아니라, 그 원인을 밝히고 해결하여 올바른 사회를 만드는 것이다. 공정한 사법, 공정한 경제, 올바른 도덕성, 군사적 평화 등을 제시하고 있다.

예언자는 사회의 불의와 왕을 포함한 기득권 세력(제사장, 사법부, 부유층)에 대해서 날카롭게 비판을 하고, 정의를 세울 것을 주장한 사람들이다. 예언자가 한 개인 인물로 등장하지만, 이들을 따라 다니는 그룹들이 있다는 주장이 있어, 현실 사회를 개혁하려는 공동체 운동이었다고 본다. 이들은 도시, 농촌 출신에 따라 낮은 곳, 곧 민중의 눈으로 무엇이 옳고, 그른 것인지를 분별하고, 새로운 세상을 꿈꾸었던 사람들이었다. 구약성서 전체 분량에서 예언서가 약 1/4 정도에 걸쳐 그 관심을 사회정의와 역사의식에 두었다는 것은 당시에 권력자들에 의해 판금이 되었을 법함에도 불구하고 그들의 지혜의 힘이었다고 볼 수 있다. 사회의 대립과 갈등은 그냥 덮어서 조용해지는 것이 해결책이고 화합책이라고 본 것이 아니라, 잘못된 사회 구조를 개혁하고, 그 원인을 규명하여, 새로운 평화 세상으로 진전되기를 희망했다는 것을 보게 된다.

3. 원효, 화엄의 통합

1) 배경과 삶

원효(617-686)는 한국 불교인만이 아니라, 기독교인 나아가 우리 국민 모두가 존경하고 배우고 따라야 할 훌륭한 큰 스승이다. 그가 살았던 시대는 삼국이 격렬한 전쟁의 소용돌이를 겪으며,[1] 7세기 중엽 신라가 삼국 통일을 달성한 지 얼마 되지 않은 시기였다. 당나라 중심으로 동북아시아가 새롭게 재편되는 신라 중기(654-780)는 왕권과 귀족계급이 현세적 이익을 위해 불교신앙을 기복적 관념으로 이용하고,[2] 동시에 경주를 중심으로 한 지배 이념을 지방과 사회 전체에게까지 확산시키는 데 불교를 이용하던 시기였다.[3] 신라 사회를 가장 오랫동안 그리고 가장 강력하게 지배한 것은 특정한 왕이나 정치 세력이 아니라 골품제라는 신분제였다.[4] 삼국시대에 불교는 귀족불교의 형태를 띠었기에, 일반 서민에게는 널리 퍼지지 않았다. 원광·자장·의상 등은 골품 출신이었고, 대중 불교화를 마무리 지은 원효가 비로소 6두품의 귀족 가문 출신이었다.[5] 귀족 중심으로 국한된 불교의 한계를 극복하려는 움직임이 불교 대중화 운동이었고, 불교는 비약적인 성장을 보였다.[6]

원효는 삼국 전쟁의 격랑이 아직 완전히 가라앉지 않아 사회의 계급적 모순과 사상적 대립이 첨예하던 시대에, 기득권 편에 있는 불교의 이념을 대중들 속에 확산시키기 위해 기득권을 버리고, 민중들과 함께 하며, 새로운 통합을 이루려 했던 이론가이자 실천가였다. 원효는 불교의 기득권에 안주하지 않고 제도권을 벗어나, 파계 후 속복으로 갈아입고 머리를 기르고, 수많은 촌락을 돌아다니며, 민중들의 염원을 마음과 몸으로 느끼며, 민중의 시각으로 불교를 해석하여, 새로운 사상적 전환점을 만들어 냈다.

고형섭은 원효에 대해서, "그는 아상(我相)과 아집(我執)으로 똘똘 뭉쳐 있는 인간들에게 진정한 해탈과 자유의 모습을 온몸으로 보여 주었는데, 그 것이 바로 일심(一心)과 화쟁(和諍)과 무애(無碍)로 표현되는 삶의 모습이었다."[7]고 말한다. 일심은 마음의 세계이며, 화쟁은 마음의 통일 방법, 그리고 무애는 해방과 실천으로 요약할 수 있겠다. 그리고 그 현장은 정토가 되는 것이다. 어쨌든 원효는 어지럽고, 탁하고, 어두운 역사와 사회의 현장에서 출발하고, 거기에 뿌리를 두고, 어떻게 수많은 갈등들과 이기심들을 극복할 것이냐에서 진리를 찾으며 삶을 바쳤다. 이러한 그의 삶은 고정된 체계에 갇히지 않고, 다양한 대립과 갈등을 무엇으로 극복할 것인가에 집중하면서, 새로운 사상과 철학을 집대성함으로써 불교와 우리 민족에게 크나큰 영향을 주었다.

2) 일심(一心) – 마음의 세계

　원효 사상의 두 개의 큰 축은 사람의 마음과 사회적 현실이었다고 본다. 그는 사람의 마음을 헤아리기 위하여 수많은 촌락을 돌아다니며, 민중들 삶에 젖어들어 갔다. 술도 마시고, 노래와 춤도 추고, 백정·기생도 만나며, 따뜻한 마음을 경험할 수가 있었다. 그러면서도 산과 물에서 좌선 수행을 하고, 길 위 수레를 타고 가면서 글을 쓰고, 불교의 거대한 체계에 새로운 도전을 하였다. 특별히 당시의 지배층과 민중 사이에 불평등한 사회적 모순들, 삼국 사이의 전쟁의 갈등을 느끼면서, 이를 통합시킬 사상을 찾았다. 그것이 바로 '일심'이었고, 그에게 '일심'은 중생이었다. 이렇게 그는 따뜻한 일심으로 민중과 부대꼈다.[8] 이 따뜻한 마음[一心]은 곧 대승의 마음[大乘心]이며, 보살이 지닌 대비심의 극명한 표현이었다.[9] 원래 이 일심 사상의 기원은 중국에 있었지만, 그는 민중의 삶의 현장을 체험하며,

갈등과 대립·분열·이기심·욕망 등을 하나로 통합하려는 사상을 내놓은 것이다. 그의 일심 사상은 그의 민중적 삶의 실천 과정에서 나온 『기신론』에 의해 철학적 토대가 구축되었으며, 『금강삼매경』에 의해 실천성을 부여받았으며, 최종적으로 『화엄경』에서 의해 완성되었다. 그가 말하는 '하나'는 무엇일가? 남동신은 "'일'(一)이 숫자 개념이 아니고, 모든 것을 포괄하는 전체라는 개념으로 보고, 하나와 전체 사이의 유기적인 관계, 그것이 화엄경에서 말하는 '일즉다 다즉일'(一卽多 多卽一)이다. 원효는 이 논리를 빌려와 '하나'의 의미를 무한대로 확장시켰다. 그는 '하나'와 '전체'가 아무 걸림 없이 드나드는 경지를 보법(普法)이라고 보았다. 그러기에 일심에 근거하는 모든 행동(一切行)이 성립한다."[10]고 말한다. 원효는 일심을 공(空)과 유(有)를 초극한 만물의 근원으로 보았다. 또한 일심을 중생들의 마음으로 보고, 일심 앞에서 모든 인간이 평등하며, 일심이 대립하고 있는 어느 한편에 가담하지도 않고, 그렇다고 둘 다 인정하거나 둘 다 부정하지도 않는다. 논쟁으로부터 초월한 상태로 보았다.[11]

원효의 일심론의 구조를 보면, 그의 일심론은 기신론에 근거했으며, 『금강삼매경론』을 통하여 양자의 대립 갈등을 일심 사상으로 고양시켰다. 금강삼매경론의 공유화쟁은 실천을 전제로 한다. 『대승기신론』의 '일심이문'(一心二門) 체계를 바탕으로 실천 원리를 모색한 것이다. 그것을 일미관행(一味觀行)이라 하였다. 즉 원효가 '일심'이라는 하나에 올인한 것은 실천을 전제로 한 사상이라는 것을 알 수 있다. 여기서 신라 시대의 화엄의 '일심이문'에 대해서 김두진은 "일심으로 진여문(眞如門)과 생멸문(生滅門)은 종국적으로 구별되지 않고 서로 융통하게 된다. 때문에 여러 법상이나 만행이 이 두 문에 들어오면 모두 통달하여, 의혹을 제거하고 능히 수행을 닦게 한다. 실천 수행은 지행과 관행을 닦음으로써 가능한데, 진여문에서는 지행을, 생멸문에서는 관행을 닦는다. 일심 내에서 진여와 생멸의 구별이 없어지고, 성속(聖俗)이 융통하기 때문에 지행관 관행의 구분이 없어지는 것"으로 설명한다.[12] 결국 진여의 세계와 세속의 세계의 경계와 구분, 곧 두 개의 문이 실천 수행을 통해 없어지는 것을 말한 것이다. 바로 어마어마한 두 세계가 '일심'에서 융섭되는 것을 말한 것이다. 이기영은 일심의 원천에 대해서 "일심은 유·무를 떠나서 홀로 청정하며, 바다는 진속(眞俗)을 융화하여 담연(湛然)하다. 둘을 융화하였으나 하나가 아니요, 홀로 청정하므로 양극을 여의었으나 중간도 아니다. 중간이 아니므로 유·무란 법이 이루어지지 않는 바 없다."[13]

기독교로 보면 창조의 세계(진여)와 피조의 세계(생멸)의 구분이 없어지는 것이 바로 '일심'에 의해서라고 표현해도 되지 않을까 생각해 본다. 고영섭은 원효의 『금강삼매경론』에서 '일심이문'이 중심이 되는데, "'하나이면서도 둘이며'[一而二], '둘이면서도 하나인'[二而一] 것임을 통찰했는데, 그것은 진(眞)과 속(俗)이 둘이라는 분별이 없으면서도 하나를 고집하지도 않는 것"[14]이라고 말한다. 그는 이어서 "전체에 대한 통찰 속에서는 분별심이 일어나지 않고, 거기에는 어떠한 차별상이 다 가라앉은, 있는 그대로 바라보는 모습인 일심만이 있을 뿐이다. 깨끗함(眞)과 더러움(俗)이 둘이라는 분별이 없으면서도 어느 하나를 고수하지 않으며[不守一], 둘이 없기 때문에 곧 일심이라는 것이다. 다시 말하면 하나를 고수하지 않기 때문에 그 본체[體]를 둘로 삼으니 이것을 일심 이문이라 한다."[15]고 말한다. '하나'라는 묘수가 사실상 모든 것을 통째로 끌어안는 것을 보여준다. 하지만 원효가 말하는 일심은 반드시 진리와 세속이라는 거대한 세계의 통합만을 말하는 것은 아니고, "사회의 모순과 갈등과 대립을 고민하면서, 민중의 삶[生滅門]과 귀족의 삶[眞如門]이 어떻게 회통할 수 있는가에 관심을 가졌다. 모두 다 불성을 가졌는데 왜 격차가 있는가, 평등 질서는 어떻게 유지되어야 하겠는가?"[16]라는 질문에서 출발했다. 이러한 해석은 '일심'이 관념과 형이상학의 궁극적인 세계뿐만이 아니라, 현실 사회에서 사회적·이념적 갈등과 대립을 조화시킬 수 있는 관점이 될 수 있겠다. 그것은 인간의 분별심·이기심에서 출발하는 것이 아니라, '일심'이라는 궁극성(解脫)에서 모두가 출발하면, 이러한 갈등과 대립이 없어진다는 것이다. 그래서 원효는 궁극적인 '일심'(解脫)에 이르기 위하여 민중과 함께하는 사회적 실천으로 몸소 보여주려 하였다.

이러한 원효의 일심은 '일미'(一味)로 다시 표현된다. 여러 가지 색깔들과 맛을 갖고 흘러온 수많은 강물이 바다에 들어와 하나의 소금 맛을 내는 것을 말한다. 대립과 갈등, 싸움과 전쟁, 미움과 원수, 상대적 비교 등으로 인한 모든 차별, 경계를 넘어서는, 그래서 사회와 민족이 정의롭고 평등하고 큰 통합을 이루는 상태를 말한다.

3) 화쟁(和諍) – 마음의 통일

사상은 난세에 나온다는 말이 있다. 원효가 살았던 시기는 삼국 간에 치열한 주도권 전쟁들이 오랫동안 있었고, 마침내 676년, 원효가 육십 세에 가까운 나이에 신라가 통일을 이룬 때였다. 경주를 중심으로 한 귀족정치, 여기에 부응한 호국 불교, 민중들의 도탄과 실의는 사회 모순과 갈등을 안고 있었다. 그리고 통일 후에 많은 갈등들을 수습할 새로운 사상도 필요한 시기였다. 또한 민중들은 지배층을 지지하는 불교에 무관심하거나 등을 돌렸다. 이러한 시점에서 원효는 불교 사상을 어떻게 통합시켜 내고, 새로운 희망을 보여줄 수 있을까를 고민하면서, 더 이상 제도권 불교에서 해답을 찾기가 어렵다고 판단하여, 모든 것을 내던지고 민중들의 삶 속으로 뛰어든 것이다.

신라 불교의 주류는 삼국시대 말기에 들어온 화엄사상이고, 화엄사상은 통일신라의 중심으로 자리를 잡았다. 신라 화엄사상은 의상으로부터 비롯하였는데, "화엄종 사상은 일즉다 다즉일(一卽多 多卽一)의 원융 사상이므로, 그 사회적 기반으로서 강력한 중앙집권적 국가, 곧 왕권과 지배층을 강화하는 논리로 전개되었다."[17] 이러한 논리는 피지배층인 민중들의 저항과 대립을 줄이려는 지배 이데올로기가 되었다. 여익구는 화엄사상에 대해서 다음과 같이 말한다. "법계연기로서 우주의 모든 사물은 그 어느 것이든지 홀로 있거나 일어나는 일이 없이 거의 다같이 끝없는 시간과 공간에서 서로 원인이 되고 대립을 초월하여 하나로 융합한다. 바로 현상계와 본체, 현상과 현상이 서로 대립하는 모습을 그대로 지니는 가운데 서로 융합하면서 끝없이 전개하는 약동적인 큰 생명체이다."[18] 『화엄경』은 우주의 질서를 미적으로 표현한 것이지만 동시에 통일국가의 상징이기도 했다. 즉 화엄의 가르침은 서로 대립하고 항쟁을 거듭하는 지배층과 피지배층의 대립도 지양시키고 인심을 통일하는 데 기여했다.[19]

이 화엄사상은 다시 화쟁사상(和諍思想)을 요체로 하는데, 모순과 대립을 한 체계 속에 하나로 묶어 담는 이 기본 구조를 화쟁이라 했다. 그러한 대립은 어떻게 생겨났는가? 고영섭은 "전체에 대한 통찰이 결여되었기 때문이다. 부분을 보고 전체를 보았다고 하고, 나는 옳고 너는 잘못되었다 하는 상대적 세계 이해 때문이다."[20]라고 표현한다. 원효는 화쟁에 근간하여 교설이나 학설에 얽매이지 않고, 긍정과 부정의 두 가지 논리를 융합해서 보다 높은 차원에서 새로운 가치를 찾아냈다. 그래서 통일, 화합, 조화, 총화, 평화는 바로 이 같은 정리와 종합에서 온다는 것이 그의 신념이었다.[21] 원효의 위대한 점은 화쟁이 그 시대의 온갖 대립과 반목을 해소할 수 있는 통합의 원리를 제시하여, 개인과 집단 모두에게 상극(相剋)보다는 상생(相生)의 결과를 주었다는 것이다.[22] 원효의 화쟁사상도 그 바탕에 일심이문(一心二門)이 있었다.[23] 『대승기신론』에 '이문'(二門)이 각각 모든 법을 총괄하여 포섭하고 있다고 표현한다. 진여문은 생멸문(染과 淨)을 통튼 모습이다. 통튼 모습 외에 따로 염과 정이 있는 것이 아니다. 그러기에 염과 정의 모든 법을 총괄할 수 있다. 통튼 것과 따로 드러낸 것이 비록 다르지만 서로 배척하는 것이 없다.

그러므로 두 문은 서로 분리되지 않는다.[24] 이것을 달리 표현하면, "A이면서 B이며[一而二], B이면서도 A인[二而一] 논리 형식 그것이 바로 부정과 긍정의 다양한 주장을 화회(和會)시키는 화쟁법이다. 즉 깨끗함[眞]과 더러움[俗]이 둘이라는 분별이 없으면서도[無二] 어느 하나만을 고수하지도 않으며[不守一], 둘이 없기 때문에 곧 일심"[25]이라는 것이다. 원효는 『대승기신론』을 읽으면서 일심의 의미를 발견하였고, 여기서 다양한 주장을 극복할 논리 방식으로, 모든 것의 근거인 일심에 입각하여 부정[破]과 긍정[立. 興]을 아우르는 화쟁법을 주장했다.[26] 고영섭은 "화쟁은 맨 꼭대기에 진리[부처]를 두고, 다양한 주장들을 일심과 일미로 화회시키는 원리로 같음과 다름, 세움과 깨뜨림의 상대적 이분을 넘어서는 원리"[27]라고 말한다. 곧 시대에 맞는 새로운 패러다임을 제시한 것이다.

4) 무애행 (无涯行) - 사회적 실천

원효의 사상은 사변으로, 현학적인 주장으로 그치지 않고, 그의 사회적 실천을 통해 완성에 이른다. 아마도 그의 사상도 주장으로만 그쳤다면 빛이 바랬을지 모른다. 하지만 그는 모든 것을 내던지고 민중들 속에서 실천을 하는 삶에서 새로 보고 느끼고 경험하면서, 그가 제도 안에서 배웠던 이론들과 철학을 확인과 수정, 그리고 재창조하는 과정들을 수없이 반복했을 것이다. 그래서 그는 수레를 타고 다니며 새로운 관점으로 『금강삼매경』의 주석서 다섯 권을 썼다. 깨달음이라는 것이 이론과 수행을 통해서도 이루어지지만, 이렇듯 사회적 실천을 통해서 지배층과 민중과의 간극을 줄이려 노력하는 과정에서도 이루어졌다. 원효는 일심과 화쟁이 자비심으로 무애(无涯)를 통해 완성되는 것을 몸소 실천한 한 것이다. 조명기는 "불교의 진의를 고(苦), 공(空), 무상(無常), 무아(無我)라 하여도 반드시 '행'(行)이 병립하지 않으면 안된다. 이 행이 있어서 비로소 불교가 되는 것이니, 만일 행이 없으면 철학이 되어 불교의 진생명은 없어지고 만다. 원효가 퇴속 파계한 것도 불교의 참된 행을 철저히 하고자 한 까닭이다."[28]라고 하여 그 의의를 말하고 있다. 그런데 모든 대립과 갈등, 그리고 지배와 피지배의 간극 등은 단순히 말로써, 이론으로 좁혀지는 것이 아니고, 바로 실천을 담보하고 있을 때, 상호 간에 신뢰의 회복이 일어나는 것이다. 붓다와 예수도 남겨진 것은 글이지만, 글에 담겨져 있지 못한 무수한 실천들이 민중들에게 감동을 주었고, 종교 지도자로 존경받게 된 것이라고 본다. 원효도 삶을 '무애'로 보여줌으로써 신뢰를 받았고, 본인도 제도에 갇혀서 해탈을 경험하기보다는 밖에서 민중들과 어울리며 자유로운 삶을 통해 해탈에 이르렀을 것이다. 원효가 이렇게 제도 밖을 택하여 나간 것은 불국토가 사후 세계의 경험이 아니라, '지금 여기'(here and now)를 이루기 위한 적극적인 선택이었을 것이다.

5) 정토(淨土) – 역사의 현장

원효는 '일심이문'의 생각에 따라 진여문과 생멸문도 경계가 없다고 보았다. 사실 원효의 민중 실천의 원동력은 '정토' 사상에서 나온다. 기독교도 실천의 동력이 '하나님 나라'에 있듯이 그의 무애행은 곧 해탈 이후의 정토가 아니라, 현재의 정토를 구현하려는 데서 나온 것으로 본다. 특히 왕과 귀족에게 적극적이었던 호국 불교는 사후의 극락정토가 민중들의 땅의 수탈, 전쟁, 고통과 억압을 감내하게 하고 그리고 봉기를 막는 데 유리했기에 기복신앙으로 갔다. 이러한 현실을 본 원효는 바로 지배적인 불교와 인연을 끊고, 민중 속으로 들어간 것이다. 그는 복잡하고 사변적이고 엄격한 계율적인 불교의 철학을 민중들이 알지 못하므로, '아미타불'을 외치면 극락세계로 간다는 매우 간단한 내용으로 지치고 힘든 삶을 살아가는 민중들에게 희망을 주었다. 민중들에게 호소력이 있었던 것도 민중을 불교 제도권으로 끌어들이기보다는, 밖으로 나와 그들 곁으로 다가왔기 때문이었을 것이다. 정의행은 "그가 적극 전파하여 뿌리내린 정토교는 일종의 종교 개혁이었다."[29]고 평가한다. 마침내 원효가 제창한 미타정토 신앙이 민중들에게 폭넓게 전파되어 결실을 거두었다.[30]

원효의 정토 사상은 무엇일까? 후지 요시나리(藤能成)는 "원효가 예토와 정토가 둘이 아니고, 생사와 열반도 둘이 아닌 본래 모두가 일심이라는 경지에 도달되어 있고, 스스로가 정토에 있으면서 대승보살로 실천해서 '마음이 맑으면 국토도 또한 맑은 정토이다.'라는 이념에 의해 신라 땅에 불국토를 실천하였다."[31]고 평가한다. 역시 일심에서 출발하며, 생사의 경지가 구분이 없이 보살행을 실천하도록 하였다. 이와 같은 정토 사상은 원효의 독창적인 사상으로 예토(현실)에 몸을 두면서 예토와 정토를 가리지 않고, 보다 많은 민중을 정토로 왕생시키고자 노력했다. 원효가 전개하는, 모든 것이 불이일심(不二一心)이라는, 이원 대립의 세계를 초월한 사상은 실천을 통해 원융한 일심으로 증명되는데, 그것이 바로 정토 사상의 바탕이다.[32]

원효는 여래장 사상에 바탕하여 정토신앙을 보급하였다. 후지 요시나리는 "여래장은 불성[佛性(buddha)]과 같은 뜻으로 불(佛)의 본질, 본성이라는 의미인데, 이것은 다른 말로 '여래의 태아'라고 부른다. 여래장은 부처가 될 수 있는 요인을 나타내고, 중생을 가리켜 '여래를 내포하는 자'라고 부른 것이다. 여래장 사상은 모든 중생은 부처와 같은 본질을 갖고 있고, 그 것으로 인해 부처가 될 수 있다는 것이고, 불(佛)과 중생이 평등한 존재라 는 전제하에 전개되는 논리"[33]라고 정의한다. 곧 원효는 모든 사람이 불성을 가지고 있다는 불성론을 전개하여 성불 가능성을 모든 사람에게 확대하고 보살도를 발휘하여 중생을 구제해야 함을 역설한 것이다.[34]

그러면 구체적인 '정토'는 어떤 곳인가? 정의행은 "「법장비구」의 '48 대원'에 보면, 궁극적 정토 사회는 억압과 폭력이 사라지고, 굶주림과 빈곤, 착취와 노예 상태가 끝나는 사회이며, 신분·귀천·외모 등 일체의 차별이 없어지는 평등 사회이다. 아집과 어둠과 죄악이 없는 사회이며, 대중이 건강과 장수를 누리는 사회이다. 말 그대로 '깨끗한'(pure) 사회이다."[35] 라고 한다. 원효는 민중의 입장에서 평등을 실천하고 빈부가 사라지는 현재의 불국토를 추구했던 것이다.

이러한 원효의 정토 사상과 운동에 대하여 정의행은 "원효는 지배계급 만이 향유하는 귀족 불교의 권위를 타파하고 불교를 모든 민중이 향유하게 하는 데는 성공했지만, 제도적 왕권 불교에 저항하고 새로운 사회(정토) 실현을 위해 민중의 공동체적 노력을 위한 조직화는 시도하지 않았다. 이러한 정토교는 불가피하게 내세주의와 숙명적·현실도피적 한계를 보였고, 마침내 미륵이 내려올 것을 기다리는 갈망과 좌절을 겪었다."[36]고 평가한다. 이것이 원효가 정토 실현을 바라는 민중들을 조직하고 공동체를 만드는 노력은 하지 못하여, 민중 불교로 발전하지 못한 이유가 되었다. 신라 말기와 고려 시대로 넘어가면서 이러한 민중적인 미타정토신앙도 다시 지배 종교로 변질되는 것을 볼 수 있기 때문이다.

원효가 추구했던 것은 불국토의 현재화였으며, 현재의 삶의 현장에서 갈등과 반목과 계급의 격차를 없애고 평등하고 깨끗한 세상을 이루기 위한 삶의 실천이었다. 필자가 보기에 원효의 일심은 제도권에서 수행을 하며 진여문에 이르며 생멸문을 포괄하는 입장이 아니라, 제도 밖에서 현실의 고통받는 생멸문 입장에서 진여문을 아우르는 입장이었고, 그 현장이 바로 정토였다. 원효의 개인적 한계를 보였음에도, 그의 일심이문에 근거한 정토신앙은 이 땅에 사는 당시 민중들에게 새로운 가치관과 희망을 주는 데 큰 기여를 했다고 본다.

한국 역사에서 불교는 지배 질서에 안주하여, 지배자의 억압과 착취 아래서 체념하고, 민중의 고통스런 현실 문제를 회피하고 내세의 복락이나 정신적 평안만을 구하며, 지배 이념이 되었다. 본래 인간의 자주성과 평등을 주장한 불교가 신성과 종교 권력에 굴종하게 하는 반민중적인 종교로 전락한 것이다.[37] 이러한 현실에서 원효는 자신의 기득권을 버리고, 민중들 속으로 뛰어들었다. 일심과 정토 사이에 어마어마한 간극을 어떻게 메울 것인가를 그의 실천적 삶으로 보여 주었다. 원효는 현실을 회피하거나 거기에 안주하지 않고, 역사와 사회의 한가운데로 뛰어든 것이다. 곧 일심이 하늘에 있지 않고, 기득권에 있지 않고, 제도권에 있지 않고, 민중들과 보다 가까운 곳에 있음을 보여준 것이다. 그는 깨달음의 궁극적인 실현이 중생 구제에 있다고 믿은 것이다. 정토 역시 사후에 보장받는 불국토가 현실의 고통을 오히려 왜곡시키는 것을 보았으며, 현재 우리가 사는 땅이 정토가 되도록 하기 위해 정의로운 사회, 평등한 사회, 평화로운 사회를 추구했다. 이러한 이타적인 자비심이 사회적 실천으로 나가는 것을 구도의 보살로 보았다. 원효는 인간의 관념과 이기적인 기득권으로는 갈등을 해결할 수가 없고, 이를 버릴 때, 곧 기득권을 버리고 실천의 현장으로 내려올 때, 그 숙제들을 해결할 수 있다는 것을 보여준 것이다. 낮은 위치에 와서 고통과 억압을 당한 사람이 용서하고 화해를 요청할 때 진정한 화합과 통합이 되고, '하나'가 될 수 있기 때문이었다. 원효는 삼국의 마지막에서, 그리고 통일신라 초기의 위기적인 상황에서 제한된 사고를 뛰어넘고, 새로운 패러다임을 실천으로 보여준 훌륭한 대스승이요, 시대의 예언자였음을 본다.

4. 맺는 말

지금까지 기독교의 구약 시대의 예언자들과 신라 시대의 원효의 사상과 철학을 살펴보았다. 상호 경전과 해석들을 중첩시키는 방향으로 전개하지는 않았으나, 두 영역 간에 어떤 공통점과 차이점이 있는지를 보았다. 구약 시대는 신라 시대보다 거의 1천 년이 앞선 시기라는 점과 지리적인 거리감이라는 차이에도 불구하고, 두 나라는 모두 강대국가들에 둘러싸여 있으며, 사회적으로는 지배계급과 민중간에 계급의 격차가 커져 있는 상태에서, 민중들이 억압을 당하는 현실에 처해 있었다는 공통점이 있다. 더욱이 양쪽의 종교들은 기득권 편에 서 있었고 민중들을 외면하는 상황에서, 예언자들이 등장하고 원효가 등장하여 모두 민중들 삶 속으로 내려와 그들의 아픔을 함께 느끼고 대변하면서, 사회 갈등과 대립을 봉합하고, 화합하고 평화로운 세상으로 승화하려는 노력들을 보았다. 이들이 본 '하나님 나라'와 '불국토', 곧 '정토'는 사후의 내세적 세계가 아니었기에 기복적인 신앙을 배제시키고, 사회와 역사의식을 갖는 높은 차원으로 끌어올렸다. 왜냐하면 기복신앙은 귀족과 민중 모두에게 자기의 이익과 기득권을 최대한 유지하는 데 있고, 현실의 억압과 고통은 사후세계에 가서나 보상을 받으라는 것이 되기 때문이다.

기독교 구약 시대의 예언자들이 갈등과 대립을 적나라하게 노출시킨 것, 그리고 신라 시대의 원효가 갈등과 대립을 '일심'과 '화쟁'으로 승화시키는 것 사이에는 양쪽 모두의 상황들이 반영되어 있다. 여기서 끝까지 갈등과 대립으로만 가는 것도 결국은 미움과 적대감으로 바뀌게 되며, 무조건적인 봉합과 화합과 통합은 갈등의 원인을 덮어 버리는 또 다른 지배 이념이 될 수 있음을 보게 된다. 공통적인 것은 인간의 이기심이라고 할 수 있겠는데, 그것은 그렇게 쉽사리, 관념적으로 놓아지는 것도 아니고, 민중들의 견제와 비판이 전제되면서, 왕과 귀족과 사회의 지배층이 올바른 사회제도를 만들어 실천에 옮길 때 가능하다. 종교는 지배층에 붙기를 좋아한다. 역사적으로 기원전 3천 년경의 고대 이집트와 고대 메소포타미아, 구약 시대의 이스라엘에서도 종교는 정치권력과 손을 놓은 적이 없었다. 기독교는 로마 제국의 억압을 받다가 기원후 4세기 이후 국가 종교로 된 후 오늘날까지 유럽과 미국의 중심에 있으면서 지배 종교로 있어 왔다. 사실 기독교는 뒤에서 많은 전쟁과 식민지 약탈을 돕고, 앞장서기도 하며, 그 기득권을 누려 왔다.

세계 역사는 현재에도 인종, 국가, 종교, 영토 확장, 자원과 노동력 확보 등을 위한 끊임없는 전쟁과 학살, 착취와 억압의 연속이다. 이러한 때에 특히 종교는 어떤 역할을 하고 있는가? 종교 권력이 세속 권력을 가질 때, 혹은 그것을 지향하고 강화시키는 입장에 있을 때, 종교가 백성들 또는 민중들에게 어떤 영향을 주는지, 그리고 어떻게 조작된 신념과 이념을 제공하고 있는지를 분별해야 한다. 종교가 한 개인에게는 분명히 구원과 영혼을 다루는 영역이지만, 그것이 권력화되고, 물적 기반을 갖고, 이를 유지시키고 확대시키기 위한 방향으로 나갈 때, 종교는 전쟁도 불사하고, 인간에게 죄의 속성이 있는 약점을 매개로 자유를 억압하며, 인간을 신의 이름으로 만들어진 종교 이데올로기의 도구로 만들고 인간의 가치를 존중하기보다는 하락시키는 데 앞장서 왔다. 그래서 우리는 종교의 교리적인 내용만을 볼 것이 아니라, 종교의 사상이 그 후에 어떻게 역사적으로 흘러가는지도 엄격하게 검증할 필요가 있다. 아무리 좋은 사상도 시대가 흘러가면 지배 이념으로 바뀌어 가기 때문이다. 이스라엘에서 다윗왕이 야훼이즘을 왕조 이념(royal ideology)으로 변질시켰으며, 예수의 사상도 로마 제국과 중세기의 십자군 이념으로 변질되었으며, 미륵불교도 지배층이 지배 이념으로 바꾸어 나가고 있음을 볼 수 있다.

한스 큉(Hans Keung)이 "종교 간 평화없이 세계 평화 없다."라는 명제를 선포한 이후에 종교 평화를 위해서 종교학자들과 종교 지도자들이 만나 종교 갈등의 문제를 함께 의논하고 있다. 더 나아가 지구 생태, 환경, 여성, 빈곤, 전쟁 등의 이슈들에 대해서도 공동보조를 취하고 있다.

평화의 하나님 나라와 일심의 정토 세계의 이념을 만들어 나가는 데 함께 고민해야 할 상황을 볼 때, 좌표를 정확하게 볼 수 있어야 하겠다.

첫째, 제국의 상황이다. 세계는 지구화(globalization)가 진행되면서, 세계 자본주의는 막강한 힘을 발휘하고 있다. 미국은 역사 이래로 한 국가가 전 세계를 지배한 유일한 제국(empire)이다. 제국의 힘은 금융 독점, 과학, 우주, 첨단 기술, 농업 등 전분야에 걸쳐 독점을 시도하고 있다. IMF, IBRD 등의 금융기관과 WTO, FTA 등의 합법적인 기구를 통해서 모든 국가들의 장벽을 거두어 내고, 여기에 미국의 이익을 관철시키고 있다. 군사력을 기반으로 전세계 국가를 꼼짝 못하게 하고 있다. 심지어 UN의 결정도 무시하고 전쟁을 감행하고 있다. 이것에 부응하여 보수적이고 근본적인 기독교와 신학은 이를 정당화하고 선전하는 첨병 역할을 하고 있다. 평화와 화엄의 이념이 이러한 세계 자본주의의 흐름을 꿰뚫어 내면서, 한국 및 아시아, 아프리카 등의 목소리와 현장을 신학에 반영시켜야 할 것이다.

둘째, 종교 권력의 상황이다. 기독교와 불교는 종교 권력으로부터 모두 자유롭지 못하다. 예언자들과 원효가 종교 권력에 대해서 비판을 했거나, 그 제도권을 떠난 것은 종교 권력의 폐해를 보았기 때문이다. 오늘날에도 종교 권력은 민중들의 눈과 귀를 덮어 버리고, 기복 종교로 전락할 위험이 높다. 동시에 사회와 역사에 대해 무관심하며, 오로지 사후의 내세에 구원과 해탈에만 관심을 갖도록 유도하고 있다. 종교가 보수화될수록 권력이 강해지며, 이것은 사회로부터, 민중들로부터, 시민들로부터 외면당하고 무시당하는 지름길이다. 이러한 상황들을 종합해 볼 때, 사회 비판과 일심과 화쟁을 중심으로 한 평화 사상과 화합은 현대사회에서 여전히 유효하다. 사회의 부패와 불의한 구조가 더 규모가 커졌으며, 사회의 양극화 현상이 더욱 두드러지며, 한국 기독교와 불교 역시 커지면서 권력화되어 가고 있다.

한국 기독교와 불교는 함께 네트워크를 형성하며, 다양하고 개방적인 논의를 펼치면서, 넓은 차원에서 평화와 일심 세계의 정체성을 모색해야 하지 않을까 생각한다. 예수와 붓다는 인간을 다 포용하는 마음을 갖고 있겠지만, 당시 사회의 화석처럼 굳어진 폐습들에 대해서 과감하게 도전하고, 현실 종교 권력들에 대해서 비판하고 있다. 평화와 일심 세계는 과거와 현재를 돌아보는데 적극적이어야 할 것이다. 새로운 틀을 짜는 것은 단순히 방법과 기술에 있지 않으며, 양쪽 모두 철학적 사고와 신앙적 틀의 근본적인 변화를 통해서 대안적 종교의 이념과 방향들을 만들어 가야 할 것이다.

하나님 나라
백성의
특권과 의무

김판임 | 세종대학교 신약신학

하나님 나라의 백성은 가난한 사람들이다. 가난한 사람들이란 생명을 유지하기 위해 필요한 것을 가지지 못하고 사는 사람들로 규정할 수 있을 것이다. 아무것도 가진 것이 없기에 아무것도 의지할 수 없고, 어느 누구에게도 의지할 수 없는 사람, 그래서 하나님밖에는 의지할 것이 없는 사람들을 의미한다. 예수가 가난한 사람들을 복되다고 한 이유는 그들이 앞으로 부자가 될 것이기 때문이 아니라, 바로 하나님 외에 다른 것을 의지하지 않기 때문인 것이다. 다시 말하면 하나님 나라 백성이기 때문에 복된 것이다.

하나님 나라 백성의 특권과 의무[1]
- 예수의 선포를 중심으로

1. 도입 : 예수와 하나님 나라, 그리고 우리

이 글은 지상의 예수가 선포한 하나님 나라와 관련하여 그 나라 백성의 특권과 의무에 관한 연구이다. '하나님 나라' 개념이 예수에게서 유래한 것임에도 불구하고, 한국에서는 예수가 선포한 하나님 나라와 너무나 다르게 이해되고 있는 상황이다. 최근 한국 교회를 염려하는 선각자들은 한국 교회가 진정 예수의 메시지에 귀를 기울일 것을 촉구하고 있다.[2] 본고에서는 예수의 선포에 나타난 하나님 나라 개념에 관한 논의보다는 그 나라 백성에 관한 논의에 집중할 것이다. 왜 예수는 가난한 사람이 하나님 나라 백성이라고 하는지, 그리고 그 나라 백성으로서 가난한 사람이 누릴 특권과 행해야 할 의무가 무엇이라고 하는지 그의 선포 안에서 살펴보고자 한다.

2. 하나님 나라에 관한 오해와 진실

하나님 나라. 그 나라는 어떤 곳일까? 그 나라는 어디 있을까? 그 나라에
는 누가 들어갈까? 한국의 많은 크리스천들은 하나님 나라는 이 지구상엔
없고 죽어서 가는 곳으로 생각하는 것 같다.[3] 지상에 사는 동안, 즉 차안(此
岸)에는 하나님 나라는 없지만 예수 잘 믿는 신실한 사람은 복을 받아 성공
하여 부자가 되고 건강하게 장수하다가, 죽은 후 피안의 세계에서는 하나
님과 예수, 아브라함과 이삭과 야곱, 그리고 믿음의 조상들이 살고 있는
하나님 나라에 들어가고, 예수 믿지 않는 사람은 차안의 생애가 가난하고
고달프며 실패하고 고난이 많고, 피안의 세계에서는 지옥에 떨어져 각종
고통을 받을 거라고 생각하고 있는 것 같다. 이러한 견해에 의하면 예수를
믿으면 살아서 좋고 죽어도 좋은, 기독교라는 종교를 믿으면 살든지 죽든
지 좋기 만한 종교이다.

그런데 과연 '하나님 나라' 란 죽어서 가는 곳인가? 이 개념은 원래 지
상의 예수를 특징짓는 말이다. 유대교와 구약성서에서 하나님을 왕으로
표현된 곳이 있지만, '하나님 나라' 개념은 예수 이전에 사용된 적이 없었
다. 그것은 예수에게서 처음 사용된 독창적인 개념이다. 그러므로 하나님
나라를 이해하고자 하면, 우리가 임의로 생각하는 하나님 나라가 아니라
지상의 예수께서 말씀하셨을 때의 의미를 파악하는 것이 중요하다.

그러나 그것은 그리 쉽게 이해되는 개념은 아니었던 것 같다. 서기 80년
경 기록된 것으로 알려진 마태복음조차 하나님 나라(바실레이아 투 테우 η βασιλ
ειατουθευ) 개념을 "하늘나라(바실레이아 톤 우라논 η βασιλεια των ουρανων)" 로 대체
했다는 사실에서도 미루어 짐작된다. 마태는 지상의 예수가 사용한 하나
님 나라라는 개념으로는 그의 독자들을 이해시키기 어렵다고 판단했기 때

문이리라.[4] 한국의 크리스천들이 하나님 나라가 지상에 없고 하늘에 있다고, 그래서 죽어서 가는 곳이라고 생각하는 것은 어쩌면 마태복음의 영향일지도 모르겠다. 그러나 마태가 사용한 하늘나라(천국) 개념도 죽어서 가는 곳으로 설정한 것이 아니다. 그것은 유대인들이 기존에 가지고 있던 '하나님의 백성 이스라엘'이라는 혈통적 관계에 대해 대립적인 개념으로서 예수의 제자들을 포함하여 마태 공동체 멤버들에게 하늘 백성의 정체성을 제공하기 위한 상징적인 세계이다.[5]

이 외에 마태의 영향을 하나 더 든다면, 마태가 하늘나라 개념을 예수이전에 세례요한도 사용한 것으로 기록함으로써 하나님 나라 개념이 예수의 독창적인 개념이 아니라 세례요한에게서 이미 시작된 것으로 보이게한 점이다. 그것은 세례요한과 예수를 일직선상에서 이해하려는 마태의고안에 의한 것이다.[6] 실제로 '하나님 나라' 개념은 예수의 독창적인 개념이고, 그의 독창성은 동시대 사람들은 보지 못하는 그의 "현재 이해"에서 유래한다.[7]

예수 시대 대부분의 유대인들은 정치적 경제적으로 많은 고난을 당하고 있었다.[8] 그 고난이 크면 클수록 그들은 미래에 희망을 두었다. 미래에 대한 희망은 유대인들에게 있어서 오랜 전통에 속한 일이었다. 그들은 어려운 시대마다 하나님이 예언자를 세워서 하나님의 뜻을 전하던 것을 경험하곤 하였다. 그러나 마지막 예언자 말라기 이후에는 예언자의 음성을 더 이상 들을 수 없게 되자 그들은 이제 하나님의 인내가 한도에 달하여 이스라엘을 사탄의 세력 하에 붙이셨다고 생각했다.[9] 그러나 그것이 영원하리라고는 보지 않았다. 대예언자 이사야가 전하는 바, '그날'에 하나님은 다시 인간 역사에 직접 개입하실 것으로 믿었다. 하나님이 인간 역사에 개입하면, 그때까지 그들을 지배하고 있던 사탄의 세력은 약화되고 왕으로서의 하나님의 통치가 이루어질 것으로 믿었던 것이다. 이러한 종말론적 기대 속에서 현재의 어려움을 인내하는 것이 당대의 경건한 유대인들의 삶의 자세였다.

지상의 예수는 자신을 통해 사람을 괴롭히던 더러운 귀신이 물러가고, 병든 자가 치유받는 것을 보았다. 그리고 이와 함께 오랫동안 인간세계를 사탄의 세력 하에 놓고 침묵하던 하나님께서 인간세계를 향한 구원 활동을 시작하였다고 이해하였다: "내가 만일 하나님의 손을 힘입어 귀신을 쫓아낸다면 하나님의 나라가 이미 너희에게 임하였느니라."(눅11:20) 그리하여 예수는 그가 현존하고 있는 이 지상, 바로 현재에 다가와 있는 '하나님 나라'에 관해 비유로써 가르치고, 병든 자들을 치유하고 악하고 더러운 귀신들을 축출함으로써 그 나라의 임재를 보여주었다.[10]

예수의 하나님 나라에 대해 우리는 다음과 같이 간단히 정의를 내려 볼수 있을 것이다:

1) 하나님 나라는 현존하는 세상 나라, 세상 권력과 대립되는 개념이다.
2) 하나님 나라는 병들고 귀신에 시달리는 사람들을 구원하는 하나님의 활동이다.(눅11:20)
3) 하나님 나라는 여기 있다 저기 있다고 말할 수 있는 장소 개념이 아니다.(눅17:21)
4) 하나님 나라의 왕, 통치자는 하나님이다.
5) 하나님 나라는 통치자인 하나님 외에 그의 통치를 받는 백성이 있어야 나라가 성립한다.

본 연구는 하나님 나라의 백성에 관해 집중할 것이다. 하나님나라 백성은 누구인가? 그리고 그 백성들은 무슨 특권과 의무를 지니는가?

3. 하나님 나라 백성의 특권과 의무

1) 하나님 나라 백성들은 누구인가?

국내에서 2000년에 초판을 발행하여 2005년까지 38쇄를 거듭한 세계사 책이 있다. 일본 홋카이도 교육대학 교수로 봉직하고 있는 미야쟈키 마사카츠의 한국어 번역서 『하룻밤에 읽는 세계사』가 바로 그것이다. 이 책에서 저자는 예수의 활동과 메시지를 다음과 같이 소개한다:

예수는 27년경에 요한으로부터 세례를 받고 메시아(구세주) 운동을 일으켜 '천국이 가까웠도다. 회개하라.' 며 최후의 심판이 가까웠음을 지적하고 신의 절대적인 사랑과 이웃에 대한 사랑을 설파했다. 그러나 계율과 의식을 배제하고 '가난한 자만이 신의 나라에 들어갈 자격이 있다.' 는 설교로 유대교 사제들의 미움을 사 포교 3년 만에 세인을 현혹하는 반역자로 로마 총독에게 고발당해 36세에 예루살렘 교회의 골고다 언덕에서 십자가에 매달려 처형되었다.(30년경)[11]

가난한 사람만이 하나님 나라에 들어갈 수 있다는 것이 예수의 메시지라고 단호히 말할 수 있는 근거는 다음과 같은 예수의 발언에 있다: "재물이 있는 자는 하나님의 나라에 심히 어렵도다."(막10:23), "하나님의 나라에 들어가기가 얼마나 어려운지 낙타가 바늘귀로 나가는 것이 부자가 하나님의 나라에 들어가는 것보다 쉬우니라."(막10: 24-25). 낙타와 바늘귀 비유는 부자는 하나님 나라와 거리가 멀다는 것을 분명히 말해주는 것이다. 부자가 하나님 나라에 들어갈 확률은 0.000000000…1%, 사실상 불가능하다는 뜻이다. 그러므로 예수가 하나님 나라의 백성이 될 자들을 '가난한 자들'[12]로 한정했다고 확언을 한 역사학자의 견해는 정확하다고 할 수 있을 것이다.

그러나 많은 크리스천들은 부자는 절대 하나님 나라에 못 들어간다는 예수의 견해가 너무 가혹하다는 인상을 버리지 못하고 있는 것 같다. 예수의 지상 활동 기간에 예수에게 찾아와 영생을 얻는 길을 물었던 어떤 부자는, 재산을 포기하라는 예수의 가르침을 듣고 자신의 재산을 포기하는 것이 아니라 차라리 영생을 포기하는 것으로 이야기가 끝난다.(막10:17-22/마19:16-20/눅18:18-30) 요즘 한국의 크리스천들이 생각하는 바와 같이 예수를 잘 믿으면 살아 있을 때에는 부자로 살다가 죽어서 천국에 간다는 것은 예수의 사상과는 전적으로 다르다는 것이 분명해진다.

현대사회에서 부유하고 윤택한 삶을 추구하는 많은 크리스천들은 하나님 나라의 백성이 되기 위해 부를 포기하기보다는, 오히려 부자도 하나님 나라에 들어가는 것이 가능한 것으로 해석하고자 갖가지 노력을 하고 있다.[13] 가령 부자도 부자 나름이라고, 잘못된 방식으로 부를 축적한 사람은 불가능하지만 깨끗하게 돈을 번 청부(淸富), 혹은 많은 재산을 자기 자신을 위해 쌓아 두지 않고 가난한 사람을 구제하는 데 사용하는 훌륭한 부자, 혹은 부자라도 겸손하고 영성이 풍부하다면, 그런 부자는 하나님 나라 백성이 될 수 있지 않을까 고려하는 식으로 말이다.

현대 학자들뿐만 아니라 이미 성서 저자 중에도 그러한 시도를 보여주는 이가 있었다. "심령이 가난한 자는 복이 있나니, 천국이 저희 것임이요."(마5:3)라는 마태복음에 나오는 예수의 축복 선언이 바로 그러한 시도의 하나라고 볼 수 있다. 많은 성서 학자들은 누가복음의 평지 설교에 나오는 "가난한 자는 복이 있나니 하나님의 나라가 너희 것임이요."(눅6:20)라는 축복 선언이 마태복음의 그것보다 지상의 예수에게 가깝다고 본다. 예수는 실로 가난한 자가 하나님 나라의 백성이라는 것과 그렇기 때문에 복되다는 것을 말하고 있는 것이다.

마태복음 저자는 '가난한 자' 앞에 '심령이' 라는 말을 첨가함으로써 예수가 하나님 나라의 백성으로 언급한 가난한 사람들이 물질적 의미에서의, 즉 경제적 의미에서의 '가난한 사람' 이 아니라 종교적 경건을 지닌 자라는 의미를 분명히 했다. 많은 학자들이 추측하는 바대로 마태는 그의 공동체에 부유한 사람이 많아서 그들에게 상처를 주지 않고 그들도 하나님 나라의 백성으로 포함하려고 한 깊은 목회적 배려가 있었을 수도 있다. 아니면 마태가 예수를 이해하건대, 예수가 말했던 하나님 나라의 백성인 가난한 자란 물질적인 의미에서만이 아니라 종교적 경건을 지닌 자라는 의미로 사용했다고 보고, 예수의 원래의 의도가 오해되지 않고 잘 전달되도록 '심령이' 라는 말을 첨가시켰을 수도 있다. 경건한 유대인들은 그들이 소유한 재산 여하에 상관없이 하나님의 긍휼을 필요로 하는 사람이라는 점에서 스스로를 '가난한 자' 라고 표현하는 일이 많았다.[14] '심령이' 라는 표현은 예수의 것이 아닌 마태의 첨가라는 것은 대부분의 학자들이 동의하는 바이다.

마태와는 달리 예수의 말을 가감하지 않고 그대로 단순히 '가난한 자' 라고 표시한 누가는 이것을 자신의 신학, 즉 가난하고 어려운 형편에 있는 자에 관심을 가지고 돌보는 것을 중요한 일로 여기는 자신의 신학에 상응하므로 아무것도 첨가하거나 수정할 필요가 없었을 것이다.

하나님의 나라 백성인 가난한 사람은 과연 누구인가? 어느 정도 재산을 가지고 있으면 부자인가? 현대사회에서 가난과 부유의 기준이 어디 있을까? 무일푼이던 사람이 사업 자금 3,000만 원을 모았다면 부자가 된 기분이 들까? 수 년간 열심히 일하고 절약해서 1억 재산을 모았다면 부자가 되었다고 자부할 수 있을까? 1억을 모으면 부자가 된 기분이 들까 아니면 10억 재산 가진 자에 비해 상대적 빈곤감을 느끼게 될까? 한국의 어떤 경제학 교수는 부자를 다음과 같이 정의하기도 한다: '한국 사회에서 자기가 살고 있는 주택이나 아파트를 제외하고 내일 모레까지 20억 원의 재산을 가져 올 수 있으면 부자라고 할 수 있다.'[15] 가난은 상대적 개념일까 아니면 어떤 기준치를 제시할 수 있는 절대적 개념일까? 아무리 재산이 없어도 마음이 넉넉하면 부유하다고 할 수 있는가?

예수 시대 가난한 사람은 누구인가? 마가복음 10장에서 낙타가 바늘귀를 통과하는 것이 부자가 하나님의 나라에 들어가는 것보다 쉽다고 예수가 이야기했을 때, 이에 대한 제자들의 반응은 의외로 모두 놀라며 "그런즉 누가 구원을 얻을 수 있는가?"(막10:26)라고 이야기할 정도였다면, 그들 자신도 부유하여 구원을 얻기 어려운 존재로 생각하였을까 의심해 볼 수 있겠다. 그러나 일반적으로는 예수를 포함하여 그의 제자들, 그리고 일반 유대인들 모두 가난했다고 보고 있다. 예수 시대 이스라엘의 왕은 헤롯이라고는 하나 로마의 통치 하에 있던 식민지였다. 36년간 일본의 식민통치를 받아 보았기에 한국인들은 식민 통치 하에 생활이 얼마나 비참한지를 알고 있다. 기원전 587년에 바빌론에 의해 나라가 망한 후 예수 시대에 이르기까지 바빌론, 페르시아, 마케도니아, 이집트, 시리아와 로마에 이르기까지 수백 년 동안 주변 강대국의 속국으로 살던 이스라엘 백성이란 모두 가난한 사람들이라 해도 과언이 아닐 것이다.[16] 일부 왕이나, 귀족, 지주, 포도원 주인, 진주 장사와 같은 고급 상인과 같은 소수 특별 계층을 제외하고 대부분의 백성들은 소작인, 일일 노동자들이었을 것이고, 이보다 더 어려운 사람도 있었을 것으로 여겨진다.

예수의 비유에 등장하는 소재들과 인물들[17]을 중심으로 살펴본다면, 그의 청중이 어떠한 사람들이었는지 짐작할 수 있다. "씨 뿌리는 자의 비유" (막4:1-9; 마13:1-9; 눅8:5-8), "저절로 자라는 씨의 비유"(막4:26-29), "겨자씨의 비유"(막4:30-32; 마13:31-32; 눅3:18-19) 등은 그의 청중들이 농사꾼들임을 말해 준다. "그물 비유"(마13:47-48)는 그의 청중 중에 어부들이 있음을 알 수 있게 해 준다. 오늘날 우리 사회도 마찬가지지만, 예수 당시 농사꾼이나 어부들은 대개 가난한 사람들이다. "밭에 감추인 보화의 비유(마13:44)"에서는 밭을 갈던 농사꾼이 땅 속에서 보물을 발견하고도 발견하자마자 가지지 못하고 자기 모든 것을 팔아 그 땅을 사기까지 땅 속에 감추어 두는 것으로 보아 자기 땅을 일구는 농사꾼이 아니라 남의 땅을 부쳐 먹고 사는 소작인임을 알 수 있다. 포도원 주인의 비유(마20:1-16)를 통해 짐작할 수 있는 바와 같이 예수의 청중들 중에는 포도원 주인 같은 사람이나 혹 삭개오 같은 재산가도 있을 수 있지만, 대부분의 사람들은 자신의 노동력 외엔 아무것도 가진 것이라고는 없는, 일일 노동자와 같은 극빈자들이다.

누가복음에서 가난한 자가 언급되는 곳에서 가난한 자만이 아니라 몇몇 종류의 사람들이 함께 열거되기도 한다. 가령 4장 18절에는 '가난한 자, 포로된 자, 눈먼 자, 눌린 자', 6장 20-21절에는 '가난한 자, 주린 자, 우는 자', 7장 22절에는 '맹인, 앉은뱅이, 나병 환자, 귀 먹은 사람, 죽은 자, 가난한 자', 14장 13절에는 '가난한 자들, 불구자, 저는 자, 맹인' 마지막으로 14장 21절에 '가난한 자, 불구자, 맹인, 저는 자'가 열거된다. 가난한 자와 함께 열거되는 이러한 목록은 이러한 사람들이 가난한 자들로 통칭될 수 있음을 말해 준다. 맹인이나 불구자, 저는 자, 앉은뱅이 등 이 모든 사람들은 신체장애자들이다. 건강한 사람은 소작 일이나 일일 노동자로 일하며 겨우 생계를 유지하는 반면, 신체장애라도 있는 사람은 그나마 일도 얻을 수 없는 처지이니 생계를 유지할 수 없을 만큼 극도로 가난했을 것에 틀림없다.

그 외에 하나님 나라의 백성으로서 생각할 수 있는 존재들은 어린아이들과 여자들이다. 마가복음 10장 13절-16절은 어린아이들이 예수에게 다가오는 것을 금하는 제자들의 태도에 대한 예수의 견해를 전하고 있다. 제자들은 유대인들이 상식적으로 생각하던 것처럼 어린아이들과 종교적인 대화를 나누기에는 그들이 아직 어리다고 생각했을 것이다. 유대인들은 남아 13세가 되어야 종교적인 능력과 혼인의 능력을 가진 존재로 인정된다. 아마도 이 이야기에서 언급되는 어린아이들이란 13세 이하의 어린이들을 의미할 것이다. 예수는 그의 제자들에게 어린아이들의 옴을 막지 말라고 할 뿐만 아니라, 오히려 그들과 같지 않으면 하나님 나라에 들어갈 수가 없다고 말한다.

하나님 나라의 백성인 가난한 사람의 또 하나의 카테고리는 여성이다.[18] 가부장적 사회에서 여성은 남편에게 속한 자로서 남편의 재산과 사회적 지위 고하에 따라 지위가 정해졌다. 생활이 어려워도 직업을 가지지 못하였으므로 부유한 남편의 아내를 제외하고 대부분의 여성들은 가난하였다고 말할 수 있다. 또한 여성은 어린아이와 마찬가지로 종교적 담론의 파트너가 되지 못했다. 예수가 하나님 나라에 관해 이야기할 때 누룩 비유와 같이 여성이 이해하기 쉬운 예를 든다든지, 하나님 나라의 임재를 보여주는 병의 치유나 귀신 축출 등의 구원의 역사가 남자들에게만 일어나는 것이 아니라 여자들에게도 일어난다는 사실에서 하나님 나라 백성들로 여성이 고려되고 있음을 알 수 있다.[19]

종합하면 가난한 사람이란 강대국의 식민지 통치 하에서 겨우 생계를 유지하는 이스라엘 백성 전체라고 말할 수 있으며, 그중에서도 천한 직업의 소유자들이나 직업을 가질 수 없었던 장애자, 어린이, 여성이 가난한 사람을 대표한다고 할 수 있다.

2) 왜 가난한 사람들인가? – 하나님 나라 백성의 특권

예수는 가난한 사람들이 복되다고 축하하며 그 이유를 그들이 하나님 나라의 백성이기 때문이라고 말한다. 김희성은 산상수훈에서 가난한 자들을 축복하는 이유가, 그들이 현재의 가난한 상황을 벗어나 부자가 될 것이기 때문이라고 해석한다.[20] 이러한 해석은 부자가 복되다는 세속적인 이해를 벗어나지 못하고 있는 증거이다. 지상의 예수도, 마태복음도, 누가복음도 그런 식의 해석을 허용하지 않는다. 가난한 사람이 복된 이유는 그들이 부자가 될 것이기 때문이 아니라, 하나님 나라의 백성이기 때문이다.[21]

하나님의 백성이 누릴 생명, 영생을 얻기 위해서는 가진 소유를 모두 팔아 가난한 사람들에게 주고 나를 따르라는 예수의 요청(막10:21)은 네가 가진 재산으로 가난한 사람을 구제하라는 의미가 아니라, 너 자신이 가난한 자가 되라는 뜻이다.[22] 하나님 나라에 들어가는 것, 하나님 나라의 백성은 오직 가난한 자이기 때문이다. 놀랍게도 김경진은 부자가 하나님 나라에 못 들어가는 이유를 재산에 집착하기 때문이라고 해석하며, 부자라도 재산에 집착하지 않고, 가난한 자를 위해 재산을 사용하면 구원을 받을 수 있는 것처럼 해석한다.[23] 이러한 해석에 따르면 더 큰 부자가 되어 더 많은 가난한 사람들을 구제하는 것이 구원을 얻는 길인 것처럼 오해를 불러일으키고, 재산에 대한 탐심을 더욱더 조장할 위험이 높다. 이러한 해석은 나아가 가난한 사람에게 줄 것이 있는 부자만이 하나님의 백성인 것으로 오해를 일으킨다. 이는 예수의 의도와 완전히 상반된 것이다. 예수는 많이 벌어서 가난한 사람을 위해 쓰면 하나님 나라의 백성이 된다고 가르친 것이 아니다. 가난한 사람이 하나님의 백성이라는 것이다.

왜 예수는 가난한 사람만이 하나님 나라 백성이라고 하는 것일까? 재산이 있는 사람이라도 하나님만 잘 믿고 성경대로 살면 하나님 나라 백성일 수 있지 않을까? 왜 예수는 이러한 가능성을 차단하고, 가진 재산을 버리고 가난한 자가 되어야만 한다고 하는 것일까? 왜 하필 가난한 사람인가? 구약성서에 나오는 아브라함이나 욥과 같은 존재들 모두 부자가 아닌가? 천국에 아브라함도 있지 않은가? 이들은 오직 하나님을 믿음으로 구원을 얻은 자가 아닌가 의문을 제기할 수도 있을 것이다. 잠언과 같은 지혜서에 의하면 가난은 게으름의 결과가 아닌가?[24] 어째서 예수는 가난한 자를 하나님 나라의 백성으로 보는 것일까?

예수 당시 유대인들에게서나, 오늘날 많은 그리스도인들 사이에 부와 가난, 부자와 가난한 사람에 대한 인식은 비슷한 점이 없잖아 있다. 유복한 삶은 축복으로, 가난하고 병들고 불행한 삶은 저주로 보는 것이다. 가난한 부모에게 태어나 가난에 찌들려 고생하고, 불치의 병이나 중병에 걸려 인간 구실 못하고 있는 삶에 대해, 그것이 자신의 삶이든 타인의 삶이든, 죄의 결과라고 보았던 것이다: "랍비여, 이 사람이 맹인으로 난 것이 누구의 죄로 인함이니이까? 자기니이까 그의 부모니이까?" (요9:2)

가난이나 질병, 혹은 사고나 장애 등 인생에 만날 수 있는 불행을 게으름이나 무지 혹은 죄의 결과로 보는 사회에서 가난한 사람이나 병든 사람, 장애인 당사자는 분명히 알 수는 없지만 무슨 죄의 결과려니 하며 그러한 불행을 감내할 힘을 얻을지도 모르겠다. 그러나 반대로 부자가 가난한 사람을 향해, 너는 죄를 지어 가난하고 나는 복을 받아 부자라고 여기는 사회를 상상해 보라. 건강한 사람이 병든 사람을 향해 너는 죄를 지어 병들었고 나는 복을 받아 건강하다고 여기는 사회를 상상해 보라. 건강한 자, 힘 있는 자, 기득권자의 권익을 내세우고, 그렇지 못한 자를 그렇지 못하다는 이유로 폄하하여 인격 이하로 몰아 가는 악한 사회인 것이다.[25]

이러한 사회에서 예수는 일반인들이 납득할 수 없는 것을 주장한다: 부자가 복된 것이 아니라 가난한 자가 복되다. 가난한 자들이 부자가 될 것이기 때문이 아니라, 하나님 나라가 그들의 것이기 때문이다.(눅6:20 참조) 하나님 나라의 임재를 본 예수에게는 장애인, 병든 자, 가난한 사람은 무슨 죄의 결과물이 아니라, '하나님의 계획을 실현하기 위한 목표물'이다.(요9:3) 가난한 사람들이 하나님의 백성인 이유는, 이들에게 하나님의 생명의 역사인 치유와 위로와 인격적인 대우가 일어날 것이기 때문이다. 예수 이전에는 가난한 자, 병자, 여자 등 약자들이 죄인으로 취급되고 비인격적으로 경멸당하였다면, 자신들이 하나님 나라의 백성이라는 예수의 선언을 듣는 순간부터 자존감 회복과 같은 경이로운 체험을 하였을 것으로 기대된다. 바로 이것이 가난한 자들이 가진 특권인 것이다.

3) 하나님 나라 백성의 의무 – 하나님의 뜻 수행

하나님 나라는 하나님이 왕으로서 활동하시고, 그의 백성인 가난한 자들을 중심으로 그의 구원 활동을 펼치는 영역이다. 모든 나라의 백성이 그렇듯이 하나님 나라의 백성도 백성으로서의 의무가 있다.

(1) 백성은 하나님이 모든 생명을 살리시듯 생명 살림의 의무가 있다

하나님이 이 세상의 모든 식물과 동물, 인간을 만드신 창조주이고, 그가 만드신 모든 피조물이 살 수 있도록 먹을거리까지 배려하시는 분(창1:29)이기 때문에 하나님 나라의 백성은 하나님이 만드신 생명들이 살아갈 수 있도록 배려해야 할 의무가 있는 것이다. 이는 많은 사람들에게 잘 알려진 사마리아인의 비유(눅10:30-35)[26]를 통해 분명히 전달되고 있다.

비유는 세 막으로 구성된 연극처럼 전개된다.[27] 제1막은 예루살렘에서 여리고로 가는 인적이 드문 곳에서 어떤 행인이 강도를 만나 길에 쓰러져 생명을 잃을 위험에 처한 것으로 시작된다. 제2막에서는 거의 죽은 상태로 누군가 곧 조치를 취하지 않으면 죽을 수 있는 행인을 두고 제사장이나 레위인은 그냥 보고 지나가 죽음의 위험에 방치한 반면, 사마리아인은 그를 보고 그냥 지나가지 않았다.[28] 그는 가지고 있는 것, 즉 기름과 포도주로써 강도 만난 자에게 응급처치를 해 줌으로써 일단 생명의 위기를 넘기게 한다. 제3막은 응급조치를 취해 준 행인을 보살펴 줄 수 있는 여관으로 옮겨 다 놓고, 자신이 떠날 때에 여관 주인에게 그들 돌보아 줄 것을 의뢰하는 내용이다.

사마리아인은 죽어 가는 한 생명을 살리기 위한 응급처치와 후속 조치 등 모든 일을 한 것이다. 사마리아인의 행위는 윤동주가 노래했던 바와 같이 '죽어가는 모든 것을 사랑하는' 행위였던 것이다. 사마리아인의 비유는 하나님이 만드신 생명 하나라도 죽도록 방치하지 않고 살 수 있도록 돌보는 것이 하나님 나라의 백성이 마땅히 행해야 할 의무임을 가르쳐 주고 있는 것이다.

(2) 하나님에게 받은 그대로 베풀 의무가 있다

이는 "용서하지 않는 종의 비유(마18:23-34)"를 통해 알 수 있다. 이 비유는 마태복음에만 나오는 비유이다. 마태는 자신의 목회적 필요에 의해 이 비유를 예수의 다섯 가지 설교 중 네 번째인 교회에 관한 설교(18:1-35)의 마지막에 위치 설정을 하고 있다.[29] 그리고 용서라는 주제로써 비유의 틀을 제공함으로써 비유의 주제를 한정했다. 이러한 점을 감안하더라도 23절로 시작하는 비유는 예수의 진정한 비유로서 손색이 없다.[30]

이 비유도 사마리아인의 비유와 마찬가지로 제3막으로 구성된 연극 대본과 같다. 제1막(마18:23-27)은 일만 달란트를 빚진 자가 왕 앞에서 문초를 받고 있는 장면이다. 일만 달란트라는 액수의 돈은 가히 상상할 수도 없을 만큼 큰 액수이다. 1달란트는 예수 당시 화폐가치로 볼 때 일일 노동자의 하루 품삯인 1데나리온의 6000배 정도의 금액이다.[31] 헤롯 대왕이 거둬들인 모든 세금이 900달란트 정도였다는 점을 감안하면, 일만 달란트란 일반 시민이 가히 짐작할 수도 없을 만큼 큰, 평생 벌어도 도저히 모을 수 없는 액수의 돈이다. 빚을 갚으라는 독촉의 표현으로 가진 소유를 다 팔고, 자신과 아내 자식을 모두 팔아 갚으라고 하지만 실제로 이 모든 것을 판다 해도 일만 달란트는 갚을 수 없을 정도로 비현실적인 금액이다. 왕은 기다려 달라는 빚진 자의 간청을 듣고 불쌍히 여겨 천문학적인 금액을 탕감해 주기로 한다.

제2막(마18:28-30)은 제1막에서 왕으로부터 일만 달란트를 탕감받은 사람이 나가서 자기에게 백 데나리온의 빚을 진 사람을 만나 빚을 갚으라고 독촉하는 이야기이다. 제1막과 비교할 때 금액에 있어서 1막이 비현실적으로 엄청난 액수였다면 백 데나리온은 당시 일일 노동자의 반년간의 근로소득 액수에 해당하는 매우 현실적인 금액이다. 반년만 일하면 갚을 수 있는 금액인데도 기다려 주지 않고 무자비하게 옥에 가두었다.

제3막(마18:31-34)은 다시금 비현실적인 이야기로 돌아간다. 그리 큰 빚이 아님에도 불구하고 동료의 빚을 독촉하다 못해 옥에 가두기까지 무자비하게 행하는 사람을 보고 동료들이 왕에게 가서 이 일을 보고한다. 왕은 그 종을 다시 소환하여 이전에 탕감하여 주었던 일을 상기시키며, '내가 너를 불쌍히 여김과 같이 너도 네 동료를 불쌍히 여김이 마땅하지 아니하냐?' 고 문책하며 탕감했던 일을 취소하고 그 종이 동료 종에게 했던 것과 똑같이 그를 옥에 가두었다는 이야기이다. 제3막의 이야기도 비현실적이라는 점에서 제1막과 성격이 비슷하다. 이미 탕감해 준 것을 다시 갚으라고 하는 것은 일사부재리의 원칙에 어긋나는 것으로 상식적으로 납득이 되지 않는 일이기 때문이다. 제1막에서 비현실적 부채액이 청중들에게 잊지 못할 깊은 인상을 남기는 것처럼, 제3막에서는 탕감했던 일을 번복하는 비현실적인 처리 방법으로써 잊지 못할 인상을 남기는 효과를 일으키고 있다.

이 과장적인 비유 이야기에서 말하고자 하는 핵심은 바로 여기에 있다: "내가 너를 불쌍히 여긴 것처럼 너도 네 동료를 불쌍히 여김이 마땅하지 아니하냐?" (마18:33) 이 비유는 하나님 나라 백성은 하나님이 그 백성에게 하는 것처럼 행할 의무가 있음을 말해 준다고 하겠다. 이 비유에서 주인공은 반면교사이다. 자기가 빚진 것은 탕감받고, 자기에게 빚진 사람은 탕감해 주지 않은 종같이 살아서는 안 된다는 것이다. 하나님의 백성은 하나님이 베푼 대로 베풀고, 하나님이 행한 대로 행해야 한다.

(3) 하나님 나라의 통치자이신 하나님을 본받아야 할 의무가 있다

마태복음은 이를 다음과 같이 명백히 표현한다: "하늘에 계신 너희 아버지의 온전하심과 같이 너희도 온전하라." (마5:48) 칼 바르트 같은 신학자는 하나님과 인간의 경계를 확고히 짓고, 하나님을 절대타자로 선언하며, 예수를 인간이 본받을 만한 모델로 제시했던 자유주의 신학에 대해 "나인" (nein)을 외치며 20세기 세계적인 신학자로 부상하였다.

물론 예수가 인간의 도덕적인 모델이 될 수는 없을 것이다. 그러므로 바르트가 신과 인간을 철저히 구별하고, 신은 신으로서, 인간은 인간으로서 자리매김을 한 것은 올바르다. 그러나 그 폐해는 엉뚱한 것으로 나타나기도 했다. 즉 예수의 가르침을 예수 같은 신이나 행하지 평범한 인간은 행할 수 없는 것이라고 선을 긋는 일이다.

그러나 하나님 나라를 보여 주고 가르친 예수의 입장에서 볼 때 하나님 나라 백성은 하나님은 닮아야 하는 의무가 있다. 하나님이 온전하심같이 하나님의 백성도 온전하라는 예수의 요청은 인격이나 초월의 능력을 닮으라는 뜻이 아니다. 인간은 바르트가 지적한 대로 인간일 뿐이고 신이 될 수는 없다. 그러나 하나님이 우리에게 베풀고 바라는 일을 행해야 할 의무가 있는 것이다. 즉 하나님이 우리를 살리고 먹이심같이 우리도 하나님에게서 받은 대로 이웃을 먹이고 살리는 일에 동참해야 하는 것이다. 이는 모든 생명이 살기를 원하시는 창조주 하나님의 뜻을 수행하는 것 외에 다른 것이 아니다: "나더러 주여 주여 하는 자마다 다 천국에 들어갈 것이 아니요 다만 하늘에 계신 내 아버지의 뜻대로 행하는 자라야 들어가리라." (마 7:21)

4. 결어 : 하나님 나라 백성은 하나님의 생명살림 운동에 함께 해야 한다

예수께서 지상에 살면서 활동하신 모든 일은 하나님 나라와 관련된 것이다. 그는 병자들을 치유하고 사람들을 괴롭혀 온 귀신과 같은 악한 세력을 몰아내는 일에 앞장섬으로써 하나님 나라의 현재적 도래를 보여주었다. 뿐만 아니라 하나님 나라의 특성을 가르쳐 주었다. 하나님 나라는 하나님이 통치하시는 나라이고, 그 나라의 백성은 가난한 사람이라고 선포했다. 그리고 그 나라 백성이 할 일에 관해 비유로 가르쳐 주셨다. 하나님 나라의 백성이 누리는 특권과 의무에 관한 연구 결과는 다음과 같다.

하나님 나라의 백성은 가난한 사람들이다. 가난한 사람들이란 생명을 유지하기 위해 필요한 것을 가지지 못하고 사는 사람들로 규정할 수 있을 것이다. 아무것도 가진 것이 없기에 아무것도 의지할 수 없고, 어느 누구에게도 의지할 수 없는 사람, 그래서 하나님밖에는 의지할 것이 없는 사람들을 의미한다. 예수가 가난한 사람들을 복되다고 한 이유는 그들이 앞으로 부자가 될 것이기 때문이 아니라, 바로 하나님 외에 다른 것을 의지하지 않기 때문인 것이다. 다시 말하면 하나님 나라 백성이기 때문에 복된 것이다.

유대가 바빌론에게 패망한 후 페르시아, 마케도니아, 이집트, 시리아, 로마에 이르기까지 수백 년 동안 주변의 강대국에게 끊임없이 식민 지배를 받아온 이스라엘의 상황을 고려해 볼 때, 부유한 사람은 왕이나 소수의 귀족 계층과 대상인 정도의 소수였을 것이고 대부분의 사람들은 소작인, 일일 노동자로 살아가는 가난한 사람들이었을 것이다. 더욱더 빈곤한 사람들이란 고아와 과부, 여성, 병든 자 등 가부장적 사회에서 생업에 종사할 수 없는 사람들이었을 것이다.

예수가 하나님 나라에 관해 가르칠 때에 가난한 소작인들, 어부들, 일일 노동자들, 여성들, 어린아이들, 그의 청중을 고려하여 그들이 이해하기 쉬운 예를 비유로 이야기하고 있다. 하나님 나라의 백성은 바로 예수의 말을 즐겨 듣기 원하는 이들, 즉 가난한 사람들이다. 권력을 가지고 건강하고 부유한 사람들은 가난하고 병들고 불치의 병으로 고생하는 사람들을 향해 하나님의 저주를 받았다고, 죗값이라고 손가락질하고 천대하고 경멸하며 소외시키며 배척했다. 그러나 예수는 이들이 하나님나라의 백성임을 가르치고, 하나님 나라 백성으로서 해야 할 일들을 가르쳤다.

하나님 나라 백성이 할 일은 하나님의 뜻을 수행하는 일 외에 다른 것이 아니다. 예수에 의하면 하나님의 뜻은 이 세상과 모든 생명을 창조하신 하나님의 생명 살림의 운동이다. 이처럼 하나님 나라에 관한 예수의 메시지에는 그의 창조 신학이 배경에 깔려 있다. 그러므로 하나님 나라 백성으로서 해야 할 일이란 하나님이 원하시는 일, 하나님이 지금 하고 계신 일을 함께 하는 것 외에 다른 일이 아니다.

예수의 하나님 나라는 사람이 죽어서 가는 피안의 세계가 아니다. 그 나라는 현존하고 있는 세계의 잘못된 질서를 바로 잡고 창조주 하나님이 그의 뜻을 하늘에서처럼 이 땅에서 이루고 있는 곳이다. 남자와 여자, 부자와 가난한 자, 권력을 가진 자와 없는 자, 건강한 사람과 병든 사람, 비장애인과 장애인, 내국인과 외국인이 차별 없이 하나님의 형상으로서 그 본연의 모습을 지켜 나가는 곳이다. 그 나라의 왕이신 하나님은 그의 백성을 통해 그의 나라를 이루어 가기를 원하신다.

종말론과 민중 경험

박경미 | 이화여자대학교 기독교학부

성서에서 종말은 인간, 역사, 사회의 참된 변화로서 '하느님 오심'의 현실이다. 하느님 없는 민중 현실-정의, 사랑, 평화, 자유 없는 현실-에 '하느님 오심'이 참된 변화, 종말의 현실이다. 초대 기독교의 신앙에서 예수 그리스도는 종말의 현실이자 임마누엘의 현실이며, 시간의 중심, 참된 미래이다. 예수에게서 구원의 미래는 이미 현재한다. 임마누엘의 현실, 이것은 인간 역사 속에 하느님이 현재함을 말하며, 성육신의 현실이다. 그러나 여전히 초대교회에서는 예수 그리스도의 파루시아(재림)를 기다리고, 마라나타를 기원했다. 즉 구원의 미래성은 여전히 존재한다. … 따라서 개인과 역사를 지배하는 궁극적 악의 권세인 죽음을 이김으로써만 새로운 미래와 공동체적 삶에 이를 수 있으며, 이 점에서 종말의 미래적 차원은 여전히 남아 있다. 그리스도는 이 세상의 시간으로부터 해방하지 않고 세상의 권력(죄, 법)으로부터 해방한다. 그래서 초라한 예수 안에서 종말론적 성취는 깊은 감춤 속에 있을 수밖에 없다. 물론 이처럼 감추어졌다고 해서 일어난 일의 실재성을 부정할 수는 없지만, 숨겨진 하느님의 행위는 신앙을 요구한다.

종말론과 민중 경험
- 묵시문학적 종말론의 기원과 발전을 중심으로

1. 들어가는 말

자신이 살고 있는 세계의 끝이건, 자기 존재의 끝이건 인간은 분명하게 끝을 의식하는 존재이다. 끝을 의식할 줄 아는 존재로서 인간은 다양한 형태로 '마지막 일들'에 관한 종교적 표상들을 펼쳐왔다. 이 '끝', '마지막'에 대한 관념들은 우주적·집단적 차원만이 아니라 개인적 차원에서도 전개된다. 가령 윤회를 믿는 초기 브라만교나 힌두교, 원시불교는 모두 사후에 인격의 해체를 가정하는 종교로서 개인적 종말론의 차원을 지닌다. 이들에 따르면 개체는 허구이고, 현존하는 요소들의 집합에 지나지 않으며, 죽음은 이 집합의 해체이다. 이러한 윤회 사상은 자연 생명의 순환과 통한다고 할 수 있다. 이에 반해 몸의 회복을 믿는 '죽은 자의 부활' 신앙은 사후에 개체 인격의 존속을 인정하는 종말론이라고 할 수 있다.

그러나 이러한 개인적 형태의 종말론과 달리 우주적 종말론은 전 세계의 종말에 초점을 두며, 오늘날 일반적으로 종말론이라고 할 때는 지진이 나고 해가 어두워지고 땅이 바다에 잠기고 온 세상이 불길에 휩싸이는 등 마지막 때, 세계의 파멸을 다루는 우주적·시간적 종말론을 떠올린다. 개인의 운명에 초점을 둔 종말론이 현재적이고 실존적이며 신앙적인 의미를 강조한다면, 우주적 종말론은 객관적·연대기적 미래상에 집착한다. 세계의 끝, 파멸에 관한 교리로서 우주적 종말론은 자연과 세계 사건의 과정이 지니는 주기성에 대한 관념으로부터 생겨났다. 계절의 자연적 순환과 마찬가지로 새해가 오고, 묵은해의 사건들은 되풀이된다. 한 세계년의 끝에 우주가 그 기원으로 돌아와서 또 다른 세계년이 시작된다는 것이다. 즉 시간의 영원회귀에 관한 사상이다. 묵은 세대의 끝에 이어서 뒤따라 나오는 새로운 시작은 끝없는 번영의 시대로 이해되었다. 시간이 새롭게 '회복'($\alpha\pi\sigma\kappa\alpha\tau\alpha\sigma\tau\alpha\sigma\iota$s)되고 갱신되는 것이다. 우주의 영원한 반복을 전제하고 주기적인 파멸과 세계의 갱신을 말하는 인도의 가르침은 이러한 우주적 종말론을 포함한다.

반면 구약성서에는 세계의 끝에 관한 교리와 후속하는 구원의 시대에 관한 교리라는 의미에서의 종말론이 두드러지게 나타나지 않는다. 이러한 이원론적 개념은 하느님이 세계를 창조하셨다는 구약의 창조 신앙에 위배되기 때문이다. 구약의 예언서가 하느님의 심판에 관해서 엄명하고는 있지만 그것은 전 세계의 심판이 아니라 죄 지은 자들에 대한 역사내적 심판이었다. 이원론적 형태의 우주론적 종말론이 발전된 것은 후기 유대교 묵시문학에서였다. 가령 낡은 에온(세대)과 새 에온이라는 시간적 형태의 이원론은 유대교 묵시문학 사상에서 발전되었다. 그리고 묵시문학의 우주적 종말론에서는 흔히 종말 표상과 마지막 때의 구원자상(메시아 또는 인자)이 결합되었다. 따라서 성서와 유대교, 기독교의 맥락에서는 묵시문학적 종말론이 전형적인 우주적 형태의 종말론에 속한다고 할 수 있다. 이 것은 우주의 영원한 반복과 순환을 전제하는 인도의 우주적 종말론이 일회적이고 윤리적인 드라마의 형태로 전개된 것이라고 볼 수 있다.

그런데 '회복'이라는 관점에서 보면 우주적 종말론은 끝이 아니라 시작에 관한 이야기이다. 끝에 대한 이야기이면서 동시에 새로운 시작에 관한 이야기인 것이다. 그리고 이 점에서 우주적 종말론은 고통과 시련 가운데서 낡은 세계시간의 종말과 역사의 새로운 시작을 갈망하는 민중적 열망에 비추어서 해석될 수 있다. 묵시문학적 종말론은 1세기 팔레스타인의 유대 사회에 팽배해 있었고, 이것은 당시 유대 사회의 민중적 열망과 관련하여 이해될 수 있다. 그리고 이러한 묵시문학적 종말론은 예수와 초대교회의 종말론적 선포의 역사적 맥락이라고 할 수 있다. 그러므로 예수와 초대교회의 종말론적 선포를 이해하기 위해서는 당시 팔레스타인의 유대 민중의 열망과 관련하여 묵시문학적 종말론을 이해해야 한다. 이 글에서는 예수와 초대교회 선포의 전제가 되는 묵시문학적 종말론의 특징과 그것이 생겨나게 되는 역사적 계기들에 대해서, 그리고 묵시문학적 종말론이 예수에게서, 그리고 초대교회의 선포에서 어떠한 변화를 겪게 되는지 당시 팔레스타인의 민중적 경험과 관련하여 기술하고자 했다. 예언자적 종말론으로부터 묵시문학적 종말론이 탄생하게 되는 역사적 과정에 대해서는 구약 학자 폴 핸슨(Paul Hanson)의[1] 가설에 근거해서 기술했고, 예수와 초대교회의 선포에서 묵시문학적 종말론이 어떠한 수용과 변용을 겪었는지에 대해서는 홀슬리의 예수 운동에 대한 연구와 신약성서 학자들 사이에 일반적으로 동의되는 기본적인 내용들을 정리하고 민중사적 관점에서 성찰했다.

2. 예언자적 종말론의 특징과 묵시문학적 종말론의 형성

구약성서는 역사, 즉 시간 속에서 이루어지는 하느님의 계시 활동을 증거해 준다. 구약성서의 하느님은 시간 안에서 스스로를 유일한 주로 계시하며, 그럼으로써 자신을 역사의 주로 계시한다. 하느님은 특정 시점들을 택하여 심판이나 구원 행위를 통해 그 시점들에 특수한 구원사적 의미를 부여한다. 구약성서에서 이스라엘의 선택은 아브라함의 소명과 출애굽 사건에서 시작된다. 또한 하느님의 새로운 행위들은 역사 속에서 계속해서 약속되고 성취된다. (창세 12:1-3; 삼상 9:16; 삼하 7; 이사 11:1이하; 45: 18-25; 예레 23:1-8) 즉 시작과 목적을 지닌 하느님의 구원사가 생겨나는 것이다.

이러한 구원사로서의 역사 이해는 종말론적 성격을 지닌다. 그것은 시간과 역사를 통해 구원의 수단이 제공됨으로써 순종의 결단이 요구되는 때로서 '현재' 가 종말론적인 시간, 결정적인 때로 인식되고, (신명 11:2, 26, 32; 시편 95:7) 시간의 흐름은 하느님이 정한 목적을 향해 통일된 배열을 지니게 되기 때문이다. 그리고 아브라함의 탈향과 출애굽 사건처럼 구약 종말론의 근거가 되는 사건들은 현실의 변혁과 새로운 미래를 염원하는 이스라엘 신앙의 특징을 보여주며, 역사적 종말론으로서 구약성서 종말론의 특징을 보여준다.

이러한 구약성서의 종말론적 표상은 예언서에 이르러 실질적인 내용을 얻게 된다. 즉 성서적 종말론의 구체적인 내용은 이스라엘의 심판과 구원을 선포하는 예언서에 근거를 둔다고 할 수 있다. 묵시문학적 '두 세대론' 과 우주적 종말론의 표상들은 구약 이후 시대에 속하지만, 심판과 구원의 때로서 현재의 의미를 부각시키는 종말론의 실질적인 내용은 예언서에서도 찾아볼 수 있다. 예언자들의 선포는 현재의 고통과 위기를 모세 계약

관계에 근거해서 해석하고, 현재 선포되는 하느님의 심판과 구원의 예언에 이스라엘이 응답하기를 촉구한다. 예언자들에 따르면 현재 이스라엘이 당하는 고난과 시련은 이방 종교에 빠지고 이스라엘 안에 정의가 사라짐으로써, 다시 말해 하느님이 모세와 맺었던 계약관계를 이스라엘이 먼저 파기함으로써 초래된 것이다. 따라서 계약관계의 회복을 촉구하는 예언자들의 선포에 왕과 이스라엘 백성이 어떻게 반응하는가가 예언자적 구원 기대의 필수적인 부분이다.

그들의 반응 여하에 따라 하느님의 심판 또는 구원이 있을 것이라고 예언자들은 선포한다. 재난과 심판의 예언은 아모스서에서 이미 나타난다. "종말이 내 백성 이스라엘에게 이르렀다."(아모스 8:2) 이것은 묵시문학적, 우주적 종말이라는 의미는 아니다. 그러나 아모스 이래로 종말론이 등장했다고 말할 수 있고, 회개하지 않는 불성실한 백성에 대한 야훼의 막다른 심판, 재난의 예고는 에스겔 7:2이하에 나타난다. "내 백성이 아니다."(호세아) "야훼의 날에 모든 높은 자들이 낮아지고 야훼만이 높아진다."(이사 2:12-17) "이스라엘이 완전히 황폐해질 때까지 이스라엘 백성은 완악하고 귀먹고 눈먼 상태로 있을 것이다."(이사 6:9-12) 한편 구원의 예언도 나란히 나타난다. 에스겔과 예레미야에서 재난의 위협과 나란히 다가오는 구원에 대한 예언이 나타나기 시작한다. 이 예언은 바빌론 포로기의 제2이사야에서 첫 절정에 이른다. 제2이사야 시대의 이스라엘 백성은 분열되고 결정적 타격을 입고 희망의 근거를 갖지 못했다. 제2이사야는 이런 상태를 예루살렘의 죄에 대한 응보로 해석하고 이런 상태는 끝난다고 말한다. 이제 오는 것은 새로운 것이다. 야훼는 "나의 구원이 가까웠다."(이사 51:5; 46:13)고 말한다. 그가 만나 주시기 때문에, 그가 가까이 계시기 때문에 이스라엘은 야훼를 찾고 부를 수 있다. 또한 기원전 520-518년경 학개와 스가랴는 성전 재건을 촉구하면서 세상을 변혁하고 예루살렘에 구원을 가져올 임박한 신적 개입을 선언했다. 그들은 다윗 가문 출신의 페르시아 총독 스룹바벨을 메시아적 통치자로 부르지만, 그는 기대를 충족시키지 못한다.

예언자적 종말론의 주요 동기 중 하나로서 심판은 메뚜기 재난과 같은 자연 재난을 통해 시작될 수도 있으며,(요엘) 세계적인 차원을 지닌다. 다른 민족들에게 임하는 재난은 이스라엘의 구원의 이면이며,(이사 34-35장) 자주 이스라엘에 대한 재난 예고와 구원 예고 사이에 온다. 구원이 모든 민족들을 포괄하기도 한다. 하느님의 종은 산에서 교훈을 베풀고 민족들은 교훈을 듣고 심판 받고 평화롭게 살기 위해 예루살렘으로 몰려든다.(이사 2:2-4) 심지어 이집트와 앗시리아도 야훼와 이스라엘의 관계에 참여할 수 있다.(이사 19:18-25) 그러나 이스라엘의 구원이 중심에 있다. 이스라엘과 유다의 재통일,(에스겔 37:15-28) 낙원과 같이 땅이 비옥해짐,(이사 30:23-25) 병자들의 치유,(이사 35:5-6) 피조물 사이의 평화,(이사 11:6-7) 죽음의 정복,(이사 25:8) 하늘과 땅의 새로운 형성.(이사 65:17) 이런 것들이 구원의 표상으로 나타난다. 그리고 남은 자 사상이 재난 예언과 구원 예언을 이어 준다.

예언자들이 과거의 주제들을 사용하여 미래 세계를 묘사한 것은 그들의 미래 기대의 근거가 과거에 있었고, 그들의 희망도 과거의 완전한 회복이었기 때문일 것이다. 다윗의 나라를 새롭게 세울 미래의 왕, 메시아의 형태도 그렇다고 할 수 있다.(이사 9:5-6) 에스겔이 처음으로 종말적인 다윗 가문의 군주에 대해 말했다. 그러나 모든 종말론이 메시아적이지는 않으며, 이스라엘을 회복할 다윗의 후손이 예언서들에서 일반적으로 메시아라고 불린 것도 아니다.[2] 구약성서 이후 시대에 이르러서야 메시아는 하느님의 분부를 받고 이방 나라의 멍에를 꺾고 이스라엘의 유배된 자들을 모으고 이스라엘 왕국을 회복할 카리스마를 지닌 다윗의 후손으로 기대되었다. 아마 인간적 왕에 대한 사상이 야훼의 왕국과 경쟁할 수 있기 때문에 제한이 있었을 것이다. 예언서들에서는 모든 종말론적 기대에서 야훼의 통치가 우위에 있다. 야훼만이 위대한 전환을 가져올 분이다. 야훼와 이스라엘의 관계가 갱신되고 인간 자체의 갱신이 이루어짐으로써 죄로 인한 반복된 재난이 중지된다.

이러한 예언자적 종말 기대는 묵시문학적 종말론으로 발전될 수 있는 기본 토대를 이루며, 묵시문학에 이르러 우주적 차원의 심판과 구원에 대한 선언으로 발전된다. 물론 그 일차적인 계기는 바벨론 포로기 이후의 위기 상황과 민족의 회복에 대한 기대일 것이다. 기원전 6세기 바빌론 포로기에 희망의 성취에 대한 기대는 바빌론 왕국을 몰락시키고 이스라엘 백성을 해방시키려는 고레스의 승전과 맞물려 있었다. 그러나 스룹바벨의 불가해한 실종은 독자적 왕국 재건의 의지를 약화시켰고, 제2이사야의 약속들은 부분적으로만 성취되었다. 그러나 제3이사야는 더욱 찬란한 미래를 약속했고, 그 기대 역시 실현되지 못한다. 그 다음 포로기 이후 약 350년이 지나서 종말론적 성격을 지닌 역사적 사건이 다시 일어난다. 기원전 167년에 안티오쿠스 4세에 의해 성전 모독 사건이 일어나고, 이로 인해 촉발된 마카비 혁명의 성공으로 하스몬 왕조가 수립된다. 왕조 회복의 노력이 성취된 것이다. 기원전 2세기에 일어난 이 일련의 사건은 묵시문학의 결정적인 정점을 이룬다. 예언서의 시대에서 묵시문학의 시대로의 실질적인 이행이 일어난 것이다. 이와 함께 오래된 예언서 본문들이 종말론적 의미에서 새롭게 이해되고 손질되었다.(에스겔 38-39장; 이사야 24-27장; 요엘과 즈가 12-14장)[3]

그렇다면 예언서로부터 묵시문학으로의 이행에서 나타나는 중요한 변화는 무엇인가? 첫째, 초기 유대 묵시문학적 문헌(에디오피아 에녹서와 제4에스라)과 랍비 문헌에서는 마지막 때의 종말론적 구원자상이 우주적 차원으로 확대된다. 이때 사람의 아들이 우주적 구원자로 언급된다. 그는 선재적이며 하느님의 보좌에 앉아 있고 거기서 종말적 심판을 행한다. 하나의 종교적 관념으로서 우주적 메시아상은 일반적으로 페르시아의 영향으로 소급되지만, 역사적으로는 반하스몬 왕조 경향으로 소급된다. 즉 타락한 하스몬 왕들에 대한 대립적 개념으로써 바리새파 사람들은 다윗 가문 출신의 투쟁하는 메시아를 기대하게 되었을 것이다.

메시아 기대는 종말 시점을 계산하는 것과 결합되었으며, 이렇게 종말 시점을 계산하는 것이 묵시문학으로의 이행의 두 번째 특징이다. 유대 외경들인 「희년의 책」, 「에디오피아 에녹서」, 쿰란 문헌들에서는 마지막 때를 계산한다. 종말은 지체되는 것처럼 보이지만 정해진 시간에 온다. 미리 정해진 종말의 시간은 계산할 수 있다. 이런 사고는 다니엘서에 처음 나온다. 더럽혀진 성전의 정화가 3년 반 안에 이루어진다.(7:25; 9:27) 다니엘서의 계산에 따라 외경 문서들에서는 역사의 체계화가 이루어진다. 랍비 문서들에 따르면 세계는 85주기의 희년들(50×85=4250년)로 이루어졌다. 마지막 주기의 희년에 다윗의 자손이 나타난다. 이런 계산들은 메시아적 행동주의를 촉진시켰다. 종말 시점에 대한 계산과 메시아 기대가 결합됨으로써 혁명적인 봉기들이 일어나게 되었던 것이다. 결국 이러한 묵시문학적 메시아 기대는 근동과 북 아프리카와 로마 통치를 뒤흔들었던 역사적 봉기들로 나타났고, 1세기 말 팔레스타인 유대교의 멸망을 재촉했다.

셋째, 기원전 2세기 이래(다니엘서) 예언자적 문헌에 처음 나타나는 '주의 날'에 관한 표상이 묵시문학적 역사상의 필수 요소가 된다. 역사의 마지막 때인 '주의 날'에 악한 자들은 선택받은 자들과 대결전을 하지만 단번에 하느님께 파멸당한다. 이러한 선악의 이원론적 투쟁은 천사의 타락에 관한 신화나 빛의 영들과 어둠의 영들을 만든 창조자에 관한 신화에 나타난다. 천상에서도 이 투쟁이 일어나는데 천상의 투쟁이 역사적 영역의 운명을 결정한다. 묵시가들이 무력하게 기다리고 종말의 시간에 대해 끊임없이 묻는 것은 인간의 운명이 이 세상에 의해 좌우될 수 없다는 확신을 말해 준다. 이러한 주의 날에 관한 표상은 마지막 때 죽은 자들의 부활과 최후의 심판에서의 보상과 처벌, 낙원과 지옥에 관한 표상들로 채워진다. 그리고 심판과 결부된 이러한 주의 날 표상들은 민족적·역사적 동기들(이스라엘과 다른 민족들과의 투쟁)과 결부되었다. 따라서 이스라엘 민중이 겪는 현재의 고통스러운 파국적 경험은 구원의 전조들로 서술되었고, 이 전조들은 메시아의 고통으로, 메시아의 흔적이나 발자취로 이해되었다. 이렇게 해서 주류적인 유대교가 예측할 수 없는 구원을 강조하고 도덕화하는 경향을 보였던 그 이면에서 묵시문학적 유대교는 마지막 때에 대한 찬란한 희망을 가지고 메시아 운동을 부추겼던 것이다.

넷째, 부활과 미래의 삶에 대한 기대가 나타난다. 이것은 주의 날에 관한 표상이 지니는 적극적인 측면으로서 하느님이 흩어진 이스라엘 사람들을 끌어모으고 파괴된 나라를 재건하며 놀라운 생산력을 회복하리라는 희망이다. 이사 24-27장에 처음으로 죽은 자들의 부활에 관한 언급이 나온다.(26:19) 죽은 자들의 부활은 역사의 심판이자 의로운 자들에게는 상급이다.(다니엘서 12:1-2) 사두개파는 부활 개념을 받아들이지 않았지만, 이것은 중간 시대 문헌과 랍비 문헌에 공통적으로 나타난다.[4]

마지막으로 이러한 일련의 변화에 의해 후기 유대교 묵시문학에 이르면 '두 세대' 관념이 나타난다. 구약성서에는 소수의 경우를 제외하면 낡은 세계의 끝과 이어지는 구원의 시대의 시작이라는 의미에서의 종말론은 없다. 낡은 세대와 다가올 새 세대에 대한 묵시문학의 종말론적 관념은 시간적 형태의 이원론이라고 할 수 있다. 묵시문학에서는 반신적인 세력이 하느님과 대등할 정도로 막강한 세력으로 독립적으로 존재한다고 믿기보다는 시간적인 틀을 중심에 놓고 서술했다. 사탄이 지배하는 현 시대와 하느님의 통치가 이루어질 다가올 시대라는 시간적이고 역사적인 형태의 이원론이 발전된 것이다. 적대 세력이 존재하는 기간은 비교적 짧고, 결정적인 때에 기다리던 메시아가 나타나서 모든 악한 세력을 무너뜨릴 것이다. 악의 세력은 막강하지만 결국 하느님이 세상을 다스리게 될 것이다. 옛 시대의 끝을 가져오는 하느님의 심판은 하느님이 일으키는 역사내적 위기로 이해되지 않고, 우주적 대재난을 통해 실현되는 초자연적 사건으로 이해되었다. 종말은 역사의 완성이 아니라 종국이며 파멸이다. 묵은 세계는 새 창조에 의해 바뀌고, 두 세대 사이에 연속성은 없다.

지금까지 예언자들의 선포에 맹아적으로 배태되어 있었으나 묵시문학적 종말론에서 두드러지게 발전된 표상들에 대해 언급했다. 이제 이러한 표상들을 탄생시킨 이스라엘의 구체적인 역사적 민중 경험과 그 속에서 묵시문학적 종말론이 탄생하는 과정을 살펴볼 필요가 있다. 그래야 묵시문학적 표상들이 지니는 종말론적 의미가 이스라엘의 역사적 경험과 종교사적 맥락에서 보다 입체적으로 드러날 것이다.

3. 묵시문학적 종말론의 기원과 기본 성격

1) 예언자적 종말론: 환상과 현실의 변증법

폴 핸슨은 유대교 묵시문학 자체보다는 묵시문학적 저작들의 근저에 흐르는 한 가지 흐름, 즉 묵시문학적 종말론에 초점을 두고 그것의 역사적·사회학적 기원을 밝혔다. 그 이전에는 예언자적 종교가 아니라 다른 종교, 무엇보다도 헬레니즘의 영향을 받은 페르시아의 이원론적 종교에서 묵시문학의 기원을 찾았다.[5] 그러나 이렇게 볼 경우 이스라엘 자체 내의 역사적·종교적 발전 과정 속에서 묵시문학이 차지하는 자리가 밝혀지지 않으며, 묵시문학을 탄생시킨 이스라엘 민중의 역사적 경험이 어둠 속에 묻히게 된다. 이스라엘 자체 내에서 묵시문학의 원류가 무엇이었는지, 묵시문학의 발생 시기가 언제였는지, 그리고 묵시문학이 발생하게 된 역사적·사회적 상황이 어떠한 것이었는지가 전혀 설명되지 않은 채 단지 묵시문학의 현상적인 특징들만이(예를 들어 초월주의, 신화, 우주적 경향, 비관주의적 역사 이해, 두 시대 구분 등) 나열되었던 것이다. 핸슨에 따르면 묵시문학적 종말론은 외부로부터 갑작스럽게 유입된 것이 아니라 이스라엘 역사 속에서 포로기 이전과 포로기 예언이 발전하는 과정에서 형성되었으며, 이러한 묵시문학적 종말론에 대한 이스라엘과 외부 종교(페르시아의 이원론, 헬레니즘)의 영향은 묵시문학의 기본 성격이 거의 다 형성되고 난 뒤 훨씬 후대에나 발견될 수 있다.

이처럼 묵시문학적 종말론의 뿌리를 그 이전의 예언에서 발견할 수 있는 근거로 그는 다음의 세 가지 이유를 든다. 1) 묵시문학의 주역들은 이전의 예언 전승과 스스로를 동일시한다. 2) 그들은 옛 지파 동맹과 왕실 제의의 신화적인 재료들을 사용한다는 점에서 제2이사야를 추종하고 있다. 3) 환상가 집단과 사제 계급 사이에 점차로 가중되는 분열로 인해 공동체의 통일성이 위협받는 상황 속에서 민족성을 잃지 않으려는 포로 후기 공동체의 노력. 이러한 세 가지 이유에 근거해서 핸슨은 묵시문학적 종말론은 예언 전승이 포로 후기 공동체의 급격히 달라진 새로운 상황 속에서 변형된 것이라고 주장한다. 즉 예언과 묵시문학의 밀접한 관련성을 입증함으로써 구약성서만이 아니라 중간 시대, 그리고 예수 시대의 묵시문학을 외부적 영향에 의한 일시적 현상이 아니라 구약성서의 예언자적 종말론이 달라진 포로 후기 상황에서 변형된 것으로 설명한 것이다. 묵시문학적 종말론의 기원은 예언 전승에서 찾아야 하고, 양자가 나뉘는 근원적인 계기는 포로 후기 공동체의 달라진 상황이라는 것이다.

이러한 발전 과정은 예언 현상 안에 존재했던 환상과 현실 사이의 변증법이 어떻게 변화해 왔는가에 근거해서 설명된다. 묵시문학이 지니는 새로운 요소들의 원천은 다니엘서와 동시대의 이방 종교들이 아니라 오래 전부터 이스라엘인들의 토양에 내재해 있던 신화적 재료와 포로 후기 유대 공동체의 상황에서, 그리고 그 시초는 후기 예언서들에서 찾아야 한다는 것이다. 그에 따르면 후기 예언서들에서 예언자적 종말론이 묵시문학적으로 변형된 것을 감지할 수 있으며, 묵시문학의 기원과 성격에 대한 연구는 후기 예언서에서 시작해야 한다. 이 발전 과정은 고전적 예언자들에서부터 제2, 제3이사야, 즈가리야, 다니엘에 이르기까지 상당히 긴 과정을 포괄한다. 방법론적으로 핸슨은 사회학적 방법을 충분히 활용해서 묵시문학의 기원과 그 기본 성격을 밝혀 준다. 다음은 그의 논리의 대략적인 윤곽이다.[6]

핸슨에 따르면 예언은 모세 계약과 지파 동맹이라는 역사적 전승에 근거하고 있을 뿐만 아니라 신화적 종교 배경으로부터 생겨났다. 거기서는 우주적인 차원에서 신화적인 행위가 일어나고, 세계는 그러한 신들의 드라마의 단순한 반영으로 간주되었다. 신화적 문헌들에서는 신들의 우주적 행위에 일차적 관심이 있었으므로 역사적 사건들은 제의적 드라마에서 그다지 중요한 부분을 차지하지 못했다. 예루살렘의 궁전 제의는 이러한 신화적 견해를 가지고 있었고, 이것은 왕권의 유지와 긴밀하게 관련되었다. 때로는 왕궁의 신학과 반대되는 견해를 대변하기도 했지만, 역사적으로 예언은 왕권과 함께 생겨났다. 예언자들은 하느님의 활동에 대한 역사적 견해, 즉 모세 계약과 지파 동맹의 전승에 의존했고, 하느님의 행위를 약속과 성취의 움직임으로, 부족과 하느님 사이의 계약관계에서 유래하는 것으로 이해했지만, 동시에 신화의 우주적 관점에도 지속적으로 관심을 기울였다. 이 점에서 하느님의 행위에 대한 예언자들의 견해는 지파 동맹의 전승에 근거한 역사적 관점과 왕실 제의의 신화적 관점을 둘 다 포함하고 있다.

이 두 가지 요소와 관련해서 하느님의 활동을 역사 영역의 제도들과 사건들 안으로 통합하려는 노력을 현실적이라 한다면, 하느님의 행위를 우주적 차원에서 보는 경향을 환상적(visionary)이라 할 수 있을 것이다. 아마도 고전적 예언자들의 가장 두드러진 업적은 이 두 요소를 역동적 긴장 안에서 유지할 수 있었다는 점일 것이다. 이처럼 현실과 환상 사이의 균형을 유지하는 것은 메신저로서 예언자들의 자의식이 지니는 의미를 설명해 준다. 예언자는 야훼로부터 우주적 영역의 사건들을 볼 수 있도록 부름을 받고, 그것을 역사 정치적 언어로 해석해서 전달하라는 명령을 받는다.[7]

그렇다면 예언자적 종말론과 묵시문학적 종말론 사이의 차이는 무엇인가? 핸슨은 현실(Reality)과 환상(Vision) 사이의 변증법이라는 기본 틀에 의해 예언자적 종말론과 묵시문학적 종말론의 연속성과 차이점을 설명하려고 한다. 그에 따르면 예언자적 종말론은 예언자가 천상 회의에서 본 이스라엘과 세계에 대한 하느님의 계획을 민족에게 전달하는 데 초점을 둔 종교적 관점을 일컫는다. 이 경우 예언자는 자신이 천상 회의에서 본 하느님의 계획을 실제 역사나 정치와 관련시켜서 설명한다. 즉 예언자는 세계 역사의 맥락 속에서 어떻게 전개될 것인지를 해석해 준다. 반면 묵시문학적 종말론이란 특별히 선택받은 환상가들이 자신들이 본 하느님의 계획에 대한 우주적 환상들을 역사·정치적 언어로 설명해 주지 않는 종교적 관점이다. 환상가들은 자신들이 처한 상황(포로 후기)에 대한 비관적인 인식으로 인해 역사를 야훼가 그의 백성을 회복시키는 무대라고 볼 수 없게 되었다. 말하자면 예언자들은 역사적인 영역이 하느님의 행위를 위한 적절한 무대라고 보고, 우주적 차원에서 일어난 하느님의 행위에 대한 환상을 일상의 정치 역사적인 차원으로 옮겨서 해석하는 일을 자신들의 임무로 알았다. 반면 환상가들은 역사에 대해 환멸을 느끼고 역사·정치적 언어로 그들의 환상을 해석하기를 포기한 채 신적인 전사의 우주적 활동과 천상 회의에 대해 말한다. 그러나 양자 사이의 이러한 차이점들에도 불구하고 기본적인 연속성은 있다. 즉 양자 모두 야훼의 백성이 거룩한 시온에서 거룩한 공동체로 회복되리라는 환상을 가지고 있다. 핸슨은 바로 이 공동성에 근거해서 예언자적 종말론으로부터 묵시문학적 종말론으로의 발전 과정을 추적할 수 있다고 생각한다.

계속해서 핸슨은 환상과 현실 사이의 변증법, 즉 우주적 환상과 그 환상을 역사적 현실에로 통합시키는 행위 사이의 관계가 이스라엘 역사 속에서 어떠한 변화를 겪었는지 검토한다. 이에 따르면 이스라엘 종교사의 초기로 갈수록 환상적인 요소가 보다 강력해진다.(예를 들어 옛 지파 동맹 전승들: 출애 15, 판관 5, 여호 10) 이스라엘은 초기부터 잘 발전된 역사 이해를 가지고 출발한 것이 아니라 초기에는 가령 고대 우가리트 문서에 나타나는 것과 같은 신화적 세계관들까지도 포괄하는 복합적인 종교적 배경을 가지고 있었다. 따라서 핸슨은 후대 묵시문학의 신화적 표상들의 뿌리를 이방 종교가 아니라 오래 전부터 이스라엘인들의 토양에 내재해 있던 신화적 재료들에서 찾는다. 이스라엘 초기의 이러한 환상적·신화적 종교에서는 신적인 행위 자체가 우주적 차원에서 일어나는 것으로 간주되고, 세계내적인 영역은 그러한 신들의 드라마의 단순한 반영으로 간주되었다. 이러한 신화적 문헌들은 신들의 우주적 행위에 관심이 있었으므로, 거기서 역사적 사건들은 그다지 중요한 부분을 차지하지 못했다. 예루살렘의 왕실 제의는 이러한 신화적 견해를 가지고 있었다.

이에 반해서 예언자들은 종교적 경험의 환상적 측면과 현실적 측면을 상호 긴장 관계 안에서 파악함으로써 고대 세계에서 특이한 윤리적 종교를 발전시켰다. 신화는 역사에서 변화의 위협을 제거하는 데 관심을 가졌던 반면, 예언자들은 역사의 흐름과 움직임을 하느님의 활동 영역으로 보았다. 신화가 우주적 드라마를 신조로 내세웠다면, 예언자들은 과거의 역사적 사건들을 우주적 하느님이 그의 지상 백성과 관계를 맺은 드라마로 이해했다. 그러므로 신화는 역사 과정의 변화로부터 도피를 제공했다면, 예언자적 견해는 우주적인 것과 역사적인 것, 환상과 현실 사이의 긴장을 유지했다. 즉 예언자들은 순전히 우주적인 환상을 실제적인 역사의 언어로 해석함으로써 환상과 현실 사이의 긴장을 유지했던 것이다. 그 결과 생겨난 것이 예언자적 종말론이다.

그러나 이러한 예언자들의 야훼 종교가 앞서 말한 신화적인 세계관을 완전히 없애 버리지는 못했다. 가령 시편에 나타나는 예루살렘 왕실 제의들의 우주적·신화적 견해들을 지적할 수 있다. 이러한 신화적 견해들은 예언자적 견해에 비해 매우 정적이었으며, 왕실의 정치적 주장들을 위한 토대가 되었다.(예: 시온은 난공불락이다. 다윗 왕조는 영원하다) 기존 질서를 옹호하고 보존하려는 데 관심을 쏟는 왕실 제의의 신화적 세계관은 예언자들의 신학과는 상반되었고, 예언자들은 때때로 왕실과 갈등을 일으키기도 했다. 왕권 유지와 긴밀하게 관련된 신화적 세계관과 역사 속에서 하느님의 활동을 믿는 예언자들의 역동적인 세계관은 상호 대립·공존했던 것이다.

그리고 포로 후기의 묵시문학 저자들은 영원하고 정적인 질서를 붙드는데 보다 많은 관심을 가지고 있었기 때문에 신화적 세계관을 지닌 왕실 제의 전승을 매우 유용하게 사용했다. 그러나 이때는 이미 왕국이 멸망한 뒤였으므로 이 세계관의 체제 유지적인 성격은 탈색된다.

예언자들이 견지했던 환상과 현실 사이의 긴장은 대단히 미묘해서 묵시문학의 발생 이전에도 유지하기가 어려웠고, 이사야 이후 자주 균형이 깨졌다. 신명기 사가의 역사 구조는 약속과 성취에 대한 예언자적 주제에 엄격히 기초하고 있었다. 그러나 이 예언자적 기본 원칙을 실제 역사에 적용하는 데 있어서 신명기 사가는 이사야처럼 환상과 현실 사이의 긴장을 유지하지 못했다. 신명기 사가는 약속과 성취에 대한 주제를 요시야 종교개혁 당시의 제의의 중심성에 대한 원칙으로 축소시켜 버렸고, 특정한 역사 내적 제도를 정당화하기 위해 이 주제를 사용했다. 따라서 요시야 왕이 적에게 전사하고 계속해서 이어지는 역사적 위기 속에서 신명기 사가의 역사 도식은 유지될 수 없었다. 야훼가 특정 왕조와 제의를 위해 거의 예견 가능한 방식으로 활동한다고 보는 신명기 사가의 견해는 그 왕조와 제의가 사라지자 혼란에 빠지게 되었던 것이다. 여기서는 역사의 상들이 너무 상세하게 그려졌기 때문에 그와 조금이라도 모순되는 사건들은 지탱하기 어려웠다. 핸슨에 의하면, 만일 예레미야, 에스겔 등과 같은 포로기 예언자들에 의해 신앙이 대담하게 재형성되지 못했다면, 신명기 신학의 이러한 위기로 인해 야훼 신앙은 아마도 사라져 버리거나 완전히 변형되었을지도 모른다.

예레미야나 에스겔은 이러한 신명기 사가적인 신학의 위기에 직면해서 그들의 예언에 우주적 차원을 깊이 끌어들이지만, 이 점은 누구보다도 제2이사야에게서 두드러지게 나타난다. 제2이사야에 의해 예언에 우주적 환상들이 다시 끌어들여짐으로써 이스라엘 신앙의 재형성이 가능해진다. 제2이사야는 앞서 말한 예루살렘 왕실 제의의 예전적인 재료들을 사용한다. 이 재료의 일차적인 뿌리는 고대 신화이다. 그러한 왕실 예전문들 중에서도 창조 질서를 어지럽히는 적대적인 자연 세력과 야훼와의 원초적인 싸움에 대한 묘사와 해마다 재연되는 승리에 대한 묘사가 중요하게 사용되었다. 제2이사야는 이러한 신화적 표상들을 사용하여 야훼가 이제는 이스라엘을 구원할 수 없다는 포로기 백성들의 비난에 답변했다. 하느님의 계획이 사람들에게 좌절된 것으로 보이는 것은 야훼의 능력의 한계 때문이 아니라 인간의 죄 때문에 계약의 저주가 일어난 것이거나 아니면 그들이 하느님의 참된 구원 행위를 식별하지 못하기 때문이라는 것이다. 이렇게 제2이사야는 예언에 우주적 환상을 끌어들임으로써, 즉 이제는 소멸한 왕실 제의의 신화적 동기들을 사용함으로써, 신명기 역사에 의해 설정된 한계들을 깨고 야훼의 행위는 우주를 포괄하고 자연과 역사 모두에 영향을 끼친다는 것을 보여주었다. 현실에서의 위기가 신학적으로는 보편화의 경향을 촉진시킨 것이다.

예레미야와 에스겔이 환상과 현실 사이의 긴장을 유지하고 신화를 온건하게 사용했다면, 제2이사야는 환상을 보다 많이 끌어들이고 신화의 우주적 차원에 몰두한다. 그러나 제2이사야 역시 우주적 환상을 세계의 현실에 통합시키는 예언의 변증법적 측면을 유지한다. 회복에 대한 그의 메시지(40:1-8)는 천상 회의에 대한 환상에 기초하고 있지만, 여전히 그 시대의 역사적 현실로 옮겨진다. 야훼의 대행자로 행동하는 고레스가 바빌론을 멸망시킴으로써, 그러한 역사적 사건에 의해 회복이 가능해진다. 역사적 민족 이스라엘이 야훼의 구원의 수혜자이다. 야훼의 행동에 대한 우주적 환상을 정치·역사적 영역으로 옮겨 놓는 예언자의 기능은 이와 같이 포로기 예언자들에게도 여전히 나타난다. 제2이사야는 하느님의 행위를 지나치게 엄격하게 역사적 사건들에 한정지었던 신명기 사가와 달리 환상과 현실 사이의 긴장을 유지했다. 이러한 제2이사야의 예언의 실용주의적인 특성은 제2이사야가 아직도 세계를 하느님의 계획이 성취될 수 있는 낙관적인 영역으로 보고 있음을 말해 준다.

2) 묵시문학적 종말론의 발전과 포로 후기 이스라엘의 경험

이제 이러한 낙관주의적인 세계관이 무너지면서 묵시문학의 여명이 밝아 오게 된다. 핸슨은 제2이사야와 제3이사야, 에스겔 40-48장과 제3이사야를 비교해 가면서 묵시문학적 종말론이 발전하게 되는 상황을 밝혀 주고 있다. 그에 따르면 묵시문학은 포로 후기 공동체 내에서 제의 회복의 주도권을 얻으려는 두 집단 사이의 쓰라린 투쟁의 상황에서 생겨났다. 기원전 538-500년 사이의 중요한 두 경쟁 집단은 페르시아 지배하의 가신국으로서의 위치를 수납했던 사독 집단과 제2이사야의 예언에 기초해서 회복의 희망을 꿈꾸던 환상가들이었다. 이들 환상가들이 보았을 때 제2이사야의 약속은 사독 계열 지배 집단의 타락 때문에 지연되었다. 그러나 환상가들은 야훼는 그의 약속을 충실히 지키고 종국에는 유대 공동체 내부와 외부의 적을 모두 무찌르리라고 믿었다. 반면 성전 지배 집단이었던 사독 계열 집단은 더 이상 심판이 임박해 있다고 여기지 않고 성전 재건에 몰두한 실용주의적인 집단이었다. 이 두 집단 사이의 갈등은 심각했다.(이사 59장, 65장, 66장) 이사 65:13 이하와 에스라서의 구절들은 이전에는 이스라엘 제의에서 중요한 역할을 했던 집단이 이 시기에 아무 역할을 하지 못하게 되었음을 보여준다. 이들 예언자적 환상가들은 포로 후기 유대교에서도 배제되었으며, 이들의 정신적인 조상은 제2이사야를 거쳐 지파 동맹 시대까지 이를 수 있다. 그들은 자신들을 모세 시대의 이스라엘처럼 직접적인 전사인 왕, 야훼의 통치를 받는 사제 집단으로 여겼다.(이사 61:6과 출애 19:5-6 비교) 이들은 특권을 박탈당한 레위인들을 포함하여 다양한 집단들을 포괄했고, 직접적인 정신적 선배는 아마 제2이사야였을 것이다.

이 환상가들의 집단이 사독 계열의 지배적인 사제 집단과 투쟁하는 과정에서 정치적으로 정향된 고전 예언자들의 종말론으로부터 점차 멀어져서 묵시문학적 종말론을 발전시키게 되었다는 것이 핸슨의 주장이다. 그에 따르면 예언자적 종말론으로부터 묵시문학적 종말론으로의 이러한 변형은 우주적 환상들을 세계 내적 범주들로 옮겨 놓는 과제가 이들에 의해 포기되었을 때 일어났다. 그렇다면 어째서 제2이사야의 후계자들은 그런 과제를 포기했을까? 그것은 그들의 세계관이 앞서 말한 제2이사야의 세계관에 비해 매우 비관적으로 되어서 회복에 대한 희망을 가질 수 없었기 때문이다. 이 환상가 집단을 제3이사야라고 한다면, 이들 제3이사야의 비관주의는 아모스, 이사야를 훨씬 넘어선 정도로 심화된다. 아모스나 이사야의 경우 심판 뒤에는 항상 이스라엘이 회복되리라는 믿음이 있었다. 그래서 심판의 말들도, 구원의 말들도 이스라엘 전체를 향했다. 그러나 제3이사야에 이르면 새로운 유형의 선언이 나타난다. 구원은 민족 전체를 향하지 않으며, 심판의 선언은 정죄 받은 공동체 내 구성원, 특히 사독 계열의 제사장 집단을 향한다. 과거에는 중요한 위치를 차지했던 제3이사야 집단이 지배권을 상실하고 배제당했을 때 전통적인 예언자적 희망의 수정은 그들에게 불가피했던 것이다. 포로 후기 예언자들의 후예들은 영광된 약속과 그러한 약속에 배치되는 타락한 현실 사이의 모순으로부터 도피하는 방법을 신화에서 찾았다. 이것은 제2이사야에 의해 유지되었던 환상과 현실 사이의 변증법이 깨졌음을 말해 주며, 동시에 그들이 자신들의 메시지를 정치 역사적인 영역으로 통합하는 직무를 포기했음을 말해 준다.

제3이사야인 이사 65:17-25; 59:15b-20; 66:15-16은 역사 속에서의 야훼의 구원 행위에 우주적 차원을 덧붙인다는 의미에서 신화를 사용했던 제2이사야를 훨씬 넘어선다. 여기서 신화는 억압 받고 낙담한 환상가들이 이 세상의 현실을 넘어선 하느님의 구원에 대한 희망을 재생시키는 수단으로 사용되었다. 막스 베버 식으로 말하자면 묵시문학적 소종파주의가 생겨나고 있는 것이다. 핸슨은 제3이사야에 근거해서 성전 주도권 투쟁에서 패배한 예언자적 환상가들의 집단이 묵시문학적 종말론의 발전에 중요한 영향을 끼쳤음을 논증하고, 포로 후기 성전 주도권 투쟁의 양상을 연구하고 있다.

이에 따르면 성전 지배계급은 이 투쟁에서 승리한 반면, 사독 계열 사제들의 성전 재건 운동에 반대했던 환상가들은 패배했다. 따라서 다른 아론 지파 구성원들로부터 지지를 받았던 사독 계열 사제들은 페르시아 시대의 남은 기간 동안 중앙 제의의 수호자로 자처할 수 있었고, 포로 후기 유대교의 성격을 결정할 수 있는 위치에 서게 되었다. 이에 반해서 제2이사야의 추종자들과 레위인들은 자신들이 중앙 성소에서 배제당하고 있다고 느꼈다. 즉 바빌론 포로로부터 귀환해서 새로운 제국 페르시아의 비호 아래 성전 재건의 주도권을 장악한 집단과 유대 땅에 머무르면서 민중과 함께 고난을 겪으며 재건 운동에 매진했던 제2이사야의 후예 사이의 투쟁이라고 할 수 있으며, 이 투쟁에서 이상주의자였던 후자가 패배했던 것이다. 역사 발전의 여러 단계에 걸쳐 발견되는 현실주의자들과 환상가들 사이의 갈등은 이렇게 성전 주도권을 둘러싼 두 집단 간의 경쟁에 근거하고 있지만, 다른 한편으로는 회복에 대한 두 가지 태도에 기인한다. 즉 현실주의자들은 포로기 이전 사독 계열 제의의 성전 구조에 근거해서 제의적 정통성을 수

립하려는 실용주의적 회복 계획을 추진했고, 환상가들은 야훼의 기적적인 행위에 의해 회복이 시작되고 이루어진다는 종말론적 믿음을 견지했다. 이들에 따르면 옛 질서는 새 질서에 의해 완전히 새롭게 바뀔 것이다.

핸슨에 따르면 기원전 6세기 후반 이스라엘 내부의 이러한 양극화 현상은 포로기 이전에 이미 그 뿌리를 가지고 있었다. 아론 지파와 무시트 (Mushite), 남부와 북부, 사제문서와 신명기, 성전 신학과 예언, 사독 계열과 레위지파 사이의 갈등이 바로 그것이다. 포로기 이후의 갈등은 주로 성전 신학과 예언, 사독 계열과 레위지파 사이의 갈등이었다. 이제 여기에 성전 지배계급과 예언자, 지배자와 소외된 자들, 실현된 종말론과 미래적 종말론, 연속성과 변화라는 요인들까지 덧붙여졌다. 제3이사야와 성전 지배계급의 문헌들을 거쳐 포로 후기 문헌들에 이르기까지 이 현실주의자들과 환상가들 사이의 갈등이 계속된 것을 볼 수 있다. 그리고 이 두 집단 간의 갈등은 이스라엘 신앙의 두 측면, 즉 역사와 정치의 현실적인 사건들에 지대한 관심을 보이고 그러한 사건들의 맥락 안에서 신앙을 해석하는 측면과, 정치적 질서를 넘어선 관점에서 기존 질서를 감시하고 인간과 하느님 사이의 구별을 엄격히 유지하며, 현상태를 절대화·영원화하는 것에 반대하는 측면을 말해 준다.

핸슨은 묵시문학의 배경과 기원을 탐구하는 데서 더 나아가서 보다 발전된 묵시문학 유형, 즉 즈가리야 9-14장을 분석한다. 이제 여기서는 신화적 동기들이 보다 분명하게 나타난다. 특히 가나안의 우가리트 문서에서 볼 수 있는 것과 같은 '신적 전사'의 상이 나타난다. 아마도 이것은 왕실 제의로부터 받아들였을 것이다. 즉 성전 지배계급의 실현된 종말론과 달리 환상가들은 야훼의 분노의 심판의 날은 아직 지나가지 않았다고 말하며, 이 궁극적인 희망, 곧 심판이 어떻게 일어나는가를 설명하기 위해 고대 신적 전사의 상을 사용한 것이다. 인간의 노력에 의해 새로운 질서가 오는 것이 아니라, 신적 전사에 의해 새로운 질서가 이루어진다. 이렇게 즈가리야 9-14장에서 환상가들은 좌절된 상황과 후에 야훼가 그의 백성을 구원하신다는 약속을 설명하기 위해 신화적인 신적 전사의 상을 도입한다. 핸슨에 의하면 이러한 보다 발전된 묵시문학(다니엘, 즈가 11-14)의 기본 특성은 다음과 같다. 1) 이원론과 역사의 시대구분 2) 야훼의 마지막 현현과 심판에 뒤따르는 자연의 파국적 혼란에 대한 서술 3) 마지막 때(End Zeit)가 태초(Urzeit)가 된다는 동기 4) 신적인 전쟁의 우주적 드라마가 역사의 사건들, 대행자들과 관련되지 않는다.

이렇게 해서 묵시문학의 본질적 요소들을 이미 내포하고 있는 예언 전승들을 거쳐 즈가리야 11-14장과 다니엘, 즉 완전히 발전된 묵시문학에 이르게 된다. 핸슨은 제2이사야가 묵시문학적 종말론이 추종하는 신화적 동기들을 사용했지만, 여전히 그것들을 역사의 영역과 관련시켰다는 점에서 제2이사야의 예언을 전묵시문학(proto-apocalyptic)이라 칭한다. 그리고 제3이사야의 선언은 힘든 공동체의 상황을 반영하며, 보다 묵시문학적인 종말론의 방향으로 발전되어 가고 있다. 제2이사야에서 은유적으로 사용되었던 신화적 동기들이 점차 문자적으로 적용되었으며, 이것은 계약의 약속과 모순되는 거친 세계 현실로부터 도피할 수 있는 길을 제공해 주었다. 이 제3이사야의 선포와 즈가리야 9-10장, 이사 24-27장을 핸슨은 "초기 묵시문학"(early apocalyptic)이라 칭한다. 이것은 기원전 6세기 후반이나 5세기 초반에 나온 것이다. 이제 즈가리야 11-14장은 완전히 발전된 묵시문학적 종말론의 모습을 보여준다. 즈가 14장은 신적 전사의 우주적 행위에 대해 말한다. 여기서는 환상 전승과 역사와의 관계가 훨씬 약화된다. 저자는 실제 역사 사건들에 의해 부과되는 한계점들에 대해 무관심하며, 구원 행위는 신적 전사 자신에 의해 시작되고 수행된다. 후대 발전된 묵시문학에 나타나는 역사적 회고들은 역사로부터의 실제적인 해방을 나타내는 것이 아니라 야훼의 주권에 대한 환상가의 통찰을 입증하기 위해 서술된 것이다.

이렇게 해서 핸슨은 묵시문학적 종말론이 고전적인 예언자들로부터 발전되어 왔음을 입증했다. 결론적으로 핸슨은 자신의 연구와 기존의 다른 연구들과의 차이점을 다음과 같이 지적한다.

1) 묵시문학적 종말론의 원천은 이스라엘 예언 전승 안에 있다. 2) 묵시문학적 종말론이 발생되는 시기는 기원전 6-5세기이다. 3) 묵시문학의 기본 성격은 천상 회의에서 본 환상을 역사적 언어로 해석하는 예언자적 과제를 포기하는 데서 나타난다. 4) 묵시문학의 사회 역사적 상황은 제2성전 시대의 환상가 집단과 성전 사제 집단 사이의 공동체 내적 갈등에 기초하고 있다.

이렇게 핸슨은 환상과 현실 사이의 관계의 역사를 추구함으로써 묵시문학적 종말론의 기원을 이스라엘 자체 내의 전승에서 찾아냈다. 그리고 이 과정에서 그는 상황–유형론적(contextual-typological) 방법을 사용했다. 즉 묵시문학적 저작들을 그 문헌들 배후에 있는 공동체 투쟁의 상황 안에서 해석했으며, 그 재료들을 분석하는 데 있어서는 유형론적 방법을 사용했다. 핸슨의 이 연구는 제3이사야로부터 즈가리야 9-14장에 이르는 많은 문헌들 속에서 무리하게 환상가 집단–성전 지배계급 사이의 성전 주도권 투쟁을 찾아내려고 한다는 점에서 비판의 여지가 있지만, 종말론에 근거해서 예언과 묵시문학 사이의 발전을 설명하려고 했다는 점에서 설득력이 있다. 그리고 그가 예언으로부터 묵시문학에 이르는 발전 과정을 환상과 현실 사이의 관계라는 틀에서 사회학적으로 설명해 준 것도 공헌이라고 하겠다. 그러므로 핸슨이 소종파와 교회, 혁명적 세력과 현상 유지자에 대한 막스 베버 식의 구분을 무리하게 포로기 이후 성전 주도권 쟁탈전에 적용시키려고 한 점에 대해서는 비판의 여지가 있더라도 환상과 현실의 관계라는 틀에 입각해서 유대교 묵시문학적 종말론이-이란이나 페르시아의 이원론이 아니라-이스라엘 예언에서 발전되었다고 입증해 준 점, 그리고 묵시문학 발생의 사회학적 상황을 밝혀 준 점은 중요한 공헌이라고 할 수 있을 것이다.

4. 예수의 종말론적 선포

예수는 자신의 때를 마지막 때로 이해했고, 그가 선포한 하느님의 통치는 종말론적 통치였다. 따라서 마지막 때의 사자로서 예수 자신과 그의 선포에 대한 사람들의 태도는 결정적으로 중요하다. 종말론적 선포로서 예수의 선포에는 가까운 미래의 변혁에 대한 말이 있다. 즉 계산할 수 없도록 갑작스럽게 다가오는 종말의 돌입에 대한 근접 기대가 있다. 이와 함께 하느님 나라의 현재에 관한 말씀도 있다. 예수의 선포에서 미래는 선취적으로 현재해 있다. 그리고 이 점에서 종말이 아직 다가오지 않았다는 관점을 견지하는 묵시문학과 구별된다. 예수는 미래의 파국과 뒤이은 번영에 대해 환상적 사변을 펼치지 않으며, 장래의 축복은 다만 생명이며, 죽은 자는 이 생명으로 부활할 것이라고 했다는 점에서 묵시문학과 다르다. 묵시문학에서는 기다리던 종말이 오지 않음으로 인해 종말에 이르기까지의 중간 시대에 대한 환상적 사변이 발전되었다면, 예수는 이러한 사변을 결정적으로 축소시키고 마지막 때가 '지금 여기' 임하고 있다고 강조함으로써 현재의 종말론적 성격을 결정적으로 부각시켰다. 묵시문학에 의해 미래로 미뤄졌던 종말이 예수에 의해 임박한 현재로 앞당겨진 것이다. "때가 차고 하느님 나라가 가까웠다. 회개하고 천국을 믿으라."(마가 1:15)는 예수의 선포의 핵심은 이렇게 종말을 현재에 가까이 당겨 놓은 것으로 이해될 수 있다. 묵시문학이나 랍비 문헌, 세례 요한에게서 나타나지 않고 예수에게서만 중심적 위치에 있는 것은 하느님 나라에 들어감, 그 나라를 유업으로 얻음, 하느님 나라의 아들들에 관한 말씀들이다. 즉 예수에게서는 하느님 나라의 현재가 강조된 것이다.

그렇다면 복음서들에서 하느님 나라의 현재는 예수에 의해 경험적으로 어떻게 묘사되었는가? 이것은 예수의 활동과 가르침의 맥락에서 이해되어야 할 것이다.[8] 홀슬리에 의하면 예수는 팔레스타인에서 사회적 삶의 기본 단위였던 촌락에 토대를 두고 이스라엘 갱신 운동을 벌였던 예언자적 지도자였다. 복음서에서 예수는 서로 빚을 탕감해 주고(누가/Q 11:2-4; 마태 18:23-34) 상대방의 근심과 기본적인 필요를 들어 주라(누가/Q 6:27-36, 12:22-31)고 했다. 이것은 지역의 촌락공동체의 갱신을 위한 예수의 구체적인 계획의 일부로서 로마 제국에 의해 상호 호혜적인 촌락공동체가 와해되어 가고 있던 1세기 팔레스타인의 상황을 배경으로 한다. 로마 제국의 가신 왕인 헤롯과 예루살렘 성전 체제의 수탈로 인해 전통적인 공동체의 삶(기초적인 사회적 형태인 촌락들)이 사라져 가고 삶의 토대가 무너지는 상황에서 예수는 촌락공동체의 상호성에 바탕을 둔 삶, 즉 전통적인 모세 계약의 정신에 따랐던 삶으로 돌아오도록 호소했다. 그러한 상황에서 예수는 모세 계약의 상호 협동과 호혜의 정신을 되살리려 노력했고, 거기에 갈릴리 촌락민들이 반응했을 것이다. 이러한 맥락에서 볼 때 복음서에서 외견상 모세와 예수가 대조적으로 나타나는 구절들(마태 5장)도 사실은 예루살렘 성전 체제에 의해 모세 계약이 왜곡되는 데 대해 반박하는 것으로 이해될 수 있다. 즉 외견상 예수가 모세와 대립적으로 나타나는 구절들도 유대 문화에 대한 예수의 반문화적 비판이 아니라, 로마 제국의 간접 지배의 도구였던 예루살렘 성전 체제에 반대하는 것으로 해석될 수 있다.[9]

이러한 의미에서 하느님 나라에 대한 예수의 종말론적 선포는 로마 제국으로 대표되는 옛 세계의 종말과 관련하여 해석되어야 한다. 예수의 하느님 나라는 로마의 제국적 질서와는 완전히 상반되는 것이었으며, '팍스 로마나'로 상징되는 로마 제국의 신질서에 저항하는 것이기도 했다. 그는 갈릴리 촌락공동체의 사람들에게 군사적 폭력과 삼중의 경제적 수탈을 의미했던 로마 제국의 지배가 하느님의 심판 아래 있다고 선언했다. 예수는 로마의 제국적 질서가 임박한 하느님 나라의 심판 아래 놓여 있다는 종말론적 확신 속에 사회적 갱신의 선교를 시작했던 것이다. 예수와 예수 운동은 하느님이 이미 그 백성들의 삶 속에서, 또한 그들의 공동체 속에서 활동하고 계신 것으로 이해했다. 아직은 제국의 무시무시한 질서가 유지되고 있지만, 로마의 지배자들과 헤롯가의 왕들과 대제사장들이 하느님의 유죄 선고를 받았기 때문에, 예수는 제국의 파괴적 영향들을 치유하고 그들의 공동체 생활을 재건하도록 백성들을 일깨우는 일에 몰두할 수 있었다. 예수는 하느님 나라가 임박했다고 확신했으며, 이스라엘 백성들의 기본적 생활 형태를 이루었던 마을 공동체들에서 평등주의적이며 서로 간에 지원하는 사회 경제적 관계를 재확립하는 사회 갱신의 프로그램을 밀고 나갔다. 이 점에서 예수와 예수 운동의 종말 의식은 계속되는 제국들의 지배 속에서 야수의 나라가 사라지고 인간의 나라(다니엘서 7장)가 오기를 기대했던 오랜 이스라엘 민중의 꿈과 기대와 연속선상에 있으며, 현재 그들이 처한 전도된 상황을 바로잡을 수 있도록 미래로부터 희망을 불어넣어 주는 힘이었다.

이와 동시에 예수가 제시한 하느님 나라의 미래는 사실상 그들이 공유한 과거와 맞닿아 있었다. 예전에 예언자들이 구원의 미래에 대한 자신들의 선포의 근거를 과거 모세 계약에서 찾았듯이, 예수에게도 미래의 하느님 나라의 실질적 원천은 과거 이스라엘의 전통 안에 있었다. 이 점에서 그들에게 모세 계약 전통은 '오래된 미래'였다. 예수는 억압적인 외국의 통치에 저항하기 위한 말씀의 근거들을 이스라엘 전통 속에서 찾았을 뿐만 아니라, 협동적이며 위계질서가 없는 공동생활의 원리들도 그 속에서 찾았기 때문이다. 예수는 이처럼 평등주의적인 사회 경제적 관계를 통해 마을공동체의 구성원들인 가족들이 경제적으로, 또한 사회적으로 계속해서 존립할 수 있게 해주는 가르침들의 넉넉한 저장고를 이스라엘 계약 전통 속에서 발견했다.

그러므로 예수와 예수 운동은 로마 제국과 헬레니즘적 가신 통치자였던 헤롯 안티파스의 적극적인 도시화 정책으로 인해 경제적으로 와해되고 공동체적 삶의 토대였던 가정과 마을이 파괴되는 것을 경험하면서 지배자들의 헬레니즘적 도시화 정책에 저항했던 민중들의 자발적이고 자치적인 운동이었다. 예수와 예수 운동은 그러한 갈등의 와중에서 전통적인 소농 중심의 촌락공동체적 경제와 문화, 삶의 방식을 옹호하고 활성화시켰다는 것이다. 예수가 벌였던 밥상공동체 운동과 치유, 축귀 행위 등은 전통적인 공동체적 삶의 양식과 민중적 삶의 지혜를 부활시키는 행위로 이해되었다.

홀슬리의 말대로 "예수는 정의롭고 협동적인 정치 경제적 관계의 원리들과 전통적 가치들에 호소하고 그것들을 적용시킴으로써 백성들에게 사회적 혁명 속에서 스스로 자기 삶의 주인이 되고 자기 인생을 장악하도록 요청했다. 하느님이 심판과 구원을 통해 그들 편에서 활동하고 계시기 때문에 그들은 이제 서로를 분열시키는 행동들을 자제하고 협동을 다시 확립할 수 있는 조치들을 취할 수 있게 되었다. 그들 모두를 피폐하게 만든 가난에 대해 서로가 서로를 비난하는 대신, 서로가 서로를 도울 수 있게 된 것이다. 서로에 대한 의심과 원한 대신에 그들은 연대감의 정신을 되살릴 수 있게 되었다. 부자들의 착취적인 형태들, 즉 다른 사람들의 가난과 절망을 이용하여 이웃을 속이는 부자들의 행태를 모방하는 것이 아니라, 그들은 하느님이 그 백성을 회복시키는 행동이 임박했다는 확신 가운데 계약의 정의의 원리들에 새롭게 헌신해야만 했다. 제국의 지배 행태, 즉 '큰 자들'이 다른 사람들에게 권력을 휘두르는 행태를 모방하는 대신에, 지도자의 위치에 있는 사람들은 다른 사람들의 종이 되어야만 했던 것이다."[10]

따라서 예수에게서 묵시문학적 상상력은 황당무계한 백일몽이 아니라 혁명적인 상상력으로 기능했다. 묵시문학은 새로운 세계의 시작에 대한 꿈과 열망을 옛 세계의 끝에 대한 환상으로 표현했다. 인간다운 삶을 향한 꿈과 비전이 묵시문학의 형태로 녹아든 것이다. 이는 동학의 개벽사상이 궁극적으로는 종말 사상으로서 새 시대에 대한 뜨거운 열망을 담고 있는 것과 마찬가지다. 묵시문학과 동학의 개벽사상에서 신화적 상상력과 역사적 상상력은 하나로 결합되었다. 예수와 예수 운동의 주체들에게 세계 종말에 대한 의식은 타락하고 인간을 말살하는 옛 세계의 종말과 인간다움의 가치와 하느님의 통치가 살아나는 새로운 세계에 대한 비전으로 기능했다.

5. 나가는 말

예수 사후 초대교회는 미래를 예수의 운명으로부터 보았다. 즉 예수의 삶과 고난, 죽음과 부활에서 종말을 본 것이다. 따라서 예수 사후 초대교회와 신약성서의 종말론적 사고를 위해서는 완성된 종말로서의 그리스도와의 관련성이 근본적이다. 이 관련성으로부터 기독교 신앙의 미래에 대한 관점이 생겨난다. 그리스도 사건은 시간과 역사를 규정하는 종국적 사건으로 해석된다. 이 사건이 종말적 하느님의 행위로서 모든 역사를 지배하기 때문에 진정한 의미에서 발전은 중지되고 미래는 하느님이 이미 하셨고 늘 하시는 일을 드러낼 뿐이다.

따라서 기독교 신앙의 종말론적 기본 경험은 예수가 하느님의 종말론적인 행위를 완성했다는 데 있다. 이 점에서 초대교회의 종말론은 이미 그리스도 안에 나타나고 현재하는 구원에 수렴된다. 예수의 옴과 더불어 하느님 나라가 가까이 왔다. 하느님은 예수의 인격과 행동 안에서 세상 안에서의 그의 통치를 종말론적으로 현실화한다. 죄의 용서, 죽은 자들 가운데서 살아남, 영의 파송에서 하느님 나라는 종말론적으로 실현된다. 바울은 "그리스도 안에서 새로운 창조가 현실이 되었다. 옛것은 지나갔다. 보라, 새것이 되었다"고 말한다(고후 5:17). 예수의 말씀, 일, 인격에서 종말론적 성취와 완성이 일어났다는 것이다. 물론 이미 일어난 부활과 아직 이루어지지 않은 재림 사이에 있는 그리스도인의 현재 시간은 '이미'와 '아직' 사이의 긴장을 내포한다.(고후 5,17; 빌립 3,12) 그러나 그리스도 안에서 옛것은 지나가고 이제 새로운 피조물이 되었다는 바울의 말은 종말의 현재성과 미래성의 긴장이 실질적으로는 사라졌으며, 그리스도 안에서 죽음이 극복되었고, 죽음, 죄, 율법의 능력, 과거의 허무한 힘에서 해방되었다는 것을 의미한다.

그런데 일찍이 르와지(Loisy)가 "하느님 나라를 선포한 선포자 예수가 선포의 대상이 되었고, 예수는 하느님 나라를 선포했으나 온 것은 교회였다"

고 말한 이후 일반적으로 역사적 예수와 교회를 별개의 현상으로 보게 되었고, 하느님 나라와 교회가 구조적으로 불일치하는 것으로 보게 되었다. 하느님 나라 운동을 했던 역사적 예수와 '예수'를 선포한 교회가 신학적으로 만날 수 없게 된 것이다. 그러나 초대교회가 그랬듯이 그리스도 자신을 하느님 나라 운동(autobasileia)으로, 하느님 나라 사건으로 이해할 수는 없을까? 사실 신약성서에서는 예수의 말과 행위, 삶 전체가 하느님 나라를 실현하는 운동이다. 예수의 존재와 삶이 임마누엘, 곧 '하느님이 우리와 함께 하심'이다. 예수의 삶과 운동이 곧 하느님 나라의 실현이고, 예수의 나눔과 섬김이 하느님 나라의 실현이다. 예수의 인격과 삶에서 죄가 극복되고 새로운 자아가 실현되며 낡은 체제가 무너지고 새로운 나라가 온다. 지금 새로운 피조물이 되고, 새로운 종말의 현실에 참여하는 것이다. 이렇게 볼 경우 종말은 시간의 끝이 아니라 중심이 된다. 묵시문학에서 시간의 끝이었던 종말이 초대교회의 신앙에서 시간의 중심으로 변하게 되는 것이다. 이것은 그리스도 자신을 종말로 이해함으로써 가능했다. 그리고 이렇게 보아야 교회도 하느님 나라를 실현하는 예수 운동의 연장으로 이해될 수 있으며, 교회의 그리스도 신앙이 예수가 추구했던 하느님 나라 운동과 연결을 가질 수 있게 된다.

지금까지 살펴본 구약성서의 예언자적 종말론으로부터 묵시문학적 종말론, 예수의 종말론적 선포, 초대교회의 종말론에 이르기까지 종말론의 근저에 깔려 있는 심리학적 동기는 아마도 인간과 역사의 새로운 변화에 대한 추구라고 할 수 있을 것이다. 구약성서의 종말론과 묵시문학은 이스라엘의 역사적 현실에 근거를 두고 있다. 역사의 모순과 갈등에 대한 신앙적 답변으로부터 종말론적 사고가 나온 것이다. 종말론적 사고는 하느님 없는 현실에서 하느님의 초월적 개입을 갈망하는 민중 고난의 현실과 직결되어 있다. 단순히 과거의 반복이나 연장이 아니라 새로운 변혁과 혁신, 민중적 희망, 고난의 현실과 직결되어 있는 것이다. 가령 구약성서는 제국주의의 억압된 역사적 현실에서 출발한다. 아브라함, 히브리 민중의 편력 생활, 출애굽 사건에서 예언과 묵시문학적 종말론의 역사적 뿌리를 찾을 수 있을 것이다. 불의한 왕국과 제국의 침략 아래 고통받고 있는 민중의 현실 속에서 하느님의 통치를 갈망하면서 예언 운동이 일어났고, 패망한 조국의 현실에서 새로운 미래를 꿈꾼 것이 묵시문학이라고 할 수 있다. 이점에서 묵시문학에서 그리는 메시아 도래의 표징, 말세의 징조는 현재 겪고 있는 민중의 재난과 고통과 관련해서 이해되어야 한다.

성서에서 종말은 인간, 역사, 사회의 참된 변화로서 '하느님 오심'의 현실이다. 하느님 없는 민중 현실 – 정의, 사랑, 평화, 자유 없는 현실 – 에 '하느님 오심'이 참된 변화, 종말의 현실이다. 초대 기독교의 신앙에서 예수 그리스도는 종말의 현실이자 임마누엘의 현실이며, 시간의 중심, 참된 미래이다. 예수에게서 구원의 미래는 이미 현재한다. 임마누엘의 현실, 이것은 인간 역사 속에 하느님이 현재함을 말하며, 성육신의 현실이다. 그러나 여전히 초대교회에서는 예수 그리스도의 파루시아(재림)를 기다리고, 마라나타를 기원했다. 즉 구원의 미래성은 여전히 존재한다. 가령 '죽은자의 부활' 신앙에서 이 점이 잘 드러난다. 죽음은 역사의 한계, 즉 과거에 가두어 놓는 힘이며, 죄와 자아에 매이게 하는 힘이다. 따라서 개인과 역사를 지배하는 궁극적 악의 권세인 죽음을 이김으로써만 새로운 미래와 공동체적 삶에 이를 수 있으며, 이 점에서 종말의 미래적 차원은 여전히 남아 있다. 그리스도는 이 세상의 시간으로부터 해방하지 않고 세상의 권력(죄, 법)으로부터 해방한다. 그래서 초라한 예수 안에서 종말론적 성취는 깊은 감춤 속에 있을 수밖에 없다. 물론 이처럼 감추어졌다고 해서 일어난 일의 실재성을 부정할 수는 없지만, 숨겨진 하느님의 행위는 신앙을 요구한다.

이 점에서, 즉 믿음 가운데서 최종적인 완성을 향해 기다린다는 점에서 구약성서적인 '오고 있는 하느님' 이해는 기독교 신앙 안에서도 견지된다. 마라나타! 예배는 세상의 종말과 새로운 시작을 선포하고, 앞당겨서 경험하는 것이다. 역사 안의 종말로서 그리스도, 하느님 나라는 회개를 요구하며, 닫힌 삶으로부터 하느님의 미래를 향해 열린 삶으로 전환할 것을 요구한다. 구체적으로 이것은 현재에서 사랑의 삶으로 실현된다. 사랑은 감춘 생명의 미래를 향해 자신을 여는 것이고 던지는 것이다. 사랑이야말로 종말에 의지해 사는 것이다. 이때 종말은 하느님의 능력이며, 죄와 이기적 자아로부터 벗어나는 공동체적 능력이고 사건이다. 세상 속에서 세상을 뒤집는, 새하늘과 새땅을 여는 힘이다. 이렇게 이해할 때 종말은 시간의 끝이 아니라 시간의 중심이고, 근원이며 성취이다. 그리고 믿음이란 요한묵시록에 기록된 대로 알파이자 오메가로서 그리스도를 종말, 곧 시간의 중심으로 받아들이는 것이다.

기독교와 불교의 종말신앙에 관한 유형학적 연구 | 류장현

경전연구모임편, 『미륵상생경·미륵하생경·미륵대성불경』 (서울: 불교시대사, 2000).

고은, 「미륵과 민중」, 『한국근대민중종교사상』 (서울: 학민사, 1983).

김균진, 『종말론』 (서울: 민음사, 1998).

김경재, 『문화신학 담론』 (서울: 대한기독교서회, 1997).

김광진, 「요한계시록의 기원 상황」, 김성재 편, 『밀레니엄과 종말론』 (천안: 한국신학연구소, 1999).

金三龍, 「彌勒信仰의 源流와 展開」, 『韓國思想史學 第6輯, 彌勒思想의 本質과 展開』(서울: 瑞文文化社, 1994).

김재준, 「역사의 끝 날과 신앙인」, 『김재준 전집 II』 (오산: 한신대학교출판부, 1992).

노만 콘, 김승환 옮김, 『천년왕국운동사』 (서울: 한국신학연구소, 1993).

노만 페린, 데니스 C. 덜링, 『새로운 신약성서개론』 (서울: 한국신학연구소, 2001).

드와이트 펜테코스트, 임병일 옮김, 『세대주의 종말론』 (서울: 대한기독교서회, 1998).

류장현, 『하나님 나라와 새로운 사회』 (수원: 도서출판 동신, 2000).

———, 『종말론적 신학과 교회』 (오산: 한신대학교출판부, 2009).

睦禎培, 「韓國彌勒信仰의 歷史性」, 『韓國思想史學 第6輯, 彌勒思想의 本質과 展開』(서울: 瑞文文化史, 1994).

邊鮮煥, 「民衆解放을 지향하는 民衆佛教와 民衆神學 – 彌勒信仰을 중심하여서-」, 『韓國思想史學 第6輯, 彌勒思想의 本質과 展開』 (서울: 瑞文文化社, 1994).

부암무기 선사, 법성 과역, 「석가여래행적송」 (서울: 대한불교조계종 출판사, 1996).

서남동, 『민중신학의 탐구』 (서울: 한길사, 1983).

———, 『전환시대의 신학』 (서울: 한국신학연구소, 1980).

안병무, 『민중신학 이야기』 (서울: 한국신학연구소, 1987).

에두아르트 로제, 박두환 역, 『요한계시록』 (천안: 한국신학연구소, 1997).

오스카 쿨만, 김근수 옮김, 『신약의 기독론』 (서울: 나단, 2005).

원효전서국역간행회, 『국역 원효성사전서 제2권』 (서울: 보련각, 1987).

위르겐 몰트만, 김균진·김명용 공역, 『예수 그리스도의 길』 (서울: 대한기독교서회, 1990).

위르겐 몰트만, 김균진 옮김, 『오시는 하나님』 (서울: 대한기독교서회, 1998).

월터 윙크, 한성수 옮김, 「사탄의 체제와 예수의 비폭력」 (서울: 한국기독교연구소, 2004).

柳炳德, 「圓佛敎에서 본 彌勒思想」, 『韓國思想史學 第6輯, 彌勒思想의 本質과 展開』(서울: 瑞文文化史, 1994).

이병학, 「대량학살의 기억과 반제국주의 운동」, 『한국민중신학회 발표자료』, 2008년 12월.

장지훈, 「한국고대미륵신앙연구」 (서울: 집문당, 1997).

제임스 칼라스, 박창환 옮김, 『요한 계시록』 (서울: 컨콜디아사, 1979).

죽재 서남동 목사 유고집편찬위원회 엮음, 『서남동 신학의 이삭줍기』 (서울: 대한기독교서회, 1999).

趙龍憲, 「眞表律師 彌勒思想의 特徵」, 『韓國思想史學 第6輯, 彌勒思想의 本質과 展開』(서울: 瑞文文化社, 1994).

지동식 편역, 『로마제국과 기독교』 (서울: 한국신학연구소, 1983).

천정웅, 『시한부 종말론과 실현된 종말론』 (서울: 말씀의 집, 1991).

편집실, 〈크리스찬투데이〉, 2009년 6월 14일.

클라렌스 라킨, 신혜선 옮김, 『예수 그리스도의 재림』 (서울: 말씀보존학회, 1997).

탁명환, 『한국의 신흥종교 I~IV』 (서울: 현대종교, 1972~1987).

하태영, 「한국 교회 시한부 종말론」, 『황성규 박사 정년은퇴논문집』 (서울: 한국신학연구소, 2000).

황선명, 『민중종교운동사』 (서울: 종로서적, 1980).

현대종교편집국 엮음, 『한국의 신흥종교: 자칭 한국의 재림주들』 (서울: 현대종교, 2002).

洪凡草, 「甑山의 天地公事에 나타난 彌勒思想」, 『韓國思想史學 第6輯, 彌勒思想의 本質과 展開』 (서울: 瑞文文化社, 1994).

洪潤植, 「韓國史上에 있어 彌勒信仰과 그 思想的 構造」, 『韓國思想史學 第6輯, 彌勒思想의 本質과 展開』(서울: 瑞文文化社, 1994).

H. Kraft, 『요한계시록: 국제성서주석』 (서울: 한국신학연구소, 1983).

E. Schweizer, 『마태오 복음』(서울: 한국신학연구소, 1982).

Ragaz, L, *Die neuen Himmel und die neue Erde*, in denen Gerechtigkeit wohnt, hrsg. von der Religiös-Sozialen Vereinigung, Zürich (o.J.).

——, *Das Reich Gottes in der Bibel*, Zürich 1948.

——, *Die Bibel. Eine Deutung*, Bd. 5, Zürich 1949.

——, *Die Bibel. Eine Deutung*, Bd. 7, Zürich 1950.

Tillich, Paul, *Christianity and the Encounter of the World Religions*, Columbia University Press, 1963.

길희성, 『보살예수』(서울: 현암사, 2004).

니시다 기타로·다카하시 스스무, 최박광 옮김, 『선의 연구/퇴계 경철학』(서울: 동서문화
　　사, 2009).

아베 마사오, 변선환 엮음, 『禪과 종교철학』(서울: 대원정사, 1996).

이찬수, 『불교와 그리스도교, 깊이에서 만나다 - 교토학파와 그리스도교』(서울: 다산글방,
　　2003).

────, 「길희성과 타나베 하지메가 불교와 그리스도교를 포섭하는 논리의 비교 연구」,
　　『한국학연구』(제28집), 고려대학교한국학연구소, 2008.

허우성, 『근대 일본의 두 얼굴: 니시다 철학』(서울: 문학과 지성사, 2000).

南山宗教文化研究所 編, 『絶對無と神 - 西田·田邊哲學の傳統とキリスト教』, (東京: 春秋
　　社, 1981.

藤田正勝, 『西田幾多郎 - 生きることと哲學』(東京: 岩波書店, 2007).

────, 『京都學派の哲學』(東京: 岩波書店, 京都: 昭和堂, 2001).

瀧澤克己, 『佛教とキリスト教』(東京: 法藏館, 昭和 46).

────, 『自由の原点: インマヌエル』(東京: 新教出版社, 1970).

上田閑照 編, 『西田幾多郎隨筆集』(東京: 岩波文庫, 1996).

────, 『宗教』, (東京: 岩波現代文庫(1300), 2007).

────, 『經驗と場所』, (東京: 岩波現代文庫(1200), 2007).

────, 『西田幾多郎 - 人間の生涯ということ』, (東京: 岩波書店, 1995).

西谷啓治, 『西田幾多郎 - その人と思想』, (東京: 筑摩書房, 昭和60).

西田幾多郎, 『善の研究』, (東京: 岩波文庫(124-1), 1993).

西田幾多郎, 上田閑照 編, 『論理と生命』(西田幾多郎哲學論集 II), (東京: 岩波書店, 1988).

西田幾多郎, 上田閑照 編, 『自覺について』(西田幾多郎哲學論集III), (東京: 岩波書店,
　　1990).

西田幾多郎, 『哲學の根本問題』(續編), (東京: 岩波書店, 2005).

小坂國繼, 『西田幾多郎の思想』, (東京: 講談社學術文庫(1544), 2003).

小野寺功, 『絶對無と神 - 京都學派の哲學』, (横浜: 春風社, 2002).

辻村公一 編集·解說, 『田邊元』.

永井均, 『西田幾多郎 - 〈絶對無〉とは何か』(東京: NHK出版, 2006).

竹內良知, 『西田幾多郎と現代』, (東京: 第三文明社, 1978).

花岡永子, 『絶對無の哲學 - 西田哲學研究入門』, (京都: 世界思想社, 2002).

荒谷大輔, 『西田幾多郎 - 歴史の論理學』, (東京: 講談社, 2008).

檜垣立哉, 『西田幾多郎の生命哲學』, (東京: 講談社現代新書(1772), 2005).

Frank, Frederick, *The Buddha Eye: An Anthology of the Kyoto School*, New York: Crossroad, 1982.

구약성서 예언자의 '대립' 과 원효의 '통합' 사이의 변증법 ㅣ 김은규

〈불교 문헌〉

고영섭, 『원효』 (서울: 한길사, 1997).

고익진 해설, 원효, 김달진 편역 「원효사상의 실천원리-금강삼매경론의 一味觀行을 중심으로」, 『금강삼매경론』 (서울: 열음사, 1986).

곽승훈, 『통일신라시대의 정치변동과 불교』 (서울: 국학자료원, 2002).

김두진, 『신라 화엄사상사 연구』 (서울: 서울대학교출판부, 2002).

남동신, 『원효』 (서울: 새누리, 1999).

실천불교전국승가회, 『실천불교의 이념과 역사』 (서울: 행원, 2002).

여익구 편, 『불교의 사회사상』 (서울: 민족사, 1981).

여익구, 『민중불교입문』 (서울: 풀빛, 1985).

예문동양사상연구원. 고영섭 편저, 『원효』 (서울: 예문서원, 2002).

원효연구원 편저, 『元曉思想』 (서울: 신우당, 1998)

이기영, 『원효사상』 (서울: 원음각, 1967)

――――, 『한국의 불교사상』 (서울: 삼성출판사, 1988)

이병욱, 『고려시대의 불교사상』 (서울: 혜안, 2002)

정승석, 「대승불교의 실천 이념」, 『실천불교의 이념과 역사』 62-107쪽.

정병삼, 『의상 화엄사상 연구』 (서울: 서울대학교출판부, 1998).

정의행, 『한국불교통사』 (서울: 한마당, 1991).

조윤호, 『동아시아 불교와 화엄사상』 (서울: 초롱출판사, 2003).

타카사키 지키도오, 『화엄사상』 (서울: 경서원, 1983).

한종만, 『한국 불교사상의 전개』 (서울: 민족사, 1998).

현응, 「대승불교의 실천사상: 민중불교 운동의 대승적 전개를 위하여」, 『민족불교』 (서울: 동광출판사, 1989년 창간호).

藤能成(후지 요시나리), 『원효의 정토사상연구』 (서울: 민족사, 2001).

〈기독교 문헌〉
김은규, 『하느님 새로보기』 (서울: 동연, 2009).
성공회대학교 신학연구원 편저, 『제국의 신』 (서울: 동연, 2008).
우택주, 『새로운 예언서 개론』 (대전: 침례신학대학교출판부, 2005)
Anthoney R. Ceresco, 김은규 성찬성 역, 『구약입문』 (서울: 바오로딸출판사, 2009).
Bernard W. Anderson, 강성열·노항규 역, 『구약성서 이해』 (일산: 크리스챤다이제스트, 1996).
Donald E. Gowan, 차준희 역, 『구약 예언서 신학』 (서울: 대한기독교서회, 2004).
J. Maxwell Miller & John H. Hayes, 박문재 역, 『고대 이스라엘 역사』 (일산: 크리스챤다이제스트, 1996).

하나님 나라 백성의 특권과 의무 | 김판임

김경진, 『부자를 위한 성서해석』 (서울: 프리칭 아카데미, 2007).
김경희, 「예수의 하나님나라 선포를 통해서 본 평등의 비전」, 『신학사상』 150집(2010 여름), 37-81쪽.
김동호, 『깨끗한 부자』 (서울: 규장, 2001).
김득중, 『복음서의 비유들』 (서울: 컨콜디아사, 1988).
김영봉, 『바늘귀를 통과한 부자』 (서울: 한국기독학생회 출판사, 2003).
김판임, 「유대교에 있어서 여성의 지위와 역할 및 이에 대한 예수의 입장」, 『한국기독교신학논총』 제18집(2000), 109-158쪽.
———, 「예수와 여성: 하나님나라와 관련하여」, 『하나님나라: 그 해석과 실천』 황성규 교수 정년 기념 논문집 (서울: 한국신학연구소, 2000), 115-132쪽.
———, 「신약성서의 구원이해: 예수와 바울을 중심으로」, 『신약논단』 11/3(2004 가을), 533-575쪽.
———, 「예수와 세례요한」, 『말씀과 교회』 39(2005 여름), 125-155쪽.
———, 「사마리아인의 비유(눅 10:30-35)연구」, 『신약논단』(2007 겨울), 1015-1052쪽.
———, 「경건한 자의 찬양: 1QH II, 31-39를 중심으로」, 『Canon & Culture』 제2권 1호(2008 봄), 149-177쪽.
———, 「포도원주인의 비유(마 20:1-15)를 통해서 본 경제정의에 대한 예수의 이해」, 『신학사상』 154집 (2011 가을), 143-177쪽.
김판임(외), 『여성신학의 지평』 (서울: 여성신학사, 2005).

김학철, 「마태복음의 '하늘나라'를 다시 살핌」, 『신약논단』14/1(2007 봄), 1-37쪽.

김희성, 「예수의 하나님나라」, 제37회 한국기독교학회 자료집(2005), 20-40쪽.

박익수, 「역사적 예수와 한국교회」, 『신학과 세계』65(2009 여름), 28-60쪽.

손규태, 「'역사의 예수를 위한 변론'에 대한 토론」, 『신학비평』33(2009 여름), 52-68쪽.

송기득, 「나의 마지막 강의, 역사의 예수: 그는 누구이며, 우리에게 무엇인가?」, 『신학비평』 32권(2009 봄), 100-125쪽.

양용의, 『하나님나라, 어떻게 이해할 것인가』(서울: 성서 유니온 선교회, 2005).

오덕호, 『하나님이냐 돈이냐』(천안: 한국신학연구소, 1998).

장윤재, 「역사적 예수와 하나님의 나라」, 『대학과 선교』제7호(2004 겨울), 9-55쪽.

———, 「'가난한 자들은 항상 너희와 함께 있으리라': 세계화 시대 남미 해방신학의 유산」, 『기독교신학논총』40(2005 여름), 193-221쪽.

정양모, 『마태오복음서』(왜관:분도출판사, 1990).

조태연, 「갈릴리 경제학, 예수운동의 해석학을 위한 사회계층론적 이해」, 『신약성서의 경제윤리』(신학논단 제4권)(서울: 한들, 1998), 62-88쪽.

차정식, 「마태복음의 '하늘나라'와 신학적 상상력」, 『한국기독교신학논총』46(2006), 57-88쪽.

한인철, 「최근의 역사적 예수 연구와 대학선교」, 『대학과 선교』제3호(2001 겨울), 41-78쪽.

예레미아스, 김경희 역, 『예수의 선포』(왜관: 분도출판사, 1999).

예레미아스, 번역실 역, 『예수 시대 예루살렘』(서울: 한국신학연구소, 1988).

미야자키 마사카츠, 이영주 옮김, 『하룻밤에 읽는 세계사』(서울: 랜덤하우스, 2005).

버나드 브랜든 스캇, 김기석 역, 『예수의 비유 새로 듣기』(고양: 한국기독교 연구소, 2006).

빌리발트 뵈젠, 황현숙 역, 『예수 시대의 갈릴래아, 예수의 생활 공간과 활동 영역으로서의 갈릴래아에 관한 시대사적, 신학적 연구』(천안: 한국신학연구소, 1998).

에케하르트 슈테게만·볼프강 슈테게만 공저, 손성현·김판임 공역, 『초기 그리스도교의 사회사, 고대 지중해 세계의 유대교와 그리스도교』(서울: 동연, 2008).

리처드 A, 호슬리·박경미 역, 『갈릴리. 예수와 랍비들의 사회적 맥락』(서울: 이화여자대학교출판부, 2006).

Bernard Brandon Scott, *Hear Then the Parable.* Minneapolis: Fortress Press, 1989.

Funk, R. W., Scott,B.B.. Butts, J.B. *The Parables of Jesus.* Califonia: Sonoma, 1988.

Lohfink, N. *Lobgesänge der Armen. Studien Zum Manifikat, den Hodajot won Qumran und einigen späten Psalmen*, SBS 143. Stuttgart: Katholischer Verlag, 1990.

Merklein.H. Jesu Botschaft von der Gottesherrschaft, SBS 111. Stuttgart: Katholisches Bibelwerk Verlag, 1983.

Powell, A. "Weight and Measures", ABD 6, p.907-908.

Schaefer, P. *Die Vorstellung vom heiligen Geist in der rabbinischen Literatur.* Muenchen, 1972.

Schaefer. ,P. "Geist/Hl.Geist/Geistgaben II. Judentum", TRE 12, p.173-178.

Schenk. L. Die Botschaft vom kommenden "Reich Gottes", in: L. Schenk, *Jesus von Nazaret - Spuren und Konturen,.* Stuttgar:Katholischer Verlag, 2004, p.106-147.

Scott. Bernard Brandon. *Hear Then the Parable.* Minneapolis: Fortress Press, 1989.

Strecker,G. *Die Bergpredigt. Ein exegetischer Kommentar.* Goettingen: Vandenhoeck & Ruprecht, 1985,

Wright, N.T. *Jesus and the Victory of God. Christian Origins and the Question of God, II.* London: SPCK, 1996.

Young, B. *The Parables. Jewish Tradition and Christian Interpretation.* Peabody: Hendrickson Publishers, 1998.

종말론과 민중 경험 | 박경미

Boman, T.(1968) *Das Hebräsche Denken im Vergleich mit dem Griechischen,* (Vandenhoeck und Ruprecht), 허혁(역), 『히브리적 사유와 그리스적 사유의 비교』, (분도출판사, 1975).

Hanson, Paul D. The Dawn of Apocalyptic: *The Historical and Sociological Roots of Jewish Apocalyptic Eschatology,* (Fortress Press: Philadelphia, 1979).

Horsley, Richard A.(2003), *Jesus and Empire: The Kingdom of God and New World Disorder* (Augsburg: Fortress Press). 『예수와 제국: 하느님 나라와 신세계 무질서』, 김준우(역) (서울: 한국기독교연구소, 2004)

―――――――, 『갈릴리: 예수와 랍비들의 사회적 맥락』박경미(역) (서울:이화여대출판부, 2007).

Smend, Rudolf/ Uffenheimer, Benjamin/ Klein, Günter/ May, Gergard/ Asendorf Ulich/ 275

Ratschow/ Carl Heinz, Eschatologie 1-8, Theologische Realenzyklopädie Band 10, (Walter de Gruyter: Berlin/New York, 1982), p.254-363.

주석

미타정토신앙의 발생 배경과 성격 | 석길암

1 Anthony J. Tribe and Paul Williams, 2000, Buddhist Thought: A Complete Introduction to the Indian Tradition; 공만식 옮김, 『인도불교사상』 (씨아이알, 2009, p.40).

2 아마 이 점이 기독교와 불교 간에 나타나는 가장 큰 상이점 중의 하나가 아닐까 생각된다. 불교에서 부처는 안내자이지 구원자가 아니다. 불교에서 구원의 역할은 부처가 아니라 다르마(진리이자 가르침인) 그 자체가 떠맡고 있다고 보아야 할 것이다. 곧 부처는 다르마에 대한 안내자이며 다르마를 드러낸 자로서의 중요성을 가질 뿐이다. 이와 달리 기독교에서는 예수 그리스도가 구원자의 역할을 맡고 있는 것으로 생각된다.

3 『대반열반경』에 의하면 붓다는 자신의 사후 유골의 처리와 숭배에 대한 문제는 재가자에게 맡기고, 비구들은 관계하지 말라고 주문하였다고 한다.

4 폴 윌리암스, 공만식 옮김, 앞의 책, 262쪽.

5 대표적인 것이 『대집월장경』의 각 5백년설이다. "내가 사라진 뒤 5백 년 동안은 모든 비구들이 나의 법에 있어서 해탈이 견고하며, 다음 5백 년 동안은 나의 바른 법에 선정삼매만이 견고하게 머물 것이며, 그 다음 5백 년 동안은 나의 법에 있어서 탑이나 절을 많이 세우므로 견고히 머물 것이며, 다음 5백 년 동안은 나의 법에 있어서 힘싸움과 말다툼이 일어나 깨끗한 법은 없어지고 견고한 것이 줄게 되리라. 분명히 알라, 청정한 보살이여. 그 뒤부터는 비록 수염과 머리를 깎고 몸에 가사를 입더라도 금계를 파괴하고 법대로 수행하지 못하면서 비구라는 이름을 붙일 뿐이리라.(於我滅後五百年中, 諸比丘等, 猶於我法解脫堅固, 次五百年我之正法禪定三昧得住堅固, 次五百年讀誦多聞得住堅固, 次五百年於我法中多造塔寺得住堅固, 次五百年於我法中鬪諍言頌白法隱沒損減堅固, 了知淸淨士, 從是以後於我法中, 雖復剃除鬚髮身著袈裟?毀破禁戒行不如法假名比丘.)(대정신수대장경 13, p.363b)

6 대부분의 정복왕조들이 외부로부터 유입된 이민족이었고 마우리야 왕조의 왕가 역시 비천한 계급 출신이었기 때문에, 그들은 인도 정통의 바라문 계급과 크샤트리아 계층에게 진정으로 인정받지 못했던 것으로 보인다. 그들의 대부분은 이 점 때문에 사성계급의 평등을 주장하는 불교에 아주 호의적이거나 적어도 관대한 태도를 취했던 것으로 보인다. 불교는 이들로부터 사원과 불탑을 보시 받았다.

7 폴 윌리암스, 앞의 책, 262쪽.

8 물론 이것은 확정된 설은 아니며, 아미타불의 기원에 대해서는 다양한 이견들이 존재한다. 대표적인 것이 조로아스터교로부터의 영향으로 설명하는 설이고, 인도 내부의 비슈누나 브라흐만에서 기원을 찾는 설, 그리고 불교 내부의 불타관의 전개에서 기원을 찾는 설 등이 제출되어 있다.

9 道綽, 『安樂集』, 대정장47, p.13c.

10 『廣弘明集』권6, 대정장52, p.128ab.

비로자나불과 하느님 | 임상희

1 최근에 종교 간의 소통을 위한 종교인 모임에서 진행한 대화의 기록이 『세상에서 가장 아름다운 대화』(운주사, 2010)라는 제목으로 출간되었으며, 불교와 그리스도교를 연구하는 학자들에 의해 『종교 간의 대화 : 불교와 그리스도교의 만남』(현암사, 2009)이 출간되기도 하였다.

2 구스타프 멘싱 지음, 변선환 옮김, 『佛陀와 그리스도: 대화의 신학』 (종로서적, 1987).

3 위의 책, 24쪽.

4 폴 윌리엄스 · 앤서니 트라이브 지음 / 안성두 옮김, 『인도불교사상』(씨아이알, 2011), 30-31쪽.

5 平川彰 외, 정승석 역, 『대승불교개설』(김영사, 1992), 188쪽.

6 위의 책, 190-192쪽 참조.

7 나가오가진 지음, 김수아 옮김, 『중관과 유식』(동국대학교출판부, 2005), 302-305쪽 참조.

8 Damien Keown, *Buddhism*(Oxford University press, 1996), 60쪽.

9 폴 윌리엄스 · 앤서니 트라이브 지음, 안성두 옮김, 앞의 책, 251-252쪽 참조.

10 견혜보살 지음, 안성두 옮김, 『보성론(寶性論)』(소명출판, 2011), 38-39쪽 참조.

11 아베 마사오, 「자기비움의 하느님과 역동적 공」, 『텅 빈 충만: 空의 하느님』(우리신학연구소, 2009), 33-128쪽. 국내에 소개된 아베 마사오(阿部正雄)의 저작으로는 『선과 현대철학』(대원정사, 1996), 『선과 현대신학』(대원정사, 1996), 『선과 종교철학』(대원정사, 1996) 등이 있다.

12 5세기 초에 담무밀다가 한역한 『佛說觀普賢菩薩行法經』에서는 '석가모니를 毘盧遮那 遍一切處라 한다' (『大正藏』 9, p.392c)는 구절이 나온다. 또 구마라집이 한역한 『梵網經』에서는 노사나불이 직접 설법을 하고 있다. 여기에서는 수많은 겁동안 수행을 한 후에 노사나불이 되어 常住法身으로서의 모습을 드러내고 있다.(『大正藏』 24, p.997a)

이외에도 6세기 말에 사나굴다가 한역한 『佛本行集經』에서는 석가모니불의 前身을 비로자나로 부르고 있다.(『大正藏』 3, p.718c, p.801c)

13 대승불교의 초기 경전인 『화엄경』의 원래 명칭은 '大方廣佛華嚴經(mahāvaipūlya buddha gaṇḍvyūha sūtra)'이다. 이 경전은 어느 한 시기에 한꺼번에 만들어진 경전이 아니라, 여러 대승 경전을 편집하고 증보해서 만들어진 集成 經典이다. 화엄부에 속하는 각각의 경전들은 後漢의 말엽부터 六朝 초기에 한역되어졌지만, 『화엄경』 전체의 편집 시기나 지역에 관해서는 정확히 알 수 없다. 支法領이 于闐國(지금의 중앙아시아 코탄)에서 梵本의 『화엄경』을 입수하고, 이것을 북인도 출신의 佛馱跋陀羅(Buddhabhadra)가 421년경에 한역한 것으로부터 4세기 후반에 중앙아시아의 코탄 부근에서 편집되었을 것으로 추정된다. 불타발타라의 한역본은 오늘날 『晉譯華嚴』 또는 『60화엄』으로 불리고 있지만 당시에는 50권이었던 것 같다. 隋나라 때에 경에 卷을 나누는 방식이 변해서 50권에서 60권으로 늘어난 것으로 보인다. 唐代에는 則天武后의 후원으로 699년에 實叉難陀(Sikṣānanda)가 80권본을 한역하였으며, 이것을 『唐譯華嚴』 또는 『80화엄』이라고 부른다. 이외에 『화엄경』의 마지막 품인 「입법계품」에 상당하는 단행 경전이 증대된 것을 般若(Prajñā)가 798년에 한역하였는데, 이를 『40화엄』이라고 부른다. 『화엄경』의 원본은 산스크리트본일 것으로 여겨지지만, 일부만이 남아 있다. 즉 「십지품」에 해당하는 『다샤부미카 수트라(Daśabhūmikasūtra)』와 「입법계품」에 해당하는 『간다 비유하 수트라(Gaṇḍavyūhasūtra)』만이 현존하고 있다.

14 비로자나불이라는 말은 『80화엄』에 나오며, 『60화엄』에는 노사나불이라는 말이 나온다. 毘盧遮那와 盧舍那는 모두 산스크리트 vairocana를 음역한 것이다. 이 말은 빛나다, 비추다는 의미의 동사어근인 ruc로부터 변화된 rocana에 넓다, 많다 등의 의미를 가진 접두어 vai가 더하져 만들어진 명사이다. 원래는 태양의, 빛나는 등의 의미로 쓰였으며, 화엄종에서는 '盧舍那를 光明遍照'(『大正藏』 35, p.146c)라는 의미로 풀이하고 있다. 『화엄경』에서 비로자나불과 노사나불은 같은 의미이다.

15 『60화엄』 24(『大正藏』 9, pp.405a-418a)

16 『화엄경』에 등장하는 佛身은 여래에 귀속되는 佛身, 보살에 귀속되는 佛身, 선지식에 귀속되는 佛身으로 분류할 수 있다. 본각, 「화엄경에 나타난 불타관」, 『불교사상과 문화』 1, 중앙승가대학교 불교학연구원, 2009, 55-65쪽 참조.

17 『60화엄』 26(『大正藏』 9, p.565b)

18 『60화엄』 42(『大正藏』 9, p.663b)

19 『孔目章』(『大正藏』 45, p.580a-b)

20 전해주, 『의상화엄사상사연구』(민족사, 1994), 64쪽.

21 Ven. Hae-ju(Ho-ryeon Jeon), Uisang's View of Buddha in the Silla Period, *International Journal of Buddhist Thought & Culture*, Volume 7, International Association for Buddhist Thought & Culture, 2006

22 기무라 키요타카 지음, 김천학·김경남 옮김, 『화엄경을 읽는다』(불교시대사, 2002), 38쪽.

23 『80화엄』 8-10(『大正藏』 10, pp.39a-52c)

24 이기영, 「화엄사상의 현대적 의의」, 『한국화엄사상연구』(동국대학교출판부, 1986), 343쪽.

25 김진, 『하느님의 나라와 부처님의 나라』(UUP, 2009), 17-31쪽 참조.

26 구스타프 멘싱 지음, 변선환 옮김, 앞의 책, 109쪽.

27 틱낫한 지음, 오강남 옮김, 『살아계신 붓다, 살아계신 그리스도』(한민사, 1997), 45-47쪽.

기독교와 불교의 종말신앙에 관한 유형학적 연구 | 류장현

1 Paul Tillich, *Christianity and the Encounter of the World Religions*, Columbia University Press, 1963, 53-75쪽. 틸리히는 역동적 유형론(Dynamic Typology)을 통해서 기독교와 불교를 연구하였다.

2 장지훈, 『한국고대미륵신앙연구』(서울: 집문당, 1997), 47쪽, 53쪽. 또한 황선명, 『민중종교운동사』(서울: 종로서적, 1980), 186쪽을 참고하라. 존 캅에 의하면 그리스도론은 기독교의 헬라화 과정에서 만들어진 역사적 예수에 대한 존재론적 형이상학적 해석이며, 메시아니즘은 결코 기독교의 배타적 독점물이 아니다(邊鮮煥, 「民衆解放을 지향하는 民衆佛教와 民衆神學 -彌勒信仰을 중심하여서-」, 『韓國思想史學 第6輯, 彌勒思想의 本質과 展開』(서울: 瑞文文化社, 1994), 240-241쪽.

3 위의 책, 44쪽. 이러한 신앙은 彌勒下生經, 彌勒大成佛經, 彌勒時來經, 賢愚經 12권 바바리품, 中阿含經 13권 說本經, 增一阿咸經 44권, 심지어 大乘經全에도 나타난다(ibid., 45쪽).

4 세대주의 종말론에 대한 신학적 비판은 류장현, 『종말론적 신학과 교회』(오산: 한신대학교출판부, 2009), 258쪽 이하를 참고하라.

5 만일 교회가 종말론을 말세론으로 이해하게 되면 불의한 세상을 합리화하고 민중을 억압하는 지배자의 종교가 되어 하나님 나라의 도래를 방해하는 장애물이 된다(안병무, 『민중신학 이야기』(서울: 한국신학연구소, 1987), 57쪽, 160쪽. 또는 서남동, 『민중신학

의 탐구』(서울: 한길사, 1983), 16-17쪽.

6 메시아는 "기름부음을 받은 사람"을 의미한다. 이스라엘 왕(삼상9:16, 24:6)과 하나님이 특별한 사명을 부여한 사람(출28:41, 왕상19:16, 사45:1)들이 기름부음을 받았다. 황선명에 의하면 천년왕국과 메시아 신앙은 "대개가 다 억눌린 자들의 운동"이었다.(황선명, 『민중종교운동사』), 69쪽.

7 J. 몰트만, 김균진·김명용 공역, 『예수 그리스도의 길』(서울: 대한기독교서회, 1990), 38쪽, 219쪽.

8 위의 책, 21쪽, 32쪽, 43쪽. 미륵신앙은 신라말의 혼란기, 고려의 농민란이 범람했던 무난의 시기, 몽고의 침략시기, 고려말 왜구의 침범시기, 임진왜란과 병자호란 이후 조선 사회 등 대체로 정치 사회적 혼란기에 유행하였다(장지훈, 『한국고대미륵신앙연구』), 55쪽, 또한 86-92쪽.

9 오스카 쿨만, 김근수 옮김, 『신약의 기독론』(서울: 나단, 2005), 184-187쪽. 정치적 왕에 대한 대망은 유대민족이 헬라의 지배하에 있을 때 더욱 발전하였다. 미륵신앙에서 정법(正法)으로 세계를 통치하는 이상적인 왕은 전륜성왕(轉輪聖王)이다.

10 그들은 고통당하는 현장에서 다윗 왕 같은 정치적 구세주를 희망하였다. 다윗이 메시아의 원형이다.

11 오스카 쿨만, 『신약의 기독론』, 183쪽.

12 위의 책, 188-197쪽. 마가복음은 정치적 메시아상을 수용하였지만(막14:61ff), 마태복음은 회피하였으며, 누가복음은 종말의 때에 오실 인자로 대치하였다.

13 세대주의라는 말은 하나님이 각 세대마다 서로 다른 목적과 원리로 인간과 더불어 일한다는 주장에서 유래하였다. 엘러트(Arnold Ehlert)는 세대주의의 출발점을 유대적 사고와 유대 이전의 사고에서 찾는다.(드와이트 펜테코스트, 임병일 옮김, 『세대주의 종말론』(서울: 대한기독교서회, 1998), 195쪽 이하.

14 세대주의 종말론자들은 베드로 후서 3장 8절과 히브리서 4장 4-11절에 근거해서 하나님이 6일 동안 천지를 창조하신 날을 인류의 6000년 역사로, 7일에 안식한 것을 천년왕국으로 해석한다.(클라렌스 라킨, 신혜선 옮김, 『예수 그리스도의 재림』(서울: 말씀보존학회, 1997), 66쪽.

15 죽재 서남동 목사 유고집편찬위원회 엮음, 「서남동 신학의 이삭줍기」(서울: 대한기독교서회, 1999), 310-311쪽.

16 L. Ragaz, *Das Reich Gottes in der Bibel*, Zürich 1948, 7.

17 서남동, 『민중신학의 탐구』, 74쪽. "필자로서는 불교의 미륵신앙이 기독교의 '천년왕국' 신앙에, 미타신앙이 기독교의 '신국' 신앙에 어쩌면 그렇게도 상동(相同, homologous)

하는가 하는 사실에 놀라지 않을 수 없다."

18 장지훈, 『한국고대미륵신앙연구』, 31-34쪽. 미륵은 過去佛, 現在佛에 대하여 當來佛, 未來佛을 의미한다. 미륵의 범어인 마이트레야는 미트라(Mitra)에서 유래했는데 그 성격은 "계약, 진실의 말"이다. 미륵이란 말은 현우경(賢愚經) 제12집에서는 자비를 실천하여 덕성을 얻은 자씨(慈氏)를 의미한다.

19 洪潤植, 「韓國史上에 있어 彌勒信仰과 그 思想的 構造」, 『韓國思想史學 第6輯, 彌勒思想의 本質과 展開』(서울: 瑞文文化社, 1994), 81쪽.

20 柳炳德, 「圓佛敎에서 본 彌勒思想」, 『韓國思想史學 第6輯, 彌勒思想의 本質과 展開』(서울: 瑞文文化史, 1994), 128쪽. 또한 睦楨培, 「韓國彌勒信仰의 歷史性」, 『韓國思想史學 第6輯, 彌勒思想의 本質과 展開』(서울: 瑞文文化史, 1994), 69쪽을 참고하라.

21 도솔천은 천계에서는 낮은 육욕천(六欲天)의 하나이지만 석가불의 보처(補處)이기 때문에 정토라고 불린다. 육욕천에는 제일 낮은 사왕천(四王天)이 있고 그 위에 도리천(道利天), 야마천(夜摩天), 도솔천(兜率天), 낙변화천(樂變化天), 타화자재천(他化自在天)이 있다. 육욕천 위에는 색계 18천과 무색계가 있다. 그것을 삼계(三界)라 한다.

22 제1회 설법으로 96억, 제2회 설법으로 94억, 제3회 설법으로 92억의 사람들이 깨달음을 얻어 총 3회 설법으로 282억의 사람들이 교화된다.

23 경전연구모임편, 『미륵상생경·미륵하생경·미륵대성불경』(서울: 불교시대사, 2000)를 참고하라.

24 고은, "미륵과 민중", 「한국근대민중종교사상」(서울: 학민사, 1983), 135-153쪽.

25 趙龍憲, 「眞表律師 彌勒思想의 特徵」, 『韓國思想史學』 第6輯, (서울: 瑞文文化社, 1994), 104쪽. 미륵은 불의하고 부당한 권력에 항거하는 민중의 동반자이다(邊鮮煥, 「民衆解放을 지향하는 民衆佛敎와 民衆神學」, 243쪽).

26 장지훈, 「한국고대미륵신앙연구」, 43쪽.

27 위의 책, 40쪽.

28 드와이트 펜테코스트, 『세대주의 종말론』, 276쪽 이하.

29 그것은 7년 환란이 지난 후 휴거한다는 이론으로써 리즈(Alexander Resse)가 주장하였다(드와이트 펜테코스트, 『세대주의 종말론』, 240쪽 이하).

30 그것은 환란 전 휴거설과 환란 후 휴거설을 절충한 이론으로써 해리슨(Norman B. Harrison)이 주장하였다(드와이트 펜테코스트, 『세대주의 종말론』, 258쪽 이하).

31 睦楨培, 「韓國彌勒信仰의 歷史性」, 55쪽.

32 洪潤植, 「韓國史上에 있어 彌勒信仰과 그 思想的 構造」, 81-82쪽.

33 장지훈, 『한국고대미륵신앙연구』, 40-41쪽. 육바라밀은 모든 중생의 성불을 위하여 닦

아야 하는 보살수행의 실천적 원리로서 보시 · 지계 · 인욕 · 정진 · 지혜 바라밀다가
있다. 또한 보살이 육바라밀다의 행(行)을 성취하기 위해서는 보시에 대한 공양(供養),
지계에 대한 계율의 배움(戒), 인욕에 대한 자비의 닦음(修悲), 정진에 대한 선(善)에 힘
씀(善), 선정에 대한 번거로움을 멀리함(離疸)과 지혜에 대한 법의 즐김(樂法)등 육사
성취(六事成就)를 해야 한다.

34 부암무기 선사, 법성 역, 『석가여래행적송』(서울: 대한불교조계종 출판사, 1996), 362
쪽.

35 원효전서국역간행회, 『국역 원효성사전서 제2권』(서울: 보련각, 1987), 40쪽. 원효는
『彌勒上生經宗要』에서 관(觀)의 이종(二種)과 행(行)의 삼종(三種)을 설명하면서 "所
言行者. 略有三種. 一者聞大慈名. 敬心悔前所作之罪. 二者聞慈氏名. 仰信此名所表之
德. 三者行於掃塔塗地香華供養等諸事業. 如下文說"이라고 하였다. 즉 행한다는 말에
도 세 가지 뜻이 있다. 하나는 큰 자비의 이름을 듣고 마음으로 공경하며, 전에 지은 죄
를 뉘우치는 것이다. 둘은 자씨라는 이름을 듣고, 이 이름이 나타내는 덕을 우러러 사
모하는 것이다. 셋은 탑이 있는 땅을 쓸고 향과 꽃으로 공양하는 등 모든 일을 행하는
것이다.

36 드와이트 펜테코스트, 『세대주의 종말론』, 530-531쪽.

37 L. Ragaz, Die Bibel. Eine Deutung, Bd. 5, Zürich 1949, 227쪽. 몰트만, 『예수 그리스도의
길』, 440쪽.

38 몰트만, 『예수 그리스도의 길』, 442쪽에서 재인용.

39 류장현, 『하나님 나라와 새로운 사회』(수원: 도서출판 동신, 2000), 172-176쪽.

40 김경재, 『문화신학 담론』(서울: 대한기독교서회, 1997), 193쪽.

41 몰트만, 『예수 그리스도의 길』, 447쪽.

42 김재준, 「역사의 끝날과 신앙인」, 『김재준 전집 II』(오산: 한신대학교출판부, 1992), 105
쪽.

43 몰트만, 『예수 그리스도의 길』, 455쪽.

44 한국어 주석서에는 신라시대 경흥(憬興)의 불설미륵성불경소(佛說彌勒成 佛經疏), 대
현(大賢)의 미륵성불경고적기(彌勒成 佛經古迹記), 원효(元曉)의 미륵상하생경기(彌勒
上下生經記 3권)가 있다.

45 드와이트 펜테코스트, 『세대주의 종말론』, 350쪽.

46 한국에서는 약 70-80개 단체가 상기 계산법에 의해서 20세기 말에 예수가 재림하고 기
독교인들이 휴거한다고 주장하였다. 에덴수도원의 박인산은 1960년 3월 28일 오전 3
시경에 휴거를, 김갑택 1995년 6월 3일에 재림을, 들림교회 김용복은 1990년 5월, 여호

아세일교단의 백군성은 1992년 1월24일에 144,000명이 예수의 공중 재림과 함께 휴거된다고 주장했으며(하태영, 「한국 교회 시한부 종말론」, 「황성규박사 정년은퇴논문집」(서울: 한국신학연구소, 2000, 527쪽.), 이제명 목사는 1953년 12월 23일에, 동방교의 노광공은 1965년 8월 15일에, 유재열은 1969년 1월 1일에, 강계현 목사는 1971년 1월 8일에, 일월산 기도원의 김성복은 1971년 8월 15일에, 팔영산 기도원의 전병도는 1972년 8월 25일에, 천국복음 전도회의 구인회는 1973년 11월 10일에, 통일교의 박기동은 1980년에 예수의 재림을 주장하였다(천정웅, 『시한부 종말론과 실현된 종말론』(서울: 말씀의 집, 1991), 14쪽 이하.

47 E. Schweizer, 「마태오 복음」(서울: 한국신학연구소, 1982), 483쪽.

48 Ibid., 492-493쪽.

49 L. Ragaz, *Die neuen Himmel und die neue Erde, in denen Gerechtigkeit wohnt*, hrsg. von der Religi se-Sozialen Vereinigung, Zürich(o.J.), 10-11. 새로운 세상의 완성은 인간의 노력 여하에 달려있다

50 洪潤植, 「韓國史上에 있어 彌勒信仰과 그 思想的 構造」, 76쪽.

51 위의 책, 85쪽.

52 장지훈, 『한국고대미륵신앙연구』, 41쪽, 46-47쪽.

53 지동식 편역, 『로마제국과 기독교』(서울: 한국신학연구소, 1983), 230-231쪽에서 재인용.

54 존 콜린스, 웬델 윌리스 편집, 박규태·안재형 옮김, 「외경과 위경에 나타난 하나님 나라」, 『하나님의 나라』(서울: 솔로몬, 2004), 167쪽.

55 노만 콘, 김승환 옮김, 『천년왕국운동사』(서울: 한국신학연구소, 1993)을 참고하라.

56 현대종교편집국 엮음, 『한국의 신흥종교: 자칭한국의 재림주들』(서울: 현대종교, 2002)와 탁명환, 『한국의 신흥종교 I~IV』(서울: 현대종교, 1972~1987)를 참고하라.

57 크리스찬투데이, 2009년 6월 14일. 예수 그리스도의 환생이라고 주장하는 자칭 구세주들은 특히 유럽과 아프리카에 많으며 그 중 대표적인 러시아의 비사리온 종교 지도자(Church of the Last Testament)는 추종자들이 일천만명이 넘는다.

58 金三龍, 「彌勒信仰의 源流와 展開」, 『韓國思想史學 第6輯, 彌勒思想의 本質과 展開』(서울: 瑞文文化社, 1994), 21-24쪽. 또한 洪凡草, "甑山의 天地公事에 나타난 彌勒思想," 『韓國思想史學 第6輯, 彌勒思想의 本質과 展開』(서울: 瑞文文化社, 1994), 163쪽.

59 견훤은 금산사의 미륵불이 바로 자신이며 후백제야말로 미륵의 용화세계라고 주장하였고, 궁예는 자칭 미륵불로서 두 아들을 협시보살로 삼아 직접 불경 20여권을 만들기도 하였다.

60 睦楨培, 「韓國彌勒信仰의 歷史性」, 71쪽. 이러한 집단적 현신성불사상은 민중신학의 민중메시아론과 비교할 수 있다. 그러나 민중신학은 민중을 존재론적으로 메시아의 현현으로 보지 않는다. 민중은 단지 메시아적 역할과 기능을 할 뿐이다.

61 황선명, 『민중종교운동사』, 185쪽.

62 위르겐 몰트만, 김균진 옮김, 『오시는 하나님』(서울: 대한기독교서회, 1998), 271쪽.

63 드와이트 펜테코스트, 『세대주의 종말론』, 504-510쪽.

64 에두아르트 로제, 박두환 역, 『요한계시록』(천안: 한국신학연구소, 1997), 202-203쪽.

65 몰트만, 『예수 그리스도의 길』, 37쪽. 제4에스라 7장 28-30절에는 메시아가 400년 동안 통치한 후 죽으며, 그 후 7일 동안 침묵이 있고 새로운 창조와 죽은 사람의 부활이 있다 (존 콜린스, 「외경과 위경에 나타난 하나님 나라」, 169쪽.).

66 월터 윙크, 한성수 옮김, 『사탄의 체제와 예수의 비폭력』(서울: 한국기독교연구소, 2004), 35쪽. 윙크에 의하면 악마(사탄, 권세들로 불리어지는 경험)는 거룩한 소명을 배신한 제도와 구조의 실제적 영성이다.

67 L. Ragaz, *Die Bibel. Eine Deutung*, Bd. 7, Zürich 1950, 242-243. K.J. 크라우스도 같은 주장을 하였다(김균진, 『종말론』), 211쪽.

68 제임스 칼라스, 박창환 옮김, 『요한 계시록』(서울: 컨콜디아사, 1979), 18-19쪽.

69 노만 페린, 데니스 C. 덜링, 『새로운 신약성서개론』(서울: 한국신학연구소, 2001), 190-191쪽.

70 K. 바르트에 의하면 천년왕국은 축복받은 사람들이 아니라 순교자들의 나라이다(김균진, 『종말론』, 210-211쪽에서 재인용). 또한 메시아 출현과 천년왕국운동은 대게 민중의 세속사회에 대한 욕구처리가 반영된 것이다(황선명, 『민중종교운동사』), 5쪽.

71 김광진, 「요한계시록의 기원 상황」, 김성재 편, 『밀레늄엄과 종말론』(천안: 한국신학연구소, 1999), 258쪽.

72 이병학, 「대량학살의 기억과 반제국주의 운동」, 한국민중신학회 발표자료, 2008년 12월 22일, 12-13쪽.

73 서남동, 「성령의 제3시대」, 『전환시대의 신학』(서울: 한국신학연구소, 1980), 127쪽.

74 제임스 칼라스, 『요한 계시록』, 112-116쪽.

75 요한계시록의 저자는 민족의 회복을 개인의 부활과 구별하기 위하여 첫째 부활이라는 표상을 사용했다. 첫째 부활은 현실적인 민족의 회복을, 둘째 부활은 종말론적 개인의 부활을 의미한다(H. Kraft, 『요한계시록: 국제성서주석』(서울: 한국신학연구소, 1983)을 참조하라.

76 위르겐 몰트만, 『오시는 하나님』, 272쪽, 317쪽. 어거스틴은 「하나님의 도성」에서 천년

왕국을 교회와 일치시키므로 무천년설을 이론적으로 체계화하였다.

77 김균진, 『종말론』(서울: 민음사, 1998), 187-191쪽.

78 邊鮮煥, 「民衆解放을 지향하는 民衆佛敎와 民衆神學」, 202-204쪽. 주로 신라에서는 미륵을 신봉하고 도를 구하면 그 몸이 그대로 미륵불이 된다는 미륵성불사상이 백제에서는 용화세상을 백제의 땅에 구현하려는 미륵불국토사상이 발전하였으며 통일신라시대에 진표율사(眞表律師)에 의해 융합되어 인격적·국토적 미륵신앙으로 발전하였다(金三龍, 『彌勒信仰의 源流와 展開』, 24쪽).

79 장지훈, 『한국고대미륵신앙연구』, 48-49쪽. 요한계시록의 천년왕국에 대한 묘사와 유사하다(21:9-21:5).

80 洪凡草, 「甑山의 天地公事에 나타난 彌勒思想」, 『韓國思想史學 第6輯, 彌勒思想의 本質과 展開』(서울: 瑞文化社, 1994), 165쪽 이하.

81 柳炳德, 「圓佛敎에서 본 彌勒思想」, 135쪽 재인용. 원불교의 용화세계에 대해서는 대종경 전망품 16-30장을 참고하라.

82 洪潤植, 「韓國史上에 있어 彌勒信仰과 그 思想的 構造」, 85-86쪽. 장지훈, 『한국고대미륵신앙연구』, 47쪽, 113쪽.

83 서남동은 한국민중해방의 전거를 천년왕국적인 불교 메시아니즘에서 찾는다. 미륵하생신앙을 천년왕국적 민중운동으로 이해한다(『민중신학의 탐구』, 77쪽.)

유심(唯心)에서 만나는 원효의 화엄세계와 하느님 나라 | 류제동

1 은정희 역주, 『원효의 대승기신론 소·별기』(서울: 일지사, 1991), 103-104쪽. 韓國佛敎全書1., p.743b. "心眞如者, 卽是一法界大總相法門體. 所謂心性不生不滅. 一切諸法唯依妄念而有差別. 若離心念, 則無一切境界之相. 是故一切法從本已來. 離言說相, 離名字相, 離心緣相, 畢竟平等. 無有變異. 不可破壞. 唯是一心. 故名眞如."

2 은정희 역주, 같은책, p.80. 韓國佛敎全書1 p.740a. "今大乘中一切諸法皆無別體, 唯用一心爲其自體. 故言法者謂衆生心也. 言是心卽攝一切者, 顯大乘法異小乘法. 良由是心通攝諸法, 諸法自體唯是一心. 不同小乘一切諸法各有自體. 故說一心爲大乘法也."

3 The Awakening of Faith-Attributed to Aśvaghosha, Trans. Yohito S. Hakeda (New York: Columbia University Press, 1967), p.29. 여기에서 하케다는 '심(心)'이라는 용어가 이처럼 특수한 의미에서 사용된다고 여겨질 때에는 그 첫 번째 철자를 대문자로 표기한다는 방침을 이야기한다.

4 鎌田茂雄, 『大乘起信論物語-中國佛敎의 實踐者たち』(東京: 大法輪閣, 1987).

5 鎌田茂雄,『大乘起信論物語-中國佛教の實踐者たち』(東京: 大法輪閣, 1987), pp.243-244.

6 Wilfred Cantwell Smith, *Faith and Belief*, (Princeton: Princeton University Press, 1979), p. 137.

7 Sung Bae Park, *Buddhist Faith and Sudden Enlightenment*, (Albany: State University of New York Press, 1983), pp.90-91.

8 ibid., pp.91-92.

9 업감연기(業感緣起), 아뢰야연기(阿賴耶緣起), 여래장연기(如來藏緣起), 육대연기(六大緣起)를 가리킨다. 청화스님에 의하면, 업감연기는 가장 낮은 상대적 차원의 연기로 행한 바에 따라서 고(苦)를 받는다는 연기이며, 아뢰야연기는 한층 더 심오한 차원의 연기로 업감 연기의 근원적 실재로서 아뢰야식(阿賴耶識)을 상정하는 연기이고, 여래장 연기는 더욱 심오한 차원의 연기로 아뢰야식의 근원적 실재로서 진여불성(眞如佛性)의 여래장(如來藏)을 상정하는 연기이다. 육대연기는 밀교에서의 연기로서 땅 기운, 물 기운, 불 기운, 바람 기운, 텅 빈 공(空)의 기운, 마음 기운 등 여섯 가지 속성이 진여불성의 여래장 가운데 갖추어져 있는 속성으로서 일체 존재를 이룬다는 것이니, 여래장 연기의 밀교적 구체화라고 할 수 있다. 요컨대, 행한 바에 따라서 고(苦)를 받는다는 차원의 연기는 가장 낮은 가르침이며, 모든 존재가 궁극적 실재로서 진여불성의 여래장을 품고 있으며 진여불성의 섭리 하에 놓여 있다는 여래장 연기를 깨달아야 참된 연기의 이치를 깨치는 것이라고 청화스님은 가르치고 있는 것이다.
   淸華 큰스님,『마음의 고향』(2007)(http://cafe.daum.net/vajra/2e8k/11)

10 淸華 큰스님,『마음의 고향』(2007)(http://cafe.daum.net/vajra/2e8k/11)

11 「마르코의 복음서」 14장 36절,『공동번역 성서 개정판』(대한성서공회, 1999).
(http://www.bskorea.or.kr/infobank/korSearch/korbibReadpage.aspx?version=COGNEW&book=mrk&chap=14&sec=36#focus)

니시다의 철학과 기독교적 세계관 | 이찬수

1 졸고,「교토학파의 자각이론」,『원불교사상과 종교문화』 50집(2011.12.30), 원불교사상연구원(2011.12.30)의 일부를 수정 및 보완한 글이다.

2 西田幾多郎,『善の研究』, 東京: 岩波文庫(124-1), 1993, 13頁.

3 위의 책, 66頁.

4 위의 책, 4頁.

5 위의 책, 79-80頁.

6 西田幾多郎, 上田閑照 編, "絶對矛盾的自己同一", 『自覺について』(西田幾多郎哲學論集 III), (東京: 岩波書店, 1990), 32頁.

7 小坂國繼, 『西田幾多郎の思想』, 東京: 講談社學術文庫(1544), 2003, 132-133頁에서 再引 用.

8 위의 책, 135頁.

9 아리스토텔레스, 『형이상학』, 1028b 36f.(아베 마사오, 「니시다 철학의 장소사상」, 『禪과 종교철학』, 변선환 엮음, 대원정사, 1996, 30쪽에서 재인용).

10 니시다가 처음부터 공(空)을 적극적으로 의식하고서 '절대무'로 번역한 것인지에 대 해서는 좀 더 논증이 필요하다. 하지만 절대무를 서술하는 니시다의 논법과 대승불교 철학에서 공을 서술하는 논법의 구조가 서로 다르지 않으며, 니시다가 점차 '공'과 '절대무'를 직결시키며 논의를 전개해 나간 것은 분명하다.

11 竹內良知, 『西田幾多郎と現代』, 東京: 第三文明社, 1978, 26頁.

12 西田幾多郎, 「絶對矛盾的自己同一」, 앞의 책, 7-8頁.

13 小坂國繼, 앞의 책, 183頁

14 西田幾多郎, 上田閑照 編, 「論理と生命」, 『論理と生命 - 西田幾多郎哲學論集 II』, (東京: 岩波書店, 1988), 185頁.

15 西田幾多郎, 「場所的論理と宗敎的世界觀」, 『自覺について - 西田幾多郎哲學論集 III』, (東京: 岩波書店, 1990). 327頁.

16 위의 글, 334頁.

17 위의 글, 367頁.

18 Karl Rahner, "Zur Theologie der Menschwerdung", *Schriften zur Theologie*, Bd. IV., Benziger Verlag, 1967, s.150. 이와 관련한 라너의 신학 전반에 대해서는 이찬수, 『인간 은 신의 암호』, (왜관: 분도출판사, 1999 참조).

19 아베 마사오, 앞의 글, 97-98쪽.

20 秋月龍珉, 『鈴木禪學と西田哲學の接點』, 154頁에서 인용.

21 西田幾多郎, 上田閑照 編, 「行爲的直觀」, 『論理と生命 - 西田幾多郎哲學論集 II』(東京: 岩波書店, 1988), 301-331頁. 小坂國繼, 앞의 책, 187-188頁.

22 西田幾多郎, 「絶對矛盾的自己同一」, 34頁.

23 위의 글, 38頁.

24 小坂國繼, 앞의 책, 193頁.

25 스즈키가 말하는 "즉비의 논리"에 대해서는 이찬수, 『불교와 그리스도교, 깊이에서 만

나다』(서울: 다산글방, 2003), 53-76쪽 참조.

26 西田幾多郎, 「場所的論理と宗教的世界觀」, 360頁.

27 위의 글, 326頁.

28 위의 글, 326頁.

29 위의 글, 387頁.

30 瀧澤克己, 『佛敎とキリスト敎』(東京: 法藏館, 昭和 46), 79-87頁; 『日本人の精神構造』(東京: 三一書房, 1982), 192頁; 『自由の原点: インマヌエル』(東京: 新敎出版社, 1970) 12-34頁 등 참조.

31 小坂國繼, 앞의 책, 298頁.

32 小田垣雅也, 『哲學的神學』(東京: 創文社, 昭和 58), 97頁.

33 길희성, 『보살예수』(서울: 현암사, 2004), 101, 247쪽, 종교인대화모임, 『세상에서 가장 아름다운 대화』(서울: 운주사, 2010), 245쪽 참조.

34 西田幾多郎, 「場所的論理と宗教的世界觀」, 368頁.

35 위의 글, 368頁.

36 辻村公一, 辻村公一 編集・解説, 「田邊哲學について: ある一つの理解の試み」, 『田邊元』, 22頁.

37 앞의 글, 30-31頁.

38 타나베에 대한 간단한 우리말 연구는 졸저, 『불교와 그리스도교, 깊이에서 만나다 - 교토학파와 그리스도교』(서울: 다산글방, 2003), 77-89쪽 및 이글을 기반으로 재정리한 졸고 「길희성과 타나베 하지메가 불교와 그리스도교를 포섭하는 논리의 비교 연구」, 『한국학연구』(제28집), 고려대학교한국학연구소, 2008, 113-151쪽 참조.

구약성서 예언자의 '대립' 과 원효의 '통합' 사이의 변증법 | 김은규

1 남동신, 『원효』(서울: 새누리, 1999), 36-41쪽. 신라, 고구려, 백제의 전쟁은 4세기부터 7세기까지 갑자기 150회로 폭발적인 증가를 보였다. 전쟁이 빈번해지고, 6세기 중반까지 신라와 백제와 동맹을 맺고 고구려와 대결하였고, 6세기 중반부터 7세기 중반까지 삼국 간에는 물고 물리는 혼전 양상이었다. 이 시기 전쟁은 영토, 주민과 물자 약탈하려는 경제적 실리, 증오, 폭정, 정변으로 희생 등의 이유 때문이며 대내외적으로 불안했다. 원효 시대의 지배층은 자신들의 재산을 지키기 위해서라도 죽음을 무릅쓰고 참전하였고, 작은 전쟁을 종식시키기 위해서 더 큰 전쟁이 불가피했다. 대다수 사람들이 몰락하고 황폐해졌다.

2 여익구, 『민중불교입문』 (서울: 풀빛, 1985), 236쪽.

3 정병삼, 『의상 화엄사상 연구』 (서울: 서울대학교출판부, 1998), 25쪽.

4 남동신, 『원효』(서울: 새누리, 1999), 26쪽. 골품제는 8등급으로, 왕족(진골과 성골)부터 일반귀족 및 평민을 대상으로 하는 두품제를 결합시킨 것이다. 골품제는 경주시민만을 대상으로 하는 제한된 신분제.

5 여익구, 「민중불교입문」, 238쪽.

6 남동신, 『원효』, 203쪽.

7 고영섭, 『원효』(서울: 한길사, 1997), 88쪽.

8 남동신, 『원효』, 125쪽.

9 고영섭, 『원효』, 86쪽.

10 남동신, 『원효』, 251쪽.

11 남동신, 『원효』, 209쪽.

12 김두진, 「신라 화엄사상사 연구」 (서울: 서울대학교출판부, 2002), 35쪽.

13 이기영 역, 「한국의 불교사상」 (서울: 삼성출판사, 1988), 168쪽.

14 고영섭, 『원효』, 109쪽.

15 위의 책, 『원효』, 110쪽.

16 위의 책, 『원효』, 85쪽.

17 정병삼, 『의상 화엄사상 연구』14. 재인용. 김문경, 「의식을 통한 불교의 대중화운동」, 『史學志』4, 102-106쪽.

18 여익구, 『민중불교입문』, 243쪽.

19 위의 책.

20 고영섭, 『원효』, 108쪽.

21 여익구, 「민중불교입문」 (서울: 풀빛, 243)

22 한종만, 『한국 불교사상의 전개』 (서울: 민족사, 1998), 84쪽.

23 정영근, 「원효의 사상과 실천의 통일적 이해」, 476-500쪽.

24 위의 책. 각주 27 재인용, 원효, 『대승기신론서』(한국불교전서 1책 705쪽)

25 고영섭, 『원효』, 109쪽.

26 위의 책.

27 위의 책, 210쪽.

28 조명기, 「불교의 총화성과 원효의 근본 사상」, 고영섭 편저, 『원효』(서울: 예문서원, 2002), 47-59쪽.

29 정의행, 『한국불교통사』, (서울: 한마당, 1992), 135쪽.

30 정병삼, 『의상 화엄사상 연구』 (서울: 서울대학교출판부, 1998), 45쪽.

31 藤能成(후지 요시나리), 원효의 정토사상연구 (서울: 민족사, 2001), 202-3쪽.

32 위의 책, 70쪽.

33 위의 책, 159쪽.

34 정병삼, 『의상 화엄사상 연구』, 45쪽.

35 정의행, 한국불교통사, 141쪽.

36 위의 책, 143쪽.

37 위의 책, 16쪽.

하나님 나라 백성의 특권과 의무 | 김판임

1 이 논문은 『대학과 선교』 17집(2009년 12월)에 수록되었던 것을 일부 보완한 것이다.

2 2009년 4월 25일 연세대학교 신학관에서 한국신약학회 100회 기념 학술대회가 열렸다. 이때 주제가 "나사렛 예수와 한국교회"였다. 이때 기조강연을 맡았던 박익수 교수는 그의 논문 「역사적 예수와 한국교회」, 『신학과 세계』 65(2009 여름), 28-60쪽에서 한국교회가 역사적 예수의 가르침에서 벗어나 성장 주의, 기복 주의, 맹목적 믿음을 강요하고, 죄 용서와 영혼 구원을 하는 예수만 강조했다는 점을 지적하고, 하나님 나라의 영성 회복을 필요로 한다고 강조했다. 이와 유사한 문제의식과 요청은 2009년 송기득, 「나의 마지막 강의. 역사의 예수: 그는 누구이며, 우리에게 무엇인가?」, 『신학비평』 32권(2009 봄), 100-125쪽에서도 지적되었으며, 2002년 신학 사상의 특집 주제도 역시 "역사적 예수와 한국 교회의 나아갈 길"이었음을 보면 지속적으로 이어져 왔음을 알 수 있다. 뿐만 아니라 한국대학선교학회의 학술지인 『대학과 선교』 제3호(2001, 겨울)의 특집 주제가 "예수 그리스도와 선교"였고, 제7호(2004, 겨울)의 특집 주제가 "예수 믿기 예수 살기"였다. 이처럼 역사적 예수에 관한 올바른 이해에 대한 요청은 한국 기독교 사회에 지속되고 있는 중요한 이슈라고 볼 수 있다. 한인철, 「최근의 역사적 예수 연구와 대학선교」, 『대학과 선교』 제3호(2001, 겨울), 41-78쪽과 장윤재, 「역사적 예수와 하나님의 나라」, 『대학과 선교』 제7호(2004, 겨울), 9-55쪽은 이와 관련된 주제에서 탁월한 논문으로 권장할 만한 논문들이다.

3 이러한 이해는 한국 크리스찬 뿐만 아니라 다른 나라 크리스찬 사이에서도 찾아볼 수 있다. N.T. Wright, Jesus and the Victory of God. Christian Origins and the Question of God, II (London: SPCK, 1996), 202.

4 양용의는 최근 그의 저서 『하나님나라, 어떻게 이해할 것인가』(서울: 성서 유니온 선교

회, 2005), 26쪽에서 마태와 그의 독자들이 유대계 그리스도인이어서 하나님이란 호칭을 꺼려 하나님 대신 완곡한 표현으로 하늘을 사용했다고 설명하고 있는데, 별로 설득력이 없다. 예수가 유대인으로서 하나님 나라 개념을 사용하여 말했을 때 그의 청중들과 의사소통이 되었을 것이 분명하다. 마태가 예수의 용어를 임의로 바꾸었을 때에는 그의 독자들에게 도저히 이해되지 않는 개념이기 때문일 것이다. 그렇다면 그의 독자들이 유대인보다는 이방인이 더 많았을 가능성이 높다. 뿐만 아니라 하나님 테오스는 하나님의 이름이나 호칭이 아니라 일반적인 명사이다. 예수가 하나님 나라를 말할 때 헬라어로 테오스를 말했을지, 혹은 아랍어나 히브리어로 어떻게 표현했을지 확신있게 주장하는 학자가 의외로 드물다.

5　이에 관한 최근 국내 학자들의 연구들을 추천할 만하다. 김학철, 「마태복음의 '하늘나라' 를 다시 살핌」, 『신약논단』 14/1(2007 봄), 1-37쪽; 차정식, 「마태복음의 '하늘나라' 와 신학적 상상력」, 『한국기독교신학논총』 46(2006), 57-88쪽.

6　마가복음과 누가복음에 의하면, 세례요한의 선포는 "죄사함을 위한 회개의 세례"(막 1:4; 눅 3:3)에 한정되어 있다. 예수만이 "하나님 나라가 가까웠다" 라고 선포하는 반면, 마태복음은 "회개하라, 천국이 가까웠다" 는 예수의 선포를 세례요한에게도 동일하게 부가시킨다(마 3:1과 4:17). 정양모, 『마태오복음서』 (왜관: 분도출판사, 1990), 44쪽 참조.

7　예수의 현재 이해에 관해서는 김판임, 「신약성서의 구원이해: 예수와 바울을 중심으로」, 신약논단』 11/3(2004 가을), 533-575쪽, 특히 544-548쪽; 김판임, 「예수와 세례요한」, 『말씀과 교회』 39(2005 여름), 125-155쪽 특히 143-152쪽 참조. 세례요한의 메시지가 종말심판에 집중된다면, 예수의 메시지는 구원에 관한 것으로, 이 점에서 세례요한과 예수는 결정적으로 대조를 이룬다고 할 수 있다. H. Merklein, Jesu Botschaft von der Gottesherrschaft, SBS 111(Stuttgart: Katholisches Bibelwerk Verlag, 1983) 참조,

8　예수 시대 유대인의 생활에 관해서는 다음의 자료들을 참조할 것. 예레미아스, 번역실 역, 『예수 시대 예루살렘』 (서울: 한국신학연구소, 1988) ; 빌리발트 뵈젠, 황현숙 역, 『예수 시대의 갈릴래아. 예수의 생활 공간과 활동 영역으로서의 갈릴래아에 관한 시대사적, 신학적 연구』, (천안: 한국신학연구소, 1998); 조태연, 「갈릴리 경제학. 예수운동의 해석학을 위한 사회계층론적 이해」, 『신약성서의 경제윤리』 (신학논단 제4권), 신약학회 (편), (서울: 한들, 1998), 62-88쪽. 리처드 A. 호슬리, 박경미 역, 『갈릴리. 예수와 랍비들의 사회적 맥락』, (서울: 이화여자대학교출판부, 2006). 에케하르트 슈테게만 · 볼프강 슈테게만 공저, 손성현 · 김판임 공역, 『초기 그리스도교의 사회사. 고대 지중해 세계의 유대교와 그리스도교』, (서울: 동연, 2008).

9　P. Schaefer, Die Vorstellung vom heiligen Geist in der rabbinischen Literatur (Muenchen,

1972),89-111, 143-146; P. Schaefer, *Geist/Hl. Geist/Geistgaben II. Judentum*, TRE 12, (Berlin/NewYork: Gruyter, 1984), 173-178. 쉐퍼는 여러 랍비 문헌들을 다룸으로써, 당시 유대인들이 예언자 부재의 시대는 성령 부재의 시대, 즉 하나님이 그의 활동을 중지하고 있는 때로 이해했다고 요약하고 있다.

10 김판임, 앞의 글(2004) 참조.

11 미야자키 마사카츠, 이영주 옮김, 『하룻밤에 읽는 세계사』 (서울: 랜덤하우스, 2005), 68 쪽.

12 가난한 자에 대한 예수의 이해, 마태와 누가의 상이한 이해에 관해서는 예레미아스, 김 경희 역, 『예수의 선포』(왜관: 분도출판사, 1999), 159-164쪽 참조.

13 최근 한국에서 출간된 김동호, 『깨끗한 부자』(서울: 규장, 2001); 김영봉, 『바늘귀를 통 과한 부자』(서울: 한국기독학생회 출판사, 2003)와 오덕호, 『하나님이냐 돈이냐』(천안: 한국신학연구소, 1998) 등이 그러한 시도로 보인다. 오덕호는 누가복음 16장 분석을 통해 신자들이 재물을 바르게 사용하면 구원의 가능성이 있다고 전제하고, 부자가 "구 원을 위해" 아낌없이 가난해질 정도로 내놓음으로써 "이 세상의 가난한 자들도 구원 하고", 결과적으로 부유한 자와 가난한 자들을 모두 구원하는 결과를 초래할 수 있다고 결론을 맺는다. 그의 결론에 의하면 아이러니하게도 부유함 자체를 구원으로 전제하 고 있는 것처럼 보인다. 370쪽 참조.

14 가령 1947-56년 사이에 사해 근처 동굴들에서 발견된 쿰란 문헌들 중에서 찬양시 모음 집인 1QH를 보면, 의의 선생의 찬양시들 중에 찬양자가 자기 스스로를 "가난한 자"라 고 칭하는 것을 볼 수 있다(가령 1QH II, 32; V, 18, 33 등). 호다요트 본문에 나오는 "가 난한 자"로 표현되는 히브리어 용어만도 매우 다양하다. 이에 대해 N. Lohfink, *Lobges äge der Armen. Studien Zum Manifikat, den Hodajot won Qumran und einigen späen Psalmen*, SBS 143, (Stuttgart: Katholischer Verlag, 1990), 42 참조. 김판임, "경건한 자의 찬양: 1QH II, 31-39를 중심으로", Canon & Culture 제2권 1호(2008 봄), 149-177쪽 참 조.

15 이영권, "당신도 부자가 될 수 있다.", 2008년 6월 10일 KBS1 아침마당 경제 강의에서.

16 이런 의미에서 메르켈라인이 산상수훈에서 축복의 대상인 가난한 사람들을 소수의 엘 리트 의식을 가진 "경건자들"이 아니라 이스라엘 전체를 의미한다고 지적한 것은 시 사하는 바가 매우 크다고 하겠다. H. Merklein, 앞의 책(1983), 48-49쪽. 메르켈라인은 이사야서에서 이러한 이해의 근거를 찾았다. 그러나 쿰란 에세네 그룹이 자칭 "가난한 자들의 공동체"(4QpPs 37 II,10; III,10)라고 표현했을 때에는 전체 이스라엘에서 구별 된 자로서의 자기 이해를 표출한 것을 간과해서는 안 된다.

17 빌리발트 뵈젠, 황현숙 역, 앞의 책, 311-337쪽 참조.

18 예수 당시 유대 가정과 사회, 종교 활동에 있어서의 유대 여성들의 지위와 역할에 대해서는 김판임, "유대교에 있어서 여성의 지위와 역할 및 이에 대한 예수의 입장", 『한국기독교신학논총』제18집(2000), 109-158쪽.

19 이에 관해 김판임, 「예수와 여성: 하나님나라와 관련하여」, 『하나님나라: 그 해석과 실천』황성규 교수 정년 기념 논문집(서울: 한국신학연구소, 2000), 115-132쪽 참조. 김판임, 『여성신학의 지평』(서울: 여성신문사, 2005), 96-102쪽 참조.

20 김희성, 「예수의 하나님나라」, 『기독교신학논총』 41집(2005 가을), 제37회 한국기독교학회 자료집(2005), 34쪽. 김희성은 여기서 Schenk를 인용하여 다음과 같이 말한다: 하나님 나라는 "사탄의 역사가 세상에 남겨 놓은 모든 악과 모든 하나님으로부터 멂, 즉 곤궁, 가난, 억압, 질병, 적개심에서 경험되는 구원받지 못한 상태의 지양이다." 그러므로 "처량한 배고픔과 곤궁이 있는 한 그 나라는 아직 도래하지 않았다"고 단언한다. L. Schenk, Die Botschaft vom kommenden "Reich Gottes", in: L. Schenk, Jesus von Nazaret - Spuren und Konturen,(Stuttgart: Katholischer Verlag, 2004), 129. 이러한 이해에 따르면 부유함과 유복함이 구원의 상태, 하나님 나라의 모습으로 소개된다. 그리하여 부자는 이미 하나님 나라의 백성이라는 예수의 견해와 정반대의 오해를 초래한다.

21 스트레커는 산상수훈 연구에서 가난의 의미를 아주 정확하게 기술하고 있다. 구약성서와 유대 문헌에서 부유함과 가난은 경제적인 의미 뿐만 아니라 신학적인 내용을 포함하고 있다는 것을 지적하며, 부유함과 하나님으로부터 멂이 같은 의미이고, 그와 반대로 가난과 하나님께 가까움이 동일한 의미라고 말한다. G. Strecker, Die Bergpredigt. Ein exegetischer Kommentar (Goettingen: Vandenhoeck & Ruprecht, 1985), 32-33.

22 최근 국내에서 나온 여러 연구들은 가난한 자가 하나님 나라 백성이라는 것을 결코 가르치려고 하지 않는다. 이는 현재만의 현상도, 대한민국이란 지역에 국한된 것은 아니다. 최근 손규태는 역사적 예수를 오해하거나 아예 역사적 예수로부터 이탈했던 일들이 기독교 역사에 종종 나타났음을 지적한다. 「'역사의 예수를 위한 변론'에 대한 토론」, 『신학비평』33(2009, 여름), 52-68쪽.

23 김경진, 『부자를 위한 성서해석』(서울: 프리칭 아카데미, 2007), 42-67쪽 참조. 김경진은 이 책에서 누가복음의 신학을 대변한다. 누가복음과 사도행전의 저자는 가난한 자만을 위한 복음이 아니라 부자를 위해서도 기록하였다는 것이다. 부자들을 위해서는 재물의 낭비와 집착, 그리고 축적이 바로 재물의 그릇된 사용이며 부자라도 재물을 구제와 자선과 같은 올바른 사용을 제시하고 있음을 강조한다.

24 가령 잠언 6:6-11; 21:17; 23:21 등에 의하면 가난은 무지와 게으름의 소산으로 경멸되고

있다. 김판임, 앞의 글(2008), 166-168쪽 참조.

25 가난한 자에 대한 신학적 담론은 남미의 해방신학에서 가장 진지하게 다루어진 것 같
    다. 최근 남미 해방신학이 21세기 세계화 시대에 주는 유산을 호의적으로 평가한 논문
    장윤재, 「'가난한 자들은 항상 너희와 함께 있으리라' : 세계화 시대 남미 해방신학의
    유산」, 『기독교신학논총』40(2005 여름), 193-221쪽 참조.

26 이 비유의 문학적 기법과 주제 등에 관한 최근 연구로 김판임, 「사마리아인의 비유(눅
    10:30-35)연구」, 『신약논단』14/4 (2007 겨울), 1015-1052쪽 참조. 비유 해석의 역사에서
    스캇은 예수의 비유를 문서로 읽고 사유함으로써 해석하던 과거의 비유해석의 문제점
    을 지적하고 예수의 비유는 예수의 입에서 말로 흘러나와 청자들의 귀에 도달된 것임
    을 지적함으로써 비유 해석의 전환을 가져오는 혁혁한 공을 세웠다. Bernard Brandon
    Scott, *Hear Then the Parable*, Minneapolis: Fortress Press, 1989). 7-76쪽. 버나드 브랜든
    스캇, 김기석 역, 『예수의 비유 새로 듣기』, (고양: 한국기독교 연구소, 2006), 19-29쪽
    참조.

27 B. Young은 이 비유의 연극적 특성을 잘 파악하고 이 비유에 대해 "미니드라마(mini-
    drama)"라는 표현을 썼다. B.Young, *The Parables. Jewish Tradition and Christian
    Interpretation* (Peabody: Hendrickson Publishers, 1998), 105쪽 참조.

28 유대종교의 지도자인 제사장과 레위인, 그리고 유대인들이 구원의 가능성이 없는 사람
    들이라고 경멸하고 적대시하였던 사마리아인을 등장시켜 행동에 있어서 대조를 이루
    었다는 점에서 불트만이 이 비유의 핵심이 유대 종교적 지도자의 행동과 사마리아인
    의 행동의 대조에 있다고 파악한 이래로, 많은 학자들은 예수가 이 비유로써 위선적인
    유대 종교지도자들을 비판하고 있다고 이해하고 있다. 그러나 이는 예수의 비유를 문
    자로 읽을 때 오는 오류이다. 비유를 글이 아니라 이야기로 들을 때에는 제사장과 레위
    인의 등장이란 연극 무대를 그림으로 상상할 수 있게 하는 수단인 것이다. 죽어가는 행
    인을 보고 무자비하게 그냥 보고 지나가는 이들의 행동에서 청중은 이들을 비난하기
    보다는 도움을 받지 못해 죽음의 기로에서 벗어나지 못하는 행인에 대한 안타까움이
    고조될 따름이다. 그러므로 제사장과 레위인, 사마리아인을 등장인물로 나타내 보인
    이유는 일종의 코스튬플레이(Costum Play)인 것이다.

29 이 비유가 마태의 철저한 편집의 틀 안에 있고 주제조차 마태에게 적절하다는 인상 때
    문에 예수의 비유가 아니라 마태의 창작이라는 의심을 받아 왔다. 김득중, 『복음서의
    비유들』(서울: 컨콜디아사, 1988), 188쪽 참조. 김득중은 다음과 같은 이유에서 이 비유
    가 역사적 예수에게서 유래하는 것이 아니라 마태의 창작일 것에 대한 가능성을 제기
    하는 학자들을 대변하고 있다. 첫째 이 비유가 정경이나 외경에 병행 구절을 가지고 있

지 않으며, 둘째 비유대적 요소를 많이 내포하고 있다는 점, 그리고 문학적으로 너무나 발전된 형태를 가지고 있으며 비유의 서론과 결론 등 마태적인 특징이 매우 많다는 점이다. 그러나 비유를 유발시키는 역할을 하는 용서에 관한 담론(21-22절)과 조건부의 협박성 결어(35절)을 제외하고 "천국은 ~와 같으니"에서 비유가 시작하고 있다고 보면 예수의 비유로서 특징이 많은 비유이다. 물론 마태는 공동체 유지를 위해 서로 용서하라는 메시지를 위해 사용하고 있음을 부인할 수 없다. 그러나 예수의 입장에서 볼 때 이 비유는 하나님나라 백성은 하나님에게서 받은대로 베풀라는 주제의 메시지로서 예수의 사상에 적합하다.

30 북미지역에서 있었던 예수 세미나의 투표 결과 이 비유는 핑크빛을 얻었다. 예수의 진정한 비유로 거의 의심치 않는 것으로 여겨진 비유들은 누룩 비유, 선한 사마리아인의 비유, 겨자씨 비유, 포도원 일군의 비유 등이고, 이 비유도 예수의 진정한 비유로 보는 것에 상당수의 학자들이 동의한다. R. W. Funk, B.B Scott, J.B. Butts, *The Parables of Jesus* (Califonia: sonoma, 1988), 26쪽, 102-103쪽 참조. 버나드 브랜든 스캇, 김기석 역, 앞의 책, 32쪽.

31 A. Powell, "Weight and Measures", ABD 6, 907-908쪽 참조.

종말론과 민중 경험 | 박경미

1 Paul D. Hanson, *The Dawn of Apocalyptic: The Historical and Sociological Roots of Jewish Apocalyptic Eschatology*, (Fortress Press: Philadelphia, 1979).

2 이처럼 메시아 기대가 구약성서 예언서의 종말론에서 본질적인 요소는 아니지만, 이것은 묵시문학적 종말론만이 아니라 신약성서의 종말론과 관련해서 대단히 중요하다. 특히 제2이사야에 나오는 고난의 종은 구약과 신약의 종말론을 이해하는 데 결정적으로 중요하다. 군사 정치적 메시아가 아니라 고난받는 백성, 민중이 구원자라는 통찰은 종말론에서 획기적으로 새로운 것이다. 초대교회에서는 고난받는 하느님의 종 예수 그리스도에게서 궁극적인 종말 사건을 보았고, 그를 고난받는 메시아로 이해했다. 이 점에서 예언서에 나타나는 메시아 기대는 묵시문학과 초대교회의 구원자상과 관련해서 주목할 필요가 있다.

3 즈가리야서의 밤 환상들을 묵시문학의 시발점이라고 볼 수 있을 것이다. 다니엘서는 분명히 묵시문학에 속한다.

4 어떤 자료들에 의하면 모든 사람이, 또 어떤 자료들에 의하면 의로운 사람들만이 부활에 참여한다. 그리고 이 세상과 오는 세상이 대조되었다. 지혜서 3:1-9에는 처음으로 영

혼불멸 신앙이 나온다. 의인의 미래거처는 낙원, 에덴동산이고 악인이 거할 장소는 게헨나이다.

5 예를 들어 폰 라드 같은 학자는 묵시문학의 기원을 지혜문학에서 찾는가 하면 W.R. Murdock이나 H. Ringgern, D. E. Green 같은 학자들은 페르시아의 이원론적인 종교인 조로아스터교에서 묵시문학의 기원을 찾았다.

6 이하의 묵시문학의 기원과 발생에 대한 논의는 Paul D. Hanson, *The Dawn of Apocalyptic: The Historical and Sociological Roots of Jewish Apocalyptic Eschatology*, Fortress Press: Philadelphia, 1979 참조.

7 예언자들에게 있어서 환상과 현실 사이의 긴장은 예언과 묵시문학의 관계 문제에서도 중요하다. 예를 들어 이사야 6장에서는 "가서 이 백성에게 말하라"는 말로 끝나지만, 묵시문학인 다니엘 12장은 "너 다니엘은 … 이 말을 간수하고 봉함하라"는 말로 끝난다. 이사야에게 나타나는 환상과 현실 사이의 긴장은 다니엘에게는 없다. 다니엘은 그 둘을 통합하라는 명령을 받지 않으며, 그 둘은 각기 독립된 영역으로 남는다.

8 이하의 논의는 Richard A. Horsley(2003), *Jesus and Empire: The Kingdom of God and New World Disorder* (Augsburg: Fortress Press). 『예수와 제국: 하느님 나라와 신세계 무질서』, 김준우(역) (서울: 한국기독교연구소, 2004); 『갈릴리: 예수와 랍비들의 사회적 맥락』박경미(역)(서울: 이화여대출판부, 2007)의 역자해설 참조.

9 이와 관련해서 한 가지 지적할 점은 묵시문학적, 예언자적 예수상에 대한 '예수 세미나'의 거부이다. 가령 Marcus Borg, "A Temperate Case for a Non-Eschatological Jesus", *Foundations and Facets Forum 2*, no. 3 (1986): 81-102; *Crossan, Historical Jesus*, 12장. 이들은 마지막 때의 종말론적 대파국에 대한 묵시문학의 신화적 환상을 거부하며, 사회 비판적인 예수의 메시지를 종말론적 선포로부터 분리한다. 예수는 종말론적 예언자가 아니라 반체제적인 현자였다는 것이다. 그러나 사실 이들은 묵시문학에 대한 현대인의 거부감을 시대착오적으로 예수에게 적용시키고 있다.

10 Horsley(2003), 209쪽.

찾아보기

화엄세계와 하느님 나라

등 록 1994.7.1 제1-1071
1쇄 발행 2012년 6월 20일

지은이 김지하 석길암 임상희 류장현 류제동 이찬수 김은규
　　　　김판임 박경미
펴낸이 박길수
편집인 소경희
편 집 김문선
마케팅 양유경
디자인 이주향
펴낸곳 도서출판 모시는사람들
　　　　110-775 서울시 종로구 경운동 88번지 수운회관 1207호
전 화 02-735-7173, 02-737-7173 / 팩스 02-730-7173

출 력 삼영그래픽스(02-2277-1694)
인 쇄 (주)상지사P&B(031-955-3636)
배 본 문화유통북스(031-937-6100)
홈페이지 http://blog.daum.net/donghak21

값은 뒤표지에 있습니다.
ISBN 978-89-97472-08-6 93210

이 도서의 국립중앙도서관 출판시도서목록(CIP)은 e-CIP 홈페이지
(http://www.nl.go.kr/ecip)에서 이용하실 수 있습니다.
(CIP제어번호: 2012002465)